高速公路运营管理手册

BCHD Expressway Operational Management Manual

（养　护　篇）

BCHD 01—2022

主编单位：北京市首都公路发展集团有限公司
实施日期：2022 年 10 月 1 日

人民交通出版社股份有限公司
北　京

内 容 提 要

北京市首都公路发展集团有限公司(以下简称“首发集团”)依据国家相关法律、法规等,结合首发集团实际工作情况,编制本手册。本手册的编制目的是更好地服务于首都政治、经济、文化各项事业,为用户提供快速、畅通、安全、文明的通行环境和优质服务。

本手册(养护篇)由总则、岗位职责、管理规程、日常养护、专项工程、检测与评定、检查考核、应急管理、养护作业安全管理、信息化管理、资料管理11章组成。

本手册(养护篇)适用于首发集团所辖高速公路运营管理工作中的养护管理。

图书在版编目(CIP)数据

高速公路运营管理手册. 养护篇 / 北京市首都公路发展集团有限公司主编. — 北京 : 人民交通出版社股份有限公司, 2022.10

ISBN 978-7-114-18159-7

Ⅰ.①高… Ⅱ.①北… Ⅲ.①高速公路—公路养护—北京—手册 Ⅳ.①U491-62

中国版本图书馆 CIP 数据核字(2022)第 152563 号

Gaosu Gonglu Yunying Guanli Shouce(Yanghu Pian)

书　　名: 高速公路运营管理手册(养护篇)
著 作 者: 北京市首都公路发展集团有限公司
责任编辑: 李　沛
责任校对: 赵媛媛　龙　雪
责任印制: 刘高彤
出版发行: 人民交通出版社股份有限公司
地　　址: (100011)北京市朝阳区安定门外外馆斜街3号
网　　址: http://www.ccpcl.com.cn
销售电话: (010)59757973
总 经 销: 人民交通出版社股份有限公司发行部
经　　销: 各地新华书店
印　　刷: 北京市密东印刷有限公司
开　　本: 880×1230　1/16
印　　张: 16.75
字　　数: 383千
版　　次: 2022年10月　第1版
印　　次: 2022年10月　第1次印刷
书　　号: ISBN 978-7-114-18159-7
定　　价: 110.00元

关于下发《高速公路运营管理手册》的通知

各运营单位：

为加强规范化管理，提高运营管理水平，北京市首都公路发展集团有限公司高速公路运营管理部组织修订了 2022 年版《高速公路运营管理手册》（养护篇 01、路产篇 02、绿化篇 03、桥涵篇 04、隧道篇 05、服务区篇 06）。本套手册自 2022 年 10 月 1 日起施行。

望各运营单位认真做好《高速公路运营管理手册》的推行和培训工作。

北京市首都公路发展集团有限公司

2022 年 9 月

《高速公路运营管理手册(养护篇)》

编审委员会

主　　任　张　闽　张恒利
副 主 任　刘绍民

主　　审　孔祥杰
审定人员　王少辉　王建春　景海林　刘福海　张小生

主　　编　王　益
副 主 编　曹庆松　孙运洪　李　强　孙明扬　于保华
　　　　　　张方方　邱新宇
编写人员　王肖磊　王春雨　段宇哲　邢　涛

目　录

第1章 总则

1.1 养护管理概况

北京市首都公路发展集团有限公司(以下简称"首发集团"或"集团公司")是1999年经北京市人民政府批准成立的国有大型企业,负责北京高速公路配套设施投融资、建设及运营管理。

首发集团养护管理采用三级管理模式,即集团公司运营管理部门—养护单位—养护事业部。运营管理部门是集团公司高速公路养护管理的主管部室,主要负责道路日常养护、绿化养护、路产管理、大中修及专项工程等相关业务的管理,养护单位根据集团公司的要求落实各项养护任务。

首发集团共管辖高速公路881.4余公里,其中自营路段总计723.69km,包括京港澳高速、京开高速、京开一级路、大广高速、京哈高速、通燕高速、京承高速、京藏高速、六环路、机场南线、机场第二高速、京新高速、机场北线、京津高速、京密高速、京昆高速、京台高速、延崇高速共计18条高速公路。托管路段157.73km,包括五环路、京秦高速、京平高速共计3条高速公路。为提高养护管理水平、规范养护管理、给高速公路使用者提供高质量的通行服务,特制定《高速公路运营管理手册(养护篇)》。

1.2 养护管理目标

随着北京市高速公路路网的逐步形成,以及机动化程度的逐步提高和居民出行次数的不断增加,公众对服务质量提出了更高更新的要求,养护管理工作日益繁重。首发集团以"人文高速、科技高速、绿色高速"理念为指导,注重预防性养护,积极推广"全寿命养护"和"四新"技术。养护管理按照专业化、规模化、标准化、精细化的模式,为高速公路使用者提供"畅通、安全、舒适、美观"的通行环境。

1.3 养护管理内容

高速公路开通运营后,为保持高速公路及其附属设施的正常使用功能,需进行日常性、经常性、及时性和预防性的养护作业。本篇的管理内容主要包括:

(1)日常养护,包括道路保洁,路面、路基、沿线附属设施(泵站)的小修保养。

(2)专项工程,包括专项工程管理流程、专项工程典型对策、预防性养护技术、路面维修技术、路基维修技术、交通安全设施维修技术。

(3)检测与评定,包括公路技术状况评定标准、损坏类型、公路技术状况检测与调查。

(4)检查考核,包括检查考核体系、评分方法及费用支付。

(5)应急管理,包括应急事件分类、应急信息的收集与传递、应急响应工作流程、防灾和抢险预案、应急责任追究。

(6)安全管理,包括一般规定、安全作业要求和安全作业规定。

(7)信息化管理,包括路面管理系统和养护管理信息平台的概况、内容、应用、数据更新和使用要求等。

(8)资料管理,包括管理文件、日常养护资料和专项工程内业管理。

本篇涉及的桥梁、涵洞、隧道及公路绿化内容均为养护小项,桥梁、涵洞、隧道及公路绿化的具体养护管理内容详见相关各篇。

1.4 相关文件

本篇的编制依据包括《中华人民共和国公路法》《中华人民共和国公路管理条例》《中华人民共和国公路管理条例实施细则》《北京市实施〈中华人民共和国突发事件应对法〉办法》《北京市突发公共事件总体应急预案》《北京市道路突发事件应急预案》《公路养护技术规范》(JTG H10)、《公路技术状况评定标准》(JTG 5210)、《公路沥青路面养护技术规范》(JTG 5142)、《公路路基养护技术规范》(JTG 5150)等有关法律、行政法规、政府文件和行业标准。首发集团所辖高速公路的养护管理工作,除执行本篇的规定外,尚应遵守国家和行业现行有关法律法规和标准规范的相关规定。

第2章　岗位职责

2.1　组织机构

集团公司实行三级管理模式,运营管理部门是集团公司高速公路养护管理的主管部室,主要负责道路日常养护、绿化养护、路产管理、大中修及专项工程等相关业务的管理。养护单位根据集团公司的要求落实各项养护任务。高速公路养护管理工作实行第三方监管。

养护管理组织机构如图2.1-1所示。

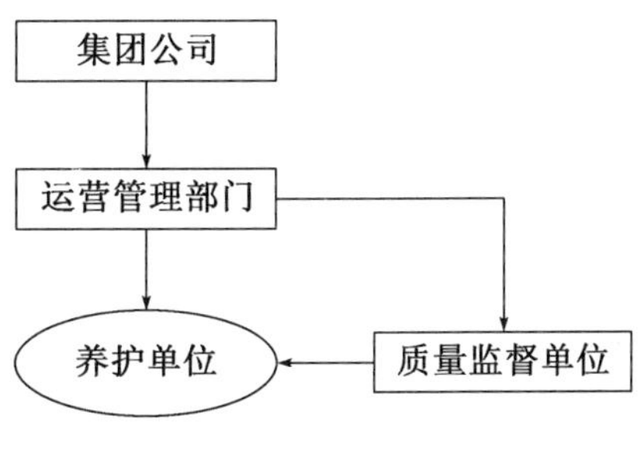

图2.1-1　养护管理组织机构

2.2　运营管理部门

运营管理部门职责如下:

(1)研究制定适合集团公司管理体制下养护管理发展模式及养护标准。

(2)组织协调收费、服务区、路产、养护、机电等运营各板块间的联动配合。

(3)落实集团公司制定的养护管理各项指标任务。

(4)安排道桥检测,并根据检测评定结果编制养护维修计划,落实养护资金,签订养护合同。

(5)监督第三方监管单位工作及养护单位的作业质量考核。

(6)负责专项工程管理。

(7)负责掘占路方案审批并监督路产单位落实路产管理相关工作。

(8)负责推广应用道路养护“四新”技术和信息化建设工作。

(9)负责新路开通的接养工作。

(10)协调配合集团公司相关部室的工作。负责管辖道路的内外部总控协调事项。

(11)完成领导交办的其他工作。

2.3 质量监督单位

2.3.1 质量监督单位职责

质量监督单位主要负责对道路养护单位实施的道路清扫保洁、日常养护、小修、中修等,对绿化养护单位的绿地拾杂、苗木修剪、绿地除草、病虫害防治、护林防火等进行质量控制、计划控制、现场确认、信息搜集、不定期考核和工作协调。每月定期召开养护例会,向运营管理部门汇报月度检查考核情况并提出下月工作重点,按照运营管理部门提出的工作部署和工作重点进行次月的监督检查和落实。

2.3.2 质量监督单位岗位设置

首发集团实行第三方质量监督方式,应设但不限于以下岗位:

1)监管工程师

(1)按照首发集团运营管理手册和年度工作方案的要求,制订日常工作方案,组织日常巡视和各类检查。

(2)负责专项工程、道路养护、绿化养护的质量安全监管工作;组织编写周报、月报,按时上报业主。

(3)审核施工单位上报的各种常规性文件,签发监理指令单、整改通知单等。

(4)负责施工现场的安全管理工作,组织召开安全生产专题会议,使工程处于受控状态。

(5)审核专项工程施工组织设计的安全技术措施和专项施工方案,对施工现场进行安全巡视检查,发现问题及时向养护单位通报,并向运营管理部报告。

(6)负责编写月度考核报告,参加相关会议,并做例会汇报,会后做好养护例会的会议纪要,向组员传达会议精神。

2)合约工程师

(1)负责专项工程、道路养护、绿化养护的监管计量与合约工作。

(2)负责制定监理的合约工作目标,检查专项工程、道路养护、绿化养护合约执行情况。

(3)负责审核施工单位上报的变更及索赔文件;负责组织对变更文件、索赔文件等的合理性进行复核,使工程变更、工程索赔始终处于规范状态。

(4)负责日常合约管理工作;定期对养护单位和施工单位履约情况进行检查,并报监管工程师。

(5)做好专项工程验收工作和工程缺陷责任期内的监管工作。

(6)审核签发施工单位已完成的各项工程量,做好资料的整理归档。

2.4 养护单位

2.4.1 养护单位职责

养护单位主要负责高速公路路面、路基、桥梁、隧道、绿化、沿线设施养护管理及防汛除雪等应急抢险工作。在养护管理工作中,认真贯彻执行相关法律法规和行业标准,积极推广“四新”技术应用,确保行车安全、快捷、舒适,达到畅、安、舒、美的要求。养护单位具体职责如下:

(1)全面负责高速公路日常养护维修等各项工作。

(2)贯彻执行集团公司的相关规定,达到集团公司规定的养护质量目标。

(3)编制并上报年度日常养护维修工作计划和专项工程建议计划。

(4)负责道路桥涵的日常巡视和经常性检查工作,及时上报检查问题。

(5)负责防汛、除雪和突发事件等应急抢险工作。

(6)负责养护管理数据整理汇总上报。

(7)负责养护管理相关系统的使用和维护。

(8)负责制定和执行本单位养护质量考核的相关办法。

(9)配合做好新建道路接养工作。

(10)完成集团公司交办的其他工作。

2.4.2 养护单位岗位设置

养护单位应根据实际养护工作内容及要求,应设但不限于以下岗位:

1)养护主管

(1)按照养护管理工作要求,根据养护单位生产经营情况,负责制订养护工作年度、月度计划。

(2)对整个生产过程进行监督检查。

(3)配合养护主管部室安排生产计划并监督检查计划的落实情况,为领导提供决策依据。

(4)协助进行路况调查,分析汇总各条路的养护状况,保管好原始记录、存档。

(5)负责组织编制防汛、除雪预案并上报。

(6)负责组织道路桥涵的日常巡视和经常性检查工作。

(7)负责完成管辖范围内高速公路工程竣工资料和竣工结算的编制、上报工作。

(8)完成上级单位要求的各套报表及技术资料的填报工作。

(9)完成领导交办的其他工作。

2)工程业务主管

(1)负责公司全年工程施工计划的制定、进度监督、组织协调工作。

(2)按照公司全年工程施工计划,协调各相关部室及实施单位按计划逐项落实。

(3)审核工程实施单位上报的施工组织设计工作。

(4)负责工程实施过程管理,制定工程管理考核办法,按照考核办法对所有工程施工过程质量、安全、进度、环保进行考核工作。

(5)负责对工程除安全事故外的其他所有事故进行处理,参与工程安全事故调查分析。

(6)负责审核工程用材料和劳务承包的比选需求。

(7)负责组织对外部涉路单位的施工协调工作。

(8)负责审核工程变更必要性和变更数量。

(9)完成领导交办的其他工作。

第3章　管理规程

3.1　管理规程与程序

3.1.1　养护合同管理规程

(1)养护单位每年12月10日前上报第二年的养护计划。

(2)运营管理部门根据集团公司的《北京市高速公路养护维修工程预算定额》和各路的实际情况,审核养护单位上报的养护计划,运营管理部门将审核结果转经营发展部。养护计划需经集团公司批准。

(3)运营管理部门依据集团公司的经营发展计划,与养护单位签订养护合同,按照合同约定进行养护质量考核后支付养护费用。

(4)对于新接养的道路养护任务,由集团公司研究决定后确定养护单位,运营管理部门与养护单位签订养护合同。

3.1.2　养护管理程序

1)养护单位养护作业计划管理程序(图3.1-1)

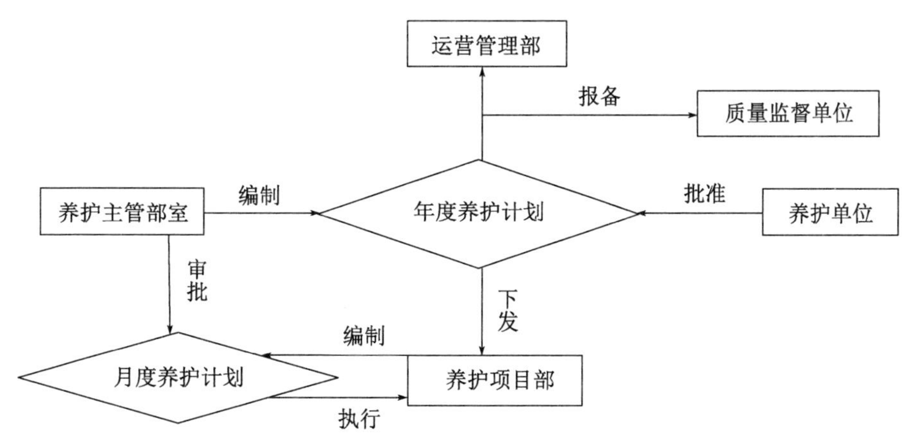

图3.1-1　养护单位养护作业计划流程图

养护作业计划分为养护单位的年度养护计划、月度养护计划,具体程序如下:

(1)年度养护计划:

①养护主管依据与集团公司签订的年度养护合同对养护作业内容进行分解,编制年度养护计划。

②经养护单位主管部长批准后下发养护项目部,并由养护单位报备集团公司运营管理部门。

(2)月度养护计划:

①养护主管将养护单位的整体年度计划下发至各养护单位。

②养护项目部按照养护作业标准及各路实际情况编制当月的月度养护计划。

③养护项目部编制完成后上报养护单位养护主管进行审核,养护单位养护主管每月20日之前上报质量监督单位进行确认。

④质量监督单位于次月对上月养护计划完成情况进行确认。

2)养护作业统计管理程序

(1)养护工作数量汇总表,表格样式见表3.1-1,汇总表流程如图3.1-2所示。

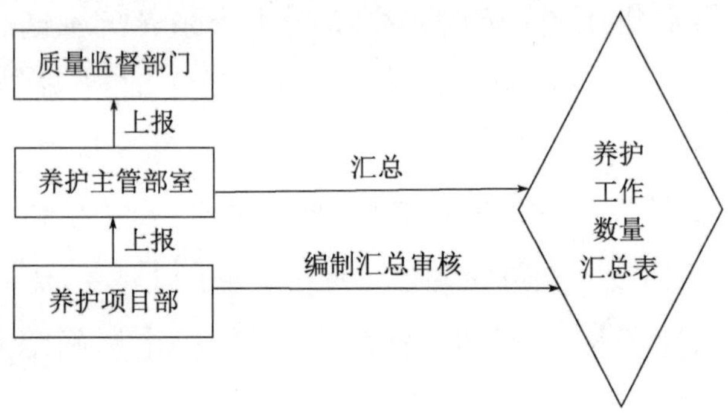

图3.1-2 养护单位养护工作数量汇总表流程图

①养护工作数量汇总表上报日期区间为本月21日至次月20日。

②每月22日前养护项目部按路将养护数据进行汇总,审核无误后每月25日前上报至养护单位养护主管部室审核、汇总。

③养护主管接收汇总后,于下月3日前上报至质量监督单位。

(2)养护月度统计报表流程如图3.1-3所示。

上报运营管理部门的月度报表包括3个表,表格样式见本手册(养护篇)第11章。

①养护月度统计报表上报日期区间为本月21日至次月20日。

②每月22日前养护项目部按路将养护数据进行汇总,审核无误后每月25日前上报至养护单位养护主管部室审核、汇总。

③养护主管汇总后,于下月3日前上报至质量监督单位。

(3)养护年度统计报表流程如图3.1-4所示。

上报运营管理部门的年度报表包括6个表,表格样式见本手册(养护篇)第11章。

①每年12月31日前各养护项目部将统计年报上报养护单位主管部室。

②养护主管进行汇总,于次年1月3日前上报质量监督单位。

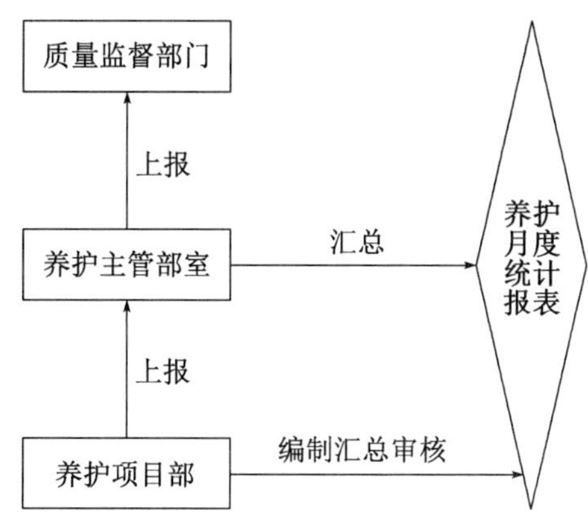

图3.1-3 养护单位养护月度统计报表流程图

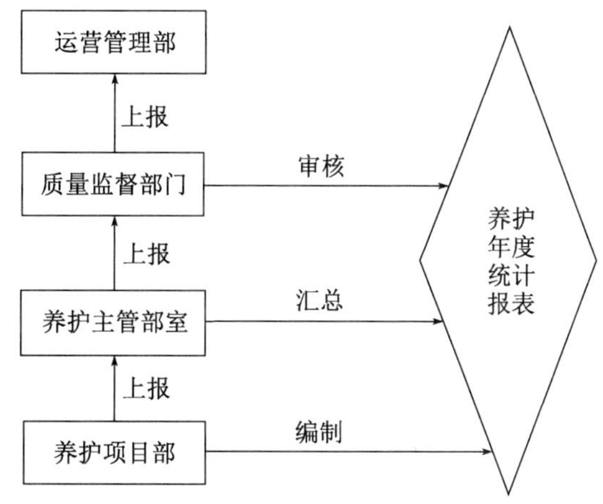

图3.1-4 养护单位养护年度统计报表流程图

③经质量监督单位审核后,上报至运营管理部门。

3)维护维修数量确认程序

(1)沿线设施修复工程量确认统计表,表格样式见表3.1-2、表3.1-3,流程如图3.1-5所示。

①此表上报日期区间为本月21日至次月20日。

②由路产部门下发设施修复通知单至养护项目部。

③养护项目部接单后,组织养护班组实施维修。

④养护项目部每月25日前将维修记录汇总上报至路产部门进行确认审核,审核后存档,并报备养护主管部门。

(2)补坑、灌缝工程量确认统计表,表格样式见表3.1-4、表3.1-5,流程如图3.1-6所示。

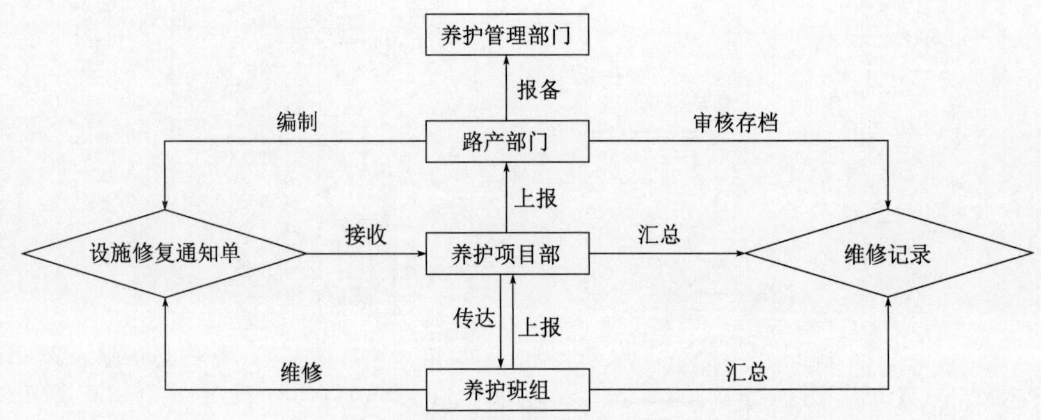

图 3.1-5　养护单位沿线设施修复工程量确认统计表流程图

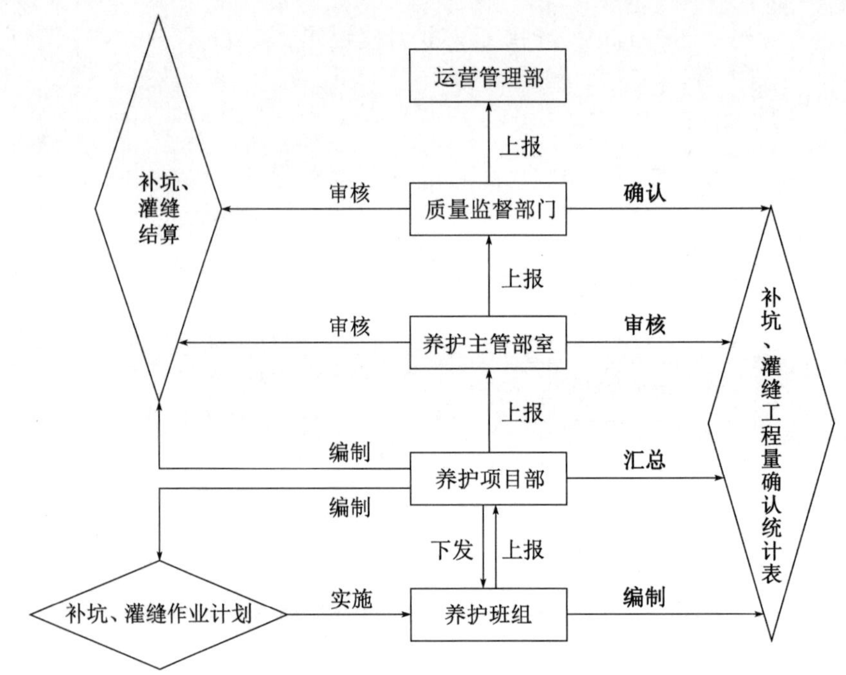

图 3.1-6　养护单位补坑、灌缝工程量确认统计表流程图

①此表上报日期区间为本月 21 日至次月 20 日。

②各养护项目部根据实际情况制定补坑、灌缝作业计划,并负责组织实施。

③养护项目部每月 25 日前将此表上报至养护主管部门养护主管进行审核。

④每月 28 日前由养护主管上报至质量监督单位进行确认。

⑤于本年度(11 月 5 日前),各养护项目部将编制好的补坑、灌缝结算上报至养护主管部门。

⑥由养护主管部门审核后于本年度(11 月 10 日前)上报质量监督单位,质量监督单位审核后,上报集团运营管理部门。

(3)除雪、防汛情况汇总表,表格样式见表 3.1-6、表 3.1-7,流程如图 3.1-7 所示。

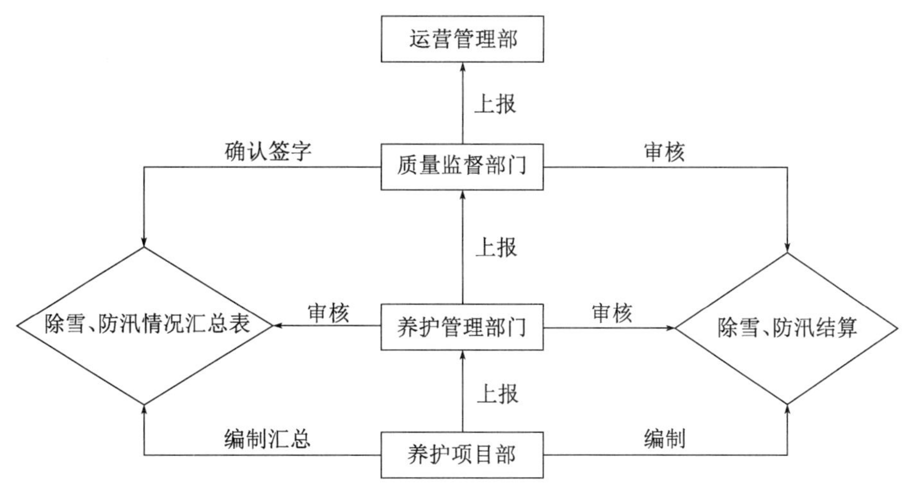

图3.1-7 养护单位除雪、防汛情况汇总表流程图

①此表上报日期为降雨后一周内报送,铲冰除雪工作完成后48h内报送,由养护项目部汇总上报至养护主管部门养护主管进行审核。

②养护主管审核后上报至质量监督单位进行确认签字。

③本年度5月15日、10月15日之前,各养护项目部分别将汇总的除雪、防汛结算上报至养护主管部门养护主管。

④本年度5月20日、10月20日之前,养护主管将审核后的除雪、防汛结算资料上报质量监督单位,质量监督单位审核后,上报集团公司运营管理部门。

4)周期性检查记录程序

(1)高速公路的巡查记录。

高速公路的巡查分为日常巡查、定期巡查、特殊巡查和专项巡查,各类巡查的内容、频率、方法、装备按表3.1-8执行。巡查记录表表格样式见表3.1-9。

检查周期:每天至少一次日常巡查,每周不少于两次夜巡,其他巡查视具体情况决定。

实施单位:养护项目部负责巡视并填写记录、存档。

(2)公路技术状况调查记录,表格样式见本手册(养护篇)第6章。

①养护单位、集团公司委托的检测单位应根据各自的职责分工,按现行《公路技术状况评定标准》(JTG 5210)的要求进行路况调查。

②养护单位整理路况调查数据,报集团公司委托的检测单位汇总。

③检测单位根据养护单位汇总的路况调查数据和自身利用设备检测的数据,对路面管理系统数据进行更新,并利用路面管理系统进行路况评定,评定报告报集团公司运营管理部门。

④运营管理部门审核评定报告,报集团公司和相关行业管理单位。

调查周期:按现行《公路技术状况评定标准》(JTG 5210)的要求进行路况调查,详见本手册(养护篇)第6章。

实施单位:由养护单位和集团公司委托的检测单位共同实施调查工作,由集团公司委托的检测单位评定各项指标形成报告后,报集团公司运营管理部门。

(3)交通量调查,表格样式见本手册(养护篇)第11章。

检查周期:月报、年报。

实施单位:月报由养护项目部每月28日前将纸质版交通量调查数据整理为电子版上报养护主管部室。养护主管部室每月5日前,录入交通委"公路交通情况调查报送管理系统",完成月度数据报送。年报由养护主管部室每年1月5日前,通过交通委"公路交通情况调查报送管理系统"上报。

上报时间:月报由养护项目部在每月28日前上报养护主管部室,年报由养护主管部室每年1月5日前上报。

(4)养护作业日生产记录表,表格样式见表3.1-10。

由作业班长负责记录当日生产作业情况,填写"养护作业日生产记录表"。

养护项目部负责对班长记录表进行归纳、整理、归档、存档。

(5)泵站运行记录,表格样式见表3.1-11。

①泵站由养护单位机电设施部门统一进行管理。

②泵站运行记录由泵站管理员负责填写。

③机电设施部门负责对泵站运行记录表进行归纳、整理、归档、存档。

(6)泵站检修记录,表格样式见表3.1-12。

①泵站检修记录由泵站管理员负责填写。

②机电设施部门负责对泵站检修记录表进行归纳、整理、归档、存档。

5)材料采购管理程序

(1)养护材料中,大宗物资采购由养护单位统一管理,养护生产主管部门可以推荐信誉良好的销售单位。

(2)养护工程中新材料的准入和使用,养护单位应进行评估后,报集团公司审批,报批后使用。

(3)其他养护材料的采购由养护单位管理。

6)质量控制程序

(1)质量控制分为养护单位自检、质量监督单位检查和集团公司抽检三个方面。

(2)养护单位自检实行"三级检查制度",即班组自检、养护项目部检查、养护主管部室考核的机制。

(3)质量监督单位按照质量监督单位工作程序定期对养护单位的养护工作质量进行检查考核,形成考核报告,并对检查出的问题进行监督整改。

(4)集团公司通过现场抽查、社会反馈意见等手段对养护单位的养护质量做出考核。

(5)集团公司对质量监督单位按照质量监督单位合同和养护质量监督单位管理办法

实施定期考核。

7)养护信息管理程序

(1)养护单位在接到集团公司的相关养护信息时,按照集团公司和本单位的养护信息管理办法进行处理。

(2)养护单位接到外部养护信息时,应按集团公司的信息管理相关规定上报集团公司,同时按照本单位的信息管理办法进行处理。

8)道路遗撒清理管理程序

(1)道路遗撒信息来源分为养护单位自巡、路产单位巡查、外部报告三类。

(2)养护单位应制定本单位的道路遗撒处理程序。

(3)养护单位自巡发现的各类道路遗撒按照本单位的道路遗撒处理程序进行及时处理。

(4)路产单位巡查发现的各类道路遗撒应及时通知养护单位,做好相关记录并督促养护单位落实。

(5)对于外部报告的各类遗撒,养护单位接到通知后应及时进行现场核实,核实后按照本单位的道路遗撒处理程序进行及时处理。

9)养护单位内业报表汇总

养护单位内业报表汇总表见表3.1-13,具体格式见表3.1-14。

监理单位应按照年度提交报告,报告汇总表见表3.1-15。

3.1.3 应急管理程序

应急管理是指影响道路通行安全的突发事件的管理。

集团公司的应急管理依据现行《中华人民共和国突发事件应对法》《北京市道路突发事件应急预案》等法律法规中的应急管理要求制定,包括组织、职责、人员、设备和具体规定。

集团公司养护工作中的应急管理规定具体见本手册(养护篇)第8章。

3.1.4 养护质量监督单位管理程序

(1)集团公司每年选择质量监督单位并签订合同。

(2)质量监督单位应制定《高速公路道路养护考核管理办法》,对养护单位实施的保洁、日常维护和小修等作业进行质量考核、安全管理、工程量确认和相关工作的督促落实。

(3)质量监督单位每月召开有养护单位参加的工作例会,就本月的养护质量考核结果进行通报、下月的工作重点进行安排;养护单位总结本月的养护工作和下月的计划。质量监督单位应按月完成考核报告并报送集团公司。

(4)集团公司参照质量监督单位提供的质量考核结果支付养护费用。

(5)集团公司按照合同和工作成果对质量监督单位进行考核、支付。

3.1.5 新建路接养程序

(1)将要开通的高速公路由集团公司建设管理部门组织施工单位、养护单位、路产单位、运营单位等相关部门完成接养验收工作。

(2)各相关运营单位应对接养道路进行现场查看,对发现的问题进行汇总并报建设单位,建设单位应对发现的问题进行整改。

(3)新路接养的起始日期应从相关文件签字生效后开始。

(4)建设单位应按有关规定提供接养道路相关设施的资料清单和竣工图。

表3.1-1 养护工作数量汇总表

养护项目部:

路段名称: 汇总时段:

作业项目	日期	方向及段落桩号(部位)	工程数量		备注
			备注	数量	

养护主管部门: 养护项目部: 日期:

表3.1-2 沿线设施修复工程量统计表

养护项目部：

路段名称：　　　　　　　　　　　　汇总时段：

作业项目	日　期	方向及段落桩号	工程数量		照片编号	修复单编号	备　注
			备注	数量			

路产部门：　　　　　　　　　　养护项目部：　　　　　　　　　　日期：

表 3.1-3　机电设施维修记录表

养护单位：

路段名称：　　　　　　　　　　　　　　　统计时段：

序号	工程分部	工 程 量			主 要 材 料			备注
		作业项目	单位	数量	材料名称	单位	数量	

养护项目部：　　　　　　　　　　　　班组：　　　　　　　　　　　　日期：

表3.1-4 补坑工程量确认统计表

养护单位：

路段名称：　　　　　　　　　　　　　　统计时段：

日期	方向	桩号位置	申报量			材料	确认面积（m^2）	照片编号	备注
			长（m）	宽（m）	面积（m^2）				
合计	材料：			申报面积：			确认面积：		
	材料：			申报面积：			确认面积：		
养护单位：						第三方确认签字：			

表 3.1-5　灌缝工程量确认统计表

养护单位：

路段名称：　　　　　　　　　　　　统计时段：

日期	方向	起止桩号	材料	申报长度(m)	确认长度(m)	照片编号	备　注
合计		材料：	申报长度：		确认长度：		
		材料：	申报长度：		确认长度：		
养护单位：			第三方确认签字：				

表 3.1-6 除雪情况汇总表

单位： 路名：

<table>
<tr><td colspan="2">日期</td><td colspan="4"></td><td>天气状况</td><td colspan="3"></td></tr>
<tr><td colspan="2">降雪时间</td><td colspan="4"></td><td>降雪量</td><td colspan="3"></td></tr>
<tr><td colspan="2">气温情况</td><td colspan="4"></td><td>结冰情况</td><td colspan="3"></td></tr>
<tr><td colspan="10">除雪情况</td></tr>
<tr><td>序号</td><td colspan="4">路段</td><td>桩号</td><td>方向</td><td>时间</td><td>千米数</td><td>车道</td></tr>
<tr><td>1</td><td colspan="4">—</td><td>~</td><td></td><td>~</td><td></td><td></td></tr>
<tr><td>2</td><td colspan="4">—</td><td>~</td><td></td><td>~</td><td></td><td></td></tr>
<tr><td>3</td><td colspan="4">—</td><td>~</td><td></td><td>~</td><td></td><td></td></tr>
<tr><td>4</td><td colspan="4">—</td><td>~</td><td></td><td>~</td><td></td><td></td></tr>
<tr><td>5</td><td colspan="4">—</td><td>~</td><td></td><td>~</td><td></td><td></td></tr>
<tr><td>6</td><td colspan="4">—</td><td>~</td><td></td><td>~</td><td></td><td></td></tr>
<tr><td colspan="10">费用情况</td></tr>
<tr><td>序号</td><td>项目</td><td colspan="3">名称</td><td colspan="2">单位</td><td colspan="2">数量</td><td>备注</td></tr>
<tr><td rowspan="7">1</td><td rowspan="7">除雪机械</td><td rowspan="3">自有</td><td colspan="2"></td><td colspan="2"></td><td colspan="2"></td><td></td></tr>
<tr><td colspan="2"></td><td colspan="2"></td><td colspan="2"></td><td></td></tr>
<tr><td colspan="2"></td><td colspan="2"></td><td colspan="2"></td><td></td></tr>
<tr><td rowspan="4">外雇</td><td colspan="2"></td><td colspan="2"></td><td colspan="2"></td><td></td></tr>
<tr><td colspan="2"></td><td colspan="2"></td><td colspan="2"></td><td></td></tr>
<tr><td colspan="2"></td><td colspan="2"></td><td colspan="2"></td><td></td></tr>
<tr><td colspan="2"></td><td colspan="2"></td><td colspan="2"></td><td></td></tr>
<tr><td rowspan="7">2</td><td rowspan="7">除雪材料</td><td colspan="3"></td><td colspan="2"></td><td colspan="2"></td><td></td></tr>
<tr><td colspan="3"></td><td colspan="2"></td><td colspan="2"></td><td></td></tr>
<tr><td colspan="3"></td><td colspan="2"></td><td colspan="2"></td><td></td></tr>
<tr><td colspan="3"></td><td colspan="2"></td><td colspan="2"></td><td></td></tr>
<tr><td colspan="3"></td><td colspan="2"></td><td colspan="2"></td><td></td></tr>
<tr><td colspan="3"></td><td colspan="2"></td><td colspan="2"></td><td></td></tr>
<tr><td colspan="3"></td><td colspan="2"></td><td colspan="2"></td><td></td></tr>
<tr><td rowspan="2">3</td><td rowspan="2">除雪人工</td><td>自有</td><td colspan="2"></td><td colspan="2"></td><td colspan="2"></td><td></td></tr>
<tr><td>外雇</td><td colspan="2"></td><td colspan="2"></td><td colspan="2"></td><td></td></tr>
</table>

养护主管部门： 养护生产部门： 第三方签字： 制表：

表 3.1-7　防汛情况汇报表

单位：　　　　　　　　　　　　　　　　路名：

<table>
<tr><td colspan="2">日期</td><td colspan="3"></td><td>天气状况</td><td colspan="2"></td></tr>
<tr><td colspan="2">降雨时间</td><td colspan="3"></td><td>降雨量</td><td colspan="2"></td></tr>
<tr><td colspan="2">气温情况</td><td colspan="3"></td><td>积水情况</td><td colspan="2"></td></tr>
<tr><td colspan="8">防汛情况</td></tr>
<tr><td>序号</td><td colspan="3">路段</td><td>桩号</td><td>方向</td><td>时间</td><td>发现的问题</td></tr>
<tr><td>1</td><td colspan="3">—</td><td>~</td><td></td><td>~</td><td></td></tr>
<tr><td>2</td><td colspan="3">—</td><td>~</td><td></td><td>~</td><td></td></tr>
<tr><td>3</td><td colspan="3">—</td><td>~</td><td></td><td>~</td><td></td></tr>
<tr><td>4</td><td colspan="3">—</td><td>~</td><td></td><td>~</td><td></td></tr>
<tr><td>5</td><td colspan="3">—</td><td>~</td><td></td><td>~</td><td></td></tr>
<tr><td>6</td><td colspan="3">—</td><td>~</td><td></td><td>~</td><td></td></tr>
<tr><td colspan="8">费用情况</td></tr>
<tr><td>序号</td><td>项目</td><td colspan="2">名称</td><td>单位</td><td>数量</td><td colspan="2">备注</td></tr>
<tr><td rowspan="6">1</td><td rowspan="6">防汛机械</td><td rowspan="3">自有</td><td></td><td></td><td></td><td colspan="2"></td></tr>
<tr><td></td><td></td><td></td><td colspan="2"></td></tr>
<tr><td></td><td></td><td></td><td colspan="2"></td></tr>
<tr><td rowspan="3">外雇</td><td></td><td></td><td></td><td colspan="2"></td></tr>
<tr><td></td><td></td><td></td><td colspan="2"></td></tr>
<tr><td></td><td></td><td></td><td colspan="2"></td></tr>
<tr><td rowspan="6">2</td><td rowspan="6">防汛材料</td><td colspan="2"></td><td></td><td></td><td colspan="2"></td></tr>
<tr><td colspan="2"></td><td></td><td></td><td colspan="2"></td></tr>
<tr><td colspan="2"></td><td></td><td></td><td colspan="2"></td></tr>
<tr><td colspan="2"></td><td></td><td></td><td colspan="2"></td></tr>
<tr><td colspan="2"></td><td></td><td></td><td colspan="2"></td></tr>
<tr><td colspan="2"></td><td></td><td></td><td colspan="2"></td></tr>
<tr><td rowspan="2">3</td><td rowspan="2">防汛人工</td><td>自有</td><td></td><td></td><td></td><td colspan="2"></td></tr>
<tr><td>外雇</td><td></td><td></td><td></td><td colspan="2"></td></tr>
</table>

养护主管部门：　　　　养护生产部门：　　　　第三方签字：　　　　制表：

表3.1-8 高速公路巡查表

巡查种类	巡查内容	巡查频率	巡查方法	巡查装备
日常巡查	检查沥青路面及附属设施的完好程度，发现各类路面病害及可能诱发病害的因素，发现可能妨害交通的路障	每天至少一次，双向全程	车行为主，人工观察、目测及手工计量，辅以摄影或摄像	有明显标识、装备黄色警灯的巡查车，摄影或摄像器材，卷尺及检查锤等工具
定期巡查	检查整个养护单元中包括沥青路面在内的全部养护项目	每月一次，双向全程	步行检查路段不少于双向1km，其余车行。定性与定量观测检查结合，重要情况应予摄影或摄像	同日常巡查，参加人员较多时可再配备一辆普通车辆，但在行驶途中应位于巡查车之前
特殊巡查	主要是在暴雨、台风、大雾、大雪、严重冰冻及其他可能危及沥青路面正常状态或妨碍高速公路正常交通的灾害性天气时进行的巡查，包括防汛防台风巡查、雾天巡查、冰雪巡查等	在灾害性天气到来之前进行预防性巡查；在灾害性天气中进行应急性巡查；在灾害性天气过后进行补救性巡查	车行为主，巡查车速适当降低，发现异常情况应立即向应急抢险指挥部报告	巡查车同上，并应配备可靠的通信设备和摄影、摄像器材，夜间巡查时还应配备有效的照明设备
专项巡查	对某些数量较多且危害较大的路面病害，或路面状况发生异常变化的特殊路段进行较为细致的检查	根据实际需要决定	车行与步行结合，定位、定量观测，重要情况应予摄影或摄像	同日常巡查，并备以与检查内容相适应的测量仪器

表 3.1-9　日常养护巡视记录表

<table>
<tr><td>路段</td><td></td><td>方向</td><td></td><td>巡查人</td><td></td></tr>
<tr><td>巡查日期</td><td></td><td>巡查时间</td><td></td><td>天气</td><td></td></tr>
<tr><td colspan="6">巡视情况</td></tr>
<tr><td colspan="3">巡视情况：
一、路面：

二、路基：

三、桥涵：

四、设施：

五、其他：</td><td colspan="3">处理措施：</td></tr>
<tr><td colspan="6">处理结果：</td></tr>
</table>

表3.1-10 养护作业日生产记录表

班组：

日期	序号	作业地点	作业名称	单位	数量	工日	主要材料		主要机械		自检情况	备注
							品种	数量	种类	台班		
合计												

班长：

表 3.1-11　泵站运行记录

泵站名称:

时　间		当日天气预报	运行时间		运行泵号	运行情况	值班人签字	备　注
月	日		开车时间	停车时间				

表3.1-12 泵站检修记录表

泵站名称：

时间		地点		检修人	
检修内容					
检查项目：					
维修项目：					

表 3.1-13　养护单位内业报表汇总表

序号	报 表 名 称	次报	月报	年报	报表接受单位
1	__年度养护作业计划表			年	运营管理部门、质量监督单位
2	__年__月高速公路维护完成情况报表		月		养护主管部室、质量监督单位、运营管理部门
3	__月 24h 观测点交通量统计报表		月		养护主管部室、质量监督单位、运营管理部门
4	__年__月运营管理(养护)工作情况报告		月		养护主管部室、质量监督单位、运营管理部门
5	补坑工程量确认统计表		月	年	养护主管部室(月、年)、质量监督单位(月、年)、运营管理部门(年)
6	灌缝工程量确认统计表		月	年	养护主管部室(月、年)、质量监督单位(月、年)、运营管理部门(年)
7	机电设施维修记录		月	年	养护主管部室(月、年)、质量监督单位(月、年)、运营管理部门(年)
8	除雪情况汇总表	次		年	养护主管部室(次、年)、质量监督单位(次、年)、运营管理部门(次、年)
9	防汛情况汇总表	次		年	养护主管部室(次、年)、质量监督单位(次、年)、运营管理部门(次、年)
10	路况调查记录			年	养护主管部室、检测单位、运营管理部门

表3.1-14 ____年度养护作业计划表

填报单位(盖章):

路名: 编号:

序号	工作项目	计量单位	单位工程量	年小修保养量		备注
				年小修保养频率	年工程量	

养护单位: 养护主管部门: 制表:

表 3.1-15 质量监督单位内业报表汇总表

序　号	报 表 名 称	次报	月报	年报	报表接受单位
1	高速公路养护质量考核报告		月	年	运营管理部门
2	防汛情况结算报告			年	运营管理部门
3	除雪情况结算报告			年	运营管理部门

3.2 各项规定

3.2.1 保洁作业一般规定

(1)为规范保洁作业,提高养护质量,确保安全生产,根据集团公司实际情况,特制定本规定。

(2)本规定适用于集团公司管辖范围内的高速公路保洁作业。

(3)养护单位应制定配套的路面保洁作业办法。

(4)保洁人员上路捡拾,必须身着统一配发的安全标志服及安全帽。

(5)机械巡检,发现废弃物后,保洁车辆应停在废弃物后方,并开始警示设备;保洁人员迅速下车清理,车辆停留时,必须按照安全作业要求摆放安全作业标志。

(6)在捡拾过程中,必须逆行车方向行走,不能随意穿越高速公路。

(7)作业车辆在工作期间,必须与行车方向同向,不得为了作业方便逆向行驶。

(8)应由驾驶员担任保洁人员作业的安全员,负责保洁人员人身安全。

(9)车辆需要停留时,必须按照安全作业要求摆放安全作业标志。

(10)清扫、清洗、保洁等作业车辆作业时,必须开作业闪烁灯和闪烁导向箭头,紧靠一侧顺行车方向行驶,同方向作业行驶的内外车道车辆必须保持300m以上距离以保证道路畅通。

(11)如有特殊任务,需按交通部门有关高速公路养护作业交通管理的规定执行。

3.2.2 机械清扫作业一般规定

(1)为规范机械清扫作业,确保安全生产,根据集团公司实际情况,特制定本规定。

(2)本规定适用于集团公司管辖范围内高速公路机械清扫作业的管理工作。

(3)养护单位应制定配套的机械清扫作业办法。

(4)作业前做好人和各种机械的准备工作,了解和熟悉需清扫路段的路面情况。

(5)行驶和作业中要打开警示灯,提醒后方驶来车辆的驾驶员注意,吸扫装置处于工作位置时,禁止倒车。

(6)作业速度应满足相关规定要求。

(7)作业后应立即将清扫车清洗干净。

(8)如有特殊任务,需按交通部门有关高速公路养护作业交通管理的规定执行。

3.2.3　养护专项工程一般规定

(1)工程分类:预防养护、修复养护、专项养护和应急养护。

(2)工程来源依据:集团公司的工程项目依据路况检测评定结果和现场复核确定,由集团公司下发。

(3)养护专项工程由养护单位申报,运营管理部门复核后上报集团公司。

(4)养护专项工程施工单位和监理单位由集团公司研究决定。

(5)养护专项工程组织管理由集团公司确定的机构负责。

(6)养护专项工程的实施详见本手册(养护篇)第5章。

3.2.4　路灯维护一般规定

(1)为规范路灯维修养护作业,提高维护质量,确保安全生产,根据集团公司管理现状,特制定本规定。

(2)本规定适用于集团公司管辖范围内高速公路路灯的维护作业。

(3)养护单位应制定配套的路灯维护相关办法。

(4)养护作业人员应进行夜间路灯巡视。巡视检查中发现有严重危害人身和道路行车安全的情况,必须立即报告上级,并采取临时措施,防止事故发生。对发生的道路照明设施被盗情况,或行车事故造成的重大损坏,及时报告上级领导和路产管理部门。大风、雷雨、冰雪等特殊情况下,道路照明设施的巡检可在白天进行。

(5)路灯维护维修时,高空作业车遇到影响安全操作的大风,应停止升空作业。升降操作人员必须通过培训,掌握操作要领,熟悉注意事项。雨、雪、雾天气或遇有勤务时应暂停作业。

(6)路灯电缆线路巡检时,不论线路是否停电,均应视为线路有电。巡线人员发现带电线路断落地面或悬吊空中,应设法防止其他人员靠近断点,并拉闸断电。雨、雪、雾天气或遇有勤务时应暂停作业。

(7)箱式变电站维护维修时,作业人员必须具备从事本项工作的相关资质。低压电工不得进行变压器室、高压室及高压线路的电业操作。变压器室的操作必须断开高压线路,接上接地线。如遇到高压供电的问题,应马上与有关供电部门联系。雨、雪、雾天气或遇有勤务时应暂停作业。

3.2.5　泵站管理一般规定

(1)为规范泵站管理,确保安全生产,根据集团公司实际情况,特制定本规定。

(2)本规定适用于集团公司管辖范围内泵站的管理工作。

(3)养护单位应制定配套的泵站管理相关办法。

(4)清扫检修机械设备,电气工作人员必须持证上岗。清扫工作应在全部停电后进行,检修应根据具体内容确定停电内容。检修时必须设监护人。进行停电操作时,必须按北京市供电局的“电气安全工作规程”中停电、验电、放电、挂标示牌程序进行,严格执行操作规程。检修机械设备时应在相关电气控制装置上悬挂警告牌。

(5)对泵站设备按相关规定进行维护保养。

(6)泵站养护工人上路作业时需身着反光标志服。进行机泵电动作业时需严格执行安装维修操作规程。电气作业应持证上岗,并带好防护及绝缘用具。泵站内及泵房严禁堆放易燃物品,以防电机起火蔓延。

3.2.6 病害修复时限规定

道路巡视和日常养护中,当发现道路设施出现病害时,应根据病害的种类和严重程度,按表3.2-1的规定时限予以修复。

表3.2-1 路面病害修复时限

类　别	病害名称	损坏程度	修复时限
沥青路面	坑槽		48h
	局部翻浆		48h
	裂缝	超过0.6mm(机械灌缝)	48h
	路面唧浆		48h
	局部沉陷		3d
	拥包		3d
	局部严重车辙	7cm以上	10d
水泥混凝土路面	局部破损		1周
	局部裂缝	缝宽大于10mm	3d
	局部错台	接缝高差大于10mm	3d
	坑洞		24h
路基	土边坡水毁		3d
	砌体工程损坏		3d
	井盖丢失、破损		12h
沿线设施	防撞护栏损坏		24h
	标志牌损坏		3d
	电缆丢失		48h
	照明缺失		48h
	隔离栅损坏		24h

第4章 日常养护

4.1 总则

4.1.1 日常养护的具体内容

日常养护包括日常巡查与检查及小修保养两部分，其具体内容包括：

1)日常巡查与检查

(1)路面上是否有明显的坑槽、裂缝、拥包、沉陷、松散、车辙、泛油、波浪、麻面、冻胀、翻浆等病害，其危害程度及趋势。

(2)路面上是否有遗撒或妨碍交通的障碍物等。

(3)伸缩缝边梁、中梁，保护带是否损坏。

(4)交通安全设施是否歪斜或损坏。

(5)路基和排水设施是否塌陷、冲刷、堵塞等。

2)小修保养

小修保养可分为日常保养和小修两项工作内容。

(1)日常保养的内容：

①清扫路面及中央分隔带泥土、杂物。

②人工捡拾护网内及护网外50cm内垃圾杂物，及时清除粘贴小广告。

③排除路面积水，铲除路面积雪、积冰等。

④清理桥梁伸缩缝内杂物。

⑤修整路肩、边沟、中央分隔带、挡土墙，清理硬化范围内的非种植草木。

⑥疏通清理泄水孔、雨水箅、雨水箅子、排水槽、截水沟、边沟等排水设施。

⑦扶正擦洗标志牌、防眩板、轮廓标、防撞桶、钢板护栏等交通安全设施。

⑧拦水带(路缘石)的修复。

(2)小修的内容：

①修补路面的泛油、拥包、轻微裂缝、横向裂缝、坑槽、沉陷、波浪、局部网裂、松散、车辙、麻面、啃边等病害。

②局部施划路面标线。

③维修更换路面井圈井盖、雨水箅子。

④维修更换损毁的标志牌、防眩板、防撞桶、钢板护栏等交通安全设施。

⑤修复更换损毁的中央分隔带硬化砖、路缘石、八字口、U形槽、沟盖板、边坡坡脚砖、六棱网格砖、边沟方砖、锥坡六棱砖等圬工砌体。

⑥修复路基塌陷、冲沟等水毁(填土)。

日常养护作业内容见表4.1-1。

表4.1-1 公路日常养护工程作业内容

工程项目	小修保养
路基	保养: 1. 整理路肩、边坡,修剪、清除路肩、分隔带、挡土墙、护坡等硬化范围内非种植草木、杂物,保持路容整洁; 2. 疏通泄水孔、雨水井、雨水箅子、排水槽、截水沟、边沟、过路涵及边涵,保持排水系统畅通; 3. 清除挡土墙、护坡滋生的有碍设施功能发挥的杂草,修理沉降缝、疏通泄水孔; 4. 路缘带的修复。 小修: 1. 修复更换损毁的中央分隔带硬化砖、路缘石、八字口、U形槽、沟盖板、边坡坡脚砖、六棱网格砖、边沟方砖、锥坡六棱砖等圬工砌体; 2. 修复路基塌陷、冲沟等水毁(填土); 3. 清除零星坍方,填补路基缺口,轻微沉陷翻浆的处理; 4. 修理挡土墙、护坡、护坡道、泄水槽、护栏和防冰雪设施等局部损坏; 5. 局部加固路肩
路面	保养: 1. 人工捡拾路面及两侧的杂物、机械清扫路面遗撒物,保持路面整洁; 2. 排除路面积水,维持路面交通; 3. 机械清除路面积雪,铲除路面积冰; 4. 水泥混凝土路面清缝、灌缝及堵塞裂缝。 小修: 1. 沥青路面修补坑槽、沉陷,处理波浪、局部龟裂、啃边等病害; 2. 处理路面裂缝; 3. 处理沥青路面的泛油、拥包、松散等病害; 4. 水泥混凝土路面的局部修理; 5. 路缘石、混凝土隔离墩等沿线混凝土构造物的维修; 6. 中央分隔带硬化部分的维修
交通工程及沿线设施	保养: 标志牌、里程碑、百米桩、界碑、轮廓标等埋置、维护和定期清洗。 小修: 1. 护栏、隔离栅、轮廓标、标志牌、里程碑、百米桩等修复或部分更换; 2. 路面标线的局部补划

4.1.2 一般要求

(1)养护单位应对高速公路沥青路面进行经常性、预防性和周期性的养护。加强道路巡视,及时发现路面、路基、交通设施病害,及时进行维修抢救,并有针对性的制订日常养护工作计划。

(2)路面养护应加强计划及施工管理,根据计划做好进度安排、人员组织、物资设备供应,确保养护工作按照计划实施。

(3)宜采用先进的路况检测设备采集路况资料,使用路面管理系统,积极推广应用新技术、新材料、新工艺,实施机械化养护作业,研发先进的道路养护新技术。

(4)养护作业人员应接受专门的安全教育和养护作业规程的培训。

(5)日常养护作业除按本手册规定执行外,尚应遵守国家和行业现行有关规定。

(6)养护作业考核标准应按照《首发集团高速公路养护管理考核办法》(附录A)执行,并遵守国家相关规范的规定。

4.1.3 保洁作业标准

高速公路保洁作业标准见表4.1-2。

表4.1-2 高速公路保洁工作标准

作业项目	作业内容	作业方式	作业频率	作业标准
机械清扫	主路内、外侧,匝道内、外侧	清扫车、洗扫车	每天1次,局部路段视情况增加次数	无渣土、石子和其他废弃物
人工清扫	局部路段、环境较差路段、路面死角,中央硬化平台	人工为主、清扫车为辅	每天至少1次	无积土、废弃物、冰雪和其他杂物
人工拾杂	主路、匝道、路基沿线	人工	每天至少2次	无飘落物、废弃物
机械巡检	主路、匝道、路基沿线	机械配合、辅助人工	及时清理	无飘落物、废弃物
设施清洗	钢板护栏、防眩板、声屏障、防撞桶、玻璃钢隔离墩、大型标志牌	专用设备	一年至少4次,特殊情况可增加	无污泥、油污,局部进行清洗擦拭,处理污染物
小型设施清洗	清洗、擦拭各种标志牌	人工	一年12次,特殊情况可增加	保持牌面清晰、无污染
护网保洁	全线护网	人工	每月1次	保持洁净、杂草不上网、网上无悬挂物、网下无堆积物
防汛	积滞水点	机械、人工	及时处理	根据道路情况,达到本手册(养护篇)第7章规定的要求
除雪	清除主路、匝道内路面积雪	机械、人工	快速反应,及时处理	根据道路情况,达到本手册(养护篇)第7章规定的要求

城市道路保洁作业标准见表4.1-3。

表4.1-3　城市道路保洁作业标准

作业项目	作业内容	作业方式	作业频率	作业标准
机械清扫	主路内、外侧,匝道内、外侧	清扫车、洗扫车	每天不少于1次	无积存垃圾、积水和污物
机械保洁	主路内、外侧,匝道内、外侧	清扫车、洗扫车	每天不少于1次	无积存垃圾、积水和污物
机械清洗	主路内、外侧	清扫车、洗扫车	每周不少于3次	无浮土、泥沙、污物、积水,路面呈本色
机械冲刷	主路内、外侧	洒水车	每天不少于1次	无泥沙、污物、废弃物,标线清晰
机械巡检	主路、匝道、路基沿线	机械配合、辅助人工	及时清理	无飘落物、废弃物
机械压尘	主路内、外侧	洒水车	每天不少于1次	路面湿润、见潮不见水
人工清扫	中央硬化平台、路肩、隔音屏下硬化平台	人工	每天至少1次	无积存垃圾、积水和污物
人工拾杂	主路、匝道、路基沿线	人工	每天至少2次	无飘落物、废弃物
设施清洗	钢板护栏、防眩板、声屏障、防撞桶、玻璃钢隔离墩、大型标志牌	专用设备	每月1次	无污泥、油污,局部进行清洗擦拭,处理污染物
小型设施清洗	清洗、擦拭各种标志牌	人工	每月不少于2次	保持牌面清晰、无污染
小广告清除	主路、匝道沿线	机械、人工	每12h巡回清除1次	无非法张贴或喷涂类宣传品
防汛	积滞水点	机械、人工	及时处理	根据道路情况,达到本手册(养护篇)第7章规定的要求
除雪	清除主路、匝道内路面积雪	机械、人工	快速反应,及时处理	根据道路情况,达到本手册(养护篇)第7章规定的要求

4.1.4　日常维护作业标准

道路日常养护维修作业标准见表4.1-4。

表4.1-4 高速公路日常养护维修作业标准

作业项目	作业内容	作业方式	作业频率	作业标准
路面坑槽	管养范围内路面坑槽处理	补路王、小型养护机械和人工等	随时	修补成规则形状，补后平整，无蜂窝麻面，材料级配与原路面基本一致
路面灌缝	管养范围内路面裂缝处理	专用灌缝机、小型养护机械和人工	汛前1次、汛后1次集中作业	缝要封住，避免进水重复作业
维护、加固路肩、边坡	管养范围内路肩、边坡	人工为主、机械为辅	边坡、边沟一年2次整修	路肩无空洞、坑洼、隆起、沉陷、缺口，横坡适度、边缘顺适，表面平整坚实、整洁； 边坡无冲刷、无狼窝，稳定，线形整洁美观。边坡稳定，平顺无冲沟，坡度合乎规定
清除坍方、处理塌陷、检查险情、预防水毁	管养范围内路肩、边坡、边沟和构造物	人工为主、机械为辅	发现即处置	挡土墙、护坡及防雪、防沙等设施保持完整无损坏，砌体伸缩缝填料完好，泄水孔无堵塞；及时治理翻浆路段，使其尽快恢复到原有路况，对坍方、滑坡、泥石流等病害做好防护抢修，尽力缩短阻车时间
维护、修理各种防护构造物	管养范围内构造物	人工为主、机械为辅	及时修复，恢复功能	防护构造物完整无损
防汛作业（排水系统）	管养范围内边沟、泄水槽、边涵、泵站等排水设施	人工为主、机械为辅	沿线排水设施汛期前后各疏通1次	路面无积水，边沟通畅，无堆积物，无堵塞，排水通畅。 边沟、截水沟、排水沟、路肩水簸箕（路面拦水缘石出水口）、跌水井等排水设施保持无高草、无淤泥
沿线设施	沿线护栏、护网、标志牌，供电、照明、通信、监控设施	专用设备、人工	发现问题、及时处理	无缺损、倾斜，保持整洁、运行状态良好

4.1.5 高速公路路灯维护作业标准

高速公路路灯维护作业标准见表4.1-5。

表 4.1-5　高速公路路灯维护作业标准

作业项目	作业内容	作业方式	作业频率	作业标准
夜间巡视	路灯亮灯工况检查	人工、作业车	每周至少 3 次	认真记录路灯亮灯情况及故障原因,要求详细、准确
低杆路灯维护维修	修理故障路灯	人工、高空作业车、作业车	发现故障,及时处理	光源发光正常;灯具完整清洁;路灯排列有序
高杆路灯维护维修	保养、维修高杆路灯	人工、作业车	高杆路灯功能机构专项保养、升降灯盘每半年 1 次	光源发光正常;各功能机构工作良好
路灯低压电缆	巡查、处理路灯电缆的故障和隐患	人工、作业车	线路专项巡检每年 1 次,发现问题,及时处理	线路工作可靠稳定,无安全隐患
箱式变电站	保养、维修箱式变电站	人工、作业车	每半年巡查 1 次,发现问题,及时处理	整个变电系统工作稳定,各项指标正常,设备完整安全

4.2　保洁

4.2.1　机械清扫

(1)专职驾驶员依据清扫车、洗扫车操作规程驾驶车辆对管辖范围内的道路路面进行清扫作业。

(2)清扫部位为全线的硬路肩、互通式立交桥的匝道及中央分隔带路缘石外侧。清扫过程中遇到不可移动障碍时可绕过继续作业。遇到大块杂物应停车捡拾。

(3)雨、雪、雾天气或遇有勤务时应视具体情况作业。

(4)清扫车、洗扫车因故不能上路作业时,启用备用机械进行机械清扫,或者通知沿线保洁人员进行人工清扫。

4.2.2　人工清扫

(1)停车港湾、泄水槽、匝道、收费站区、中央导流口、中央硬化平台等无法用机械清扫的地方,需用人工清扫。

(2)隔离带无绿篱的路段清扫时人员要在隔离带内作业。

(3)清扫时要逆行车方向进行,扫完一侧后再清扫另一侧。

(4)人工清扫人员需穿反光标志服、戴安全帽。

(5)雨、雪、雾及大风天视具体情况作业。

(6)扫出的杂物要装车运走,弃至指定地点。

4.2.3 人工拾杂

(1)保洁人员负责路面杂物的捡拾。

(2)路面及路基应同时进行清扫和人工保洁,雨后路肩如有积水,应及时排除。

(3)边坡清理工作包括垃圾杂物清理及清除边坡上非种植苗木。

(4)作业时要逆行车方向进行,需横穿道路作业时要优先选择通道、立交桥、过街天桥通过,或者码放导改作业区,由车辆送入作业区内,禁止横穿道路。

(5)人工清扫人员需穿反光标志服,佩戴安全帽。

(6)雨、雪、雾天气视情况作业。

(7)作业过程中捡拾到的杂物集中存放,每日收工时将杂物装车运弃指定地点。

4.2.4 机械巡检

(1)保洁人员和车辆以路为单位对道路垃圾等飘落物进行巡视拾。

(2)作业时保洁车辆应停在废弃物后方,并开始警示设备;保洁人员迅速下车清理,车辆停留时,必须按照安全作业要求摆放安全作业标志。

(3)作业人员应按照规定穿反光标志服,佩戴安全帽。

(4)雨、雪、雾天气应视情况作业。

(5)作业过程中捡拾到的杂物应集中存放,每日收工时将杂物装车运弃指定地点。

4.2.5 设施清洗

1)护栏清洗

(1)以机械清洗为主。

(2)养护单位应在重要节假日及雨雪后安排清洗。

(3)清洗作业应遵循水冲、机械刷洗、人工刷洗、水冲的程序。

(4)护栏清洗完毕后,养护作业人员要及时矫正轮廓标的反光角度。

(5)恶劣天气等特殊情况暂停作业。

2)交通标志清洗

(1)大型标志牌清洗以机械清洗为主。小型标志牌清洗以人工清洗为主。

(2)养护作业人员按规定频次对全线(含连接线及站区)的标志牌集中进行清洗。

(3)机械清洗以高压水枪水冲为主,采用升降车配合人工完成。人工清洗用去污剂自上而下进行清洗,然后用清水冲洗干净。清洗过程中注意保护牌面。清洗过程中对歪斜的标志牌进行扶正。

(4)作业时要按规定采取相应的交通及人身安全措施。

(5)恶劣天气等特殊情况暂停作业。

3)交通标线保洁

(1)标线被污染后,要及时进行清洗。

(2)清洗时,人工用洗涤剂对污染的标线进行刷洗,污渍被刷掉后再用清水进行冲洗。

(3)恶劣天气等特殊情况暂停作业。

4)轮廓标清洗

(1)养护人员应定期对全线的轮廓标进行清洗。

(2)清洗时,人工用洗涤剂清洗,然后用清水冲净。

(3)作业时要逆行车方向进行。

(4)恶劣天气等特殊情况暂停作业。

5)防眩板清洗

(1)以机械清洗为主。

(2)养护单位应在重要节假日及雨雪后安排清洗。

(3)养护作业人员用清洗液对防眩板的正反两面进行清洗。

(4)清洗后的防眩板要保持线形顺直。

(5)作业人员应在中央分隔带或安全作业区内作业。

(6)恶劣天气等特殊情况暂停作业。

6)消能桶、隔离墩清洗

(1)清洗时,先用洗涤剂清洗,然后用清水冲净。

(2)作业时要按有关要求设置安全作业区,作业人员必须在作业区内进行清洗作业。

(3)恶劣天气等特殊情况暂停作业。

7)隔音屏清洗

(1)清洗时,先用水车加洗涤剂清洗,然后用清水冲净。

(2)遇到污染严重区域,应人工与水车配合清洗。

(3)作业时要按有关要求设置安全作业区,作业人员必须在作业区内进行清洗作业。

(4)恶劣天气等特殊情况暂停作业。

4.3 小修保养工艺与质量要求

4.3.1 路面

1)裂缝

裂缝是高速公路路面常见的病害之一,它会影响道路的使用寿命、降低路面平整度。在路面开裂后,雨水通过裂缝渗到路面基层、底基层甚至路基,会腐蚀路基,削弱基层、土基的强度。

(1)定义及分类。

横向裂缝是高速公路沥青路面最常见的一种裂缝,大多数属于半刚性基层开裂引起的路面反射裂缝或温缩裂缝。

纵向裂缝分为自上而下的表面裂缝和自下而上的疲劳裂缝。由于路基的不均匀沉降而引起的,当路基施工过程中压实不均匀,就会存在局部压实不足的现象。在车辆荷载的长期作用下,路基进一步压实固结,从而导致纵向裂缝的形成。

(2)施工工艺要求。

对于宽度在5mm以内的裂缝，先将裂缝清吹干净后，将乳化沥青灌入裂缝中，灌缝时应从裂缝一端缓慢、连续地灌至另一端，使灌封胶注入时能将缝内的空气排挤出。灌封胶灌满后，可在缝表面撒一层细砂，清扫干净；对于宽度在5mm以上的裂缝，应使用开槽机在裂缝处开槽，开槽深度约20～40mm，宽度为10～20mm，深宽比宜为2∶1，然后用吹风机清吹干净后，再用专用灌缝设备(灌缝机)灌入专用灌缝沥青并封口找平。

(3)作业频次。

根据集团公司现行《高速公路养护作业标准》和《高速公路养护质量检查考核标准》的要求及道路养护实际情况，裂缝修补一般安排在春季或秋季进行。突然发现的裂缝，养护单位应立即安排灌缝作业。

(4)质量检测验收标准。

灌缝材料，应具有较好的防水性能和足够的延展性与温度稳定性，相应指标应符合国家相关标准的规定；灌缝应连续、均匀且饱满，并略高于路面；修复后的路面平整度，包括接缝在内，用3m直尺检测，应不大于3mm。灌缝表面平整、边缘整齐、无脱落变形，接缝周围整洁、无灌缝料污染。

(5)灌缝材料要求。

灌缝材料应符合施工技术规范要求。

2)麻面(蜂窝)

(1)定义。

高速公路的路面因嵌缝料散失出现的病害称为麻面。

(2)分类。

按照高速公路路面类型可分为沥青路面麻面和水泥混凝土路面麻面。

(3)施工工艺。

小面积麻面可用棕刷在麻面部位涂刷高黏度乳化沥青，再撒铺细集料；大面积麻面可采取预防养护的沥青还原剂或微表处等措施。

对于集料外露严重或有松散且数量较大的路段，待气温升至15℃以上时，按0.8～1.0kg/m^2的用量喷洒沥青，再均匀撒上3～6mm的石屑或粗砂[(5～8)m^3/1000m^2]，最后用轻型压路机压实。

(4)作业频次。

及时发现及时处理。

(5)质量检测验收标准。

加铺后路面平整度符合规范要求，表面无明显离析和泛油现象。

(6)材料要求。

乳化沥青、沥青还原剂和集料等应符合施工技术规范要求。

3)坑槽

(1)定义。

坑槽是沥青路面在雨水或重大交通流量的动态荷载作用下，使沥青黏附性降低并逐渐丧失黏结力,沥青膜从集料表面脱落(剥离),沥青混合料出现掉粒、松散、局部脱落等病害。

(2)分类。

按照坑槽面积大小,分为人工修补的坑槽和人工配合小型摊铺机修补的坑槽。

(3)施工工艺。

对于路面基层完好,仅面层有坑槽时的维修,按照圆洞方补、斜洞正补的原则,画出所需修补坑槽的轮廓线(范围应在坑槽外围边缘线最大尺寸外至少100mm),修补轮廓线应呈正方形和长方形,边线与道路中线平行或垂直;若因基层局部强度不足等使基层破坏而形成坑槽,应将基层全部挖除,处治好基层再修复面层。

采取沥青混合料处治方法,应沿修补轮廓线切割并凿除需要处理的路面部分,并将挖槽清理干净,在槽四壁和底部均匀涂刷一层黏层油,然后将热拌沥青混合料或沥青冷补料摊铺入槽内,进行碾压。

采取现场热再生处治方法,利用现场加热技术对坑槽等病害部位进行加热,再用铁耙耙松表面混合料,添加新料和沥青再生剂后拌和、压实。

(4)作业频次。

根据集团公司现行《高速公路养护作业标准》和《高速公路养护质量检查考核标准》的要求及道路养护实际情况,及时发现并处理。

(5)质量检测验收标准。

新补路面应比原路面略高,但新旧路面高差不能超过5mm;新补路面与原路面应结合紧密,表面粗糙合适,且无泛油和离析现象;新补路面应碾压密实,表面无轮迹。

(6)材料要求。

沥青混合料等应符合施工技术规范要求。

4)变形类修补

(1)定义。

沉陷:路基压实度不够或构造物地基土质不良,在水、荷载等因素作用下产生的不均匀的竖向变形。

波浪:受温度影响,路面在车辆通行碾压作用下形成的起伏现象。

拥包:沥青面层因受车轮推挤而形成局部隆起的现象。

桥头跳车:由于桥头及伸缩缝(桥头引道)处的差异沉降或伸缩缝破坏而使路面纵坡出现台阶,引起车辆通行时产生跳跃的现象。

(2)分类。

变形类病害主要分为沉陷、波浪、拥包、桥头跳车。

(3)施工工艺。

本着不规则损坏、规则修补的原则,划出大致与路中心线平行或垂直的修补轮廓线(正方形或长方形),标定修补的范围。

用铣刨机铣刨标定范围内的旧路面,用切缝机切直,并将槽底、槽壁清吹干净。在干净的槽底、槽壁薄刷一层乳化沥青;摊铺新沥青混合料,用压路机压实。新填补部分应略高于原路面(高出量应根据坑槽深浅及压实程度而定),待行车压实稳定后保持与原路面相平。针对不同的破坏类型可适当调整工艺。

修补时尽量避开高峰交通时作业,作业时各工序要衔接紧密,减少占路时间。

(4)作业频次。

根据集团公司现行《高速公路养护作业标准》和《高速公路养护质量检查考核标准》的要求及道路养护实际情况,集中处理。

(5)质量检测验收标准。

沥青混合料应符合施工技术规范要求;加铺后路面平整度符合规范要求,表面无明显离析和泛油现象。

(6)材料要求。

沥青混合料等应符合施工技术规范要求。

5)车辙

(1)定义。

车辙是沥青路面特有的一种破坏形式,是在行车荷载重复作用以及气候(高温)等因素综合作用下产生的一种永久性变形,表现为沿行车轮迹产生的纵向带状凹槽,严重时车辙的两侧会有突起形变,造成路面使用性能更加恶化。

车辙产生的因素有沥青材料、施工工艺、级配组成、施工控制、荷载作用、温度影响等。

(2)分类。

①失稳型车辙。

这类车辙主要发生在半刚性或刚性基层沥青路面上,车辙主要源于沥青面层,由于沥青面层混合料的高温稳定性不足,在车轮荷载反复作用下,产生压缩和剪切流动。通常轮迹带的沥青面层在下凹的同时,两侧伴随着隆起,二者组合起来构成车辙。

②结构型车辙。

这类车辙是由于路面结构在荷载反复作用下产生的整体永久变形,主要发生在柔性基层沥青路面上,其外形主要表现为路面下凹。

(3)施工工艺。

车辙深度在1.5cm以下,可采用微表处进行修复;车辙深度在1.5cm以上,可采用加铺沥青混合料修复技术,一般铣刨原路面上面层,重铺新的沥青混合料,可采用改性或加抗车辙剂等多种类型的沥青混合料。

(4)作业频次。

根据集团公司现行《高速公路养护作业标准》和《高速公路养护质量检查考核标准》的要求及道路养护实际情况,集中处理。

(5)质量检测验收标准。

表面平整、密实、均匀,无松散、无刮痕,无花白料、无凹坑、无轮迹;横向接缝平顺、无泛油;纵向接缝宽度小于80mm,平整度小于6mm;热拌沥青混凝土罩面施工质量标准见现行《公路沥青路面施工技术规范》(JTG F40)。

(6)材料要求。

沥青混合料等应符合施工技术规范要求。

6)唧浆

(1)定义。

地表水通过沥青碎石面层渗入基层,使基层软化、膨胀,在车辆荷载的连续作用下,基层中细小颗粒从面层空隙喷射出来的现象。

(2)分类。

按照成因分类:一种是由于车辙引起的,先是由车辙引起细小的裂缝,然后在行车荷载和水的作用下,逐步发展为网裂,并最终发展为唧浆。另一种,由于半刚性基层本身特有的性质导致。半刚性基层是采用无机结合料作为结合材料,由于无机结合材料会产生干缩裂缝,当裂缝达到一定程度时,造成面层渗水进入基层,从而出现唧浆现象。

(3)施工工艺。

由于冬季基层中的水结冰冻胀、春季融化引起的唧浆,可在有唧浆迹象的地方,用人工或机械将2~5cm直径的钢钎打入路面以下,穿透冻层(一般1.3m以上),然后灌入砂粒,使化冻的水迅速渗入冻层以下;局部发生唧浆的路段,可采用打石灰梅花桩或水泥砂砾桩的办法予以改善;加深边沟,并在唧浆路段两侧路肩上交错开挖宽30~40cm的横沟,如路面唧浆严重,还应顺路面边缘设置纵向小盲沟;因基层水稳定性不良或含水率过大造成的唧浆,应挖去面层及基层全部松软部分,将基层材料晾干,并适当增加新的硬粒料(有条件时应换填透水性良好的砂砾或工业废渣等),分层(每层不超过15cm)填补并压实,最后恢复面层;低温季节施工的石灰稳定类基层,在板体强度未形成时雨水渗入,其上层发生唧浆的,应将唧浆部分挖除,换用新材料予以填补,然后重做面层。

(4)作业频次。

根据集团公司现行《高速公路养护作业标准》和《高速公路养护质量检查考核标准》的要求及道路养护实际情况,及时发现及时处理。

(5)质量检测验收标准。

沥青混合料符合施工技术规范要求;加铺后路面平整度符合规范要求,表面无明显离析和泛油现象;上面层压实度不低于98%,中面层和下面层压实度不低于96%。

(6)材料要求。

沥青混合料及基层材料如二灰稳定碎石、水泥稳定碎石等应符合施工技术规范要求。

4.3.2 路基

1)路基边坡杂草控制

(1)定义。

为确保高速公路路基边坡安全稳定,对路基边坡上杂草进行合理控制,避免因雨水冲刷出现塌陷等问题,造成路基边坡失稳,影响行车安全。

(2)分类。

路基边坡根据其防护结构设计可分为硬化类路基边坡和土质类路基边坡,硬化类路基边坡上不能有杂草及杂树生长,土质类路基边坡根据绿化植物防护养护标准做好杂草的合理控制。

(3)养护工作标准。

硬化类路基边坡杂草控制标准是对路面与硬路肩接缝、硬路肩与土路肩接缝、硬路肩与桥台搭板接缝之间的杂草进行清理,杂草清理后应及时用砂浆或沥青灌缝料予以填筑,防止雨水渗入。

土质类路基边坡杂草控制标准是根据绿化植物的生态特性进行适当、合理修剪,并拔除、清运其他非种植性杂草或杂树。

(4)作业频次。

根据集团公司现行《高速公路养护作业标准》和《高速公路养护质量检查考核标准》的要求及道路养护实际情况,及时处置,建议每年度至少6次。

(5)质量检测验收标准。

硬化类路基边坡杂草控制及时、彻底清理;土质类路基边坡非种植性杂草不得超过20cm,超过这一高度时,必须进行修剪,清理杂物应集中收集并运往指定地点统一处理。同时,针对攀缓类绿化植物做好长势控制,不遮挡、不影响各类标志标牌,并对清理所造成的孔洞用水泥砂浆进行填塞。

2)路肩修整

(1)定义。

路肩修整是指在日常养护工作中遗撒砂石料导致路肩积土高于路缘石需清理,或因水毁、交通事故及自然原因导致损坏等问题后采取清理、修整和加固措施,使其保持平整、坚实。

(2)分类。

硬化类路肩修整和土质类路肩修整。

(3)养护标准。

硬化类路肩修整工作针对雨水冲刷严重的水毁部位铺设加装流水U形槽。加强日常养护作业管理,避免硬化部位生长杂草或杂树。

土质类路肩修整工作是做好杂草控制和修复水毁,确保路肩表面平整,坡度适度,边缘顺直。

(4)作业频次。

根据集团公司现行《高速公路养护作业标准》和《高速公路养护质量检查考核标准》的要求及道路养护实际情况,定期清理路肩部位碎石,及时修复路肩水毁,建议每季度1次。

(5)质量检测验收标准。

保持路肩横坡适度,边缘顺直;硬化部位表面平整、清洁,土质路肩杂草合理控制或清除野生杂树;路肩宽度应符合现行《公路工程技术标准》(JTG B01)《公路养护技术规范》(JTG H10)的规定。

3)排水设施疏通

(1)定义。

为保障汛期内所辖高速公路排水设施完好、排水系统顺畅,在汛期来临前及每次强降雨后对高速公路范围内的边沟、雨水口、过路管涵等各类排水设施进行疏通,清理各类淤积物。

(2)分类。

根据高速公路范围内排水设施的实际情况,按照其结构物是否封闭可分为敞口式排水设施修复、封闭式排水设施修复。

(3)养护标准。

敞口式排水设施每次强降雨后及时清理绿化苗木落叶及其他白色垃圾等淤积物。

封闭式排水设施根据其结构物的排水量、淤泥量大小及每次降雨强度,利用专业管道疏通工具对其进行疏通,保证淤积物全部清理干净。

(4)作业频次。

根据集团公司现行《高速公路养护作业标准》和《高速公路养护质量检查考核标准》的要求,每年汛期前对所有排水设施全面疏通、清理1次;在防汛期间根据道路养护实际加强巡视,每月清理1~2次。

(5)质量检测验收标准。

保持各类排水设施无杂草、无淤泥;纵坡适度,水流畅通;各类排水设施进出口状态完好。

4)排水设施修复

(1)定义。

排水设施修复是指对高速公路范围内各类排水设施的损毁问题进行及时、规范的修复。

(2)分类。

根据高速公路排水设施类型、水毁面积大小分为排水设施构件损毁修复、排水设施基础修复两类。

(3)施工工艺。

对泄水槽、八字口等排水设施损毁修复时,人工将修补材料运至修复地点,现场在容器中进行配制、浇筑,恢复原形,并进行洒水养生,如果条件允许应尽量使用预制构件修复。

由于雨水冲刷造成排水设施基础坍塌或悬空造成护砌类构件破坏时,应先将冲刷面清理成规则断面,以便于机械或人工施工;如果悬空深度较高,应分段进行清理、回填、夯实,然后在上面加铺10cm的碎石垫层,用现场拌制的M5.0水泥砂浆对片石(块石)进行砌筑,最后参照桥涵锥坡勾缝的施工方法用M7.5水泥砂浆勾缝。

拦水带出现裂缝、变形、损坏等病害时应及时进行维修,可用水泥砂浆封堵。

(4)作业频次。

根据集团公司现行《高速公路养护作业标准》和《高速公路养护质量检查考核标准》的要求,每年汛期前对所辖路段内所有排水设施进行1次全面排查、修复;汛期每次降雨后巡视,发生排水设施损毁的及时修复。

(5)质量检测验收标准。

排水设施应保持畅通,断面尺寸和纵坡应符合原设计标准要求。各种排水设施应设置合理,功能完好;拦水带的设置应合理,保证路面雨水及时排出;出水口设置不合理或排水不畅的拦水带应及时进行改造。

(6)材料要求。

对排水设施修复所需的各类混凝土构件的质量、规格均满足设计要求。新增排水设施时其设计、施工应符合现行《公路路基设计规范》(JTG D30)和《公路路基施工技术规范》(JTG/T 3610)的有关规定。

5)边坡修整

(1)定义。

对高速公路管辖范围内因交通事故及自然原因导致的坡面不适、松软、裂缝、损毁塌陷等病害的道路边坡进行修整。

(2)分类。

根据管辖道路实际情况,按土的性质分为岩质边坡(护砌)修整和土质边坡(花式六棱砖)修整。

(3)施工工艺。

①土质边坡修整:

高出路堑边坡的土体采用人工铲平,并与周围的边坡坡度协调,铲平后进行绿化防护,无空白地。

路基上边坡、平台、坡顶、坡脚等出现裂缝,裂缝宽度小于0.5cm时,应及时用黏性土填塞,填塞时应采用钢钎等细长工具分次进行。

路基上边坡、平台、坡顶、坡脚等出现的裂缝超过0.5cm时,先沿裂缝挖宽、挖深,再进行填塞。宽度以人工、机械方便操作为限,深度以挖到看不见裂缝为限。如出现潜流涌水,可开沟截留水源,将潜水引向路基外排出。

填土路堤边坡处理时,应将原坡面挖成阶梯形,然后分层填筑夯实,并应与原坡面衔接平顺。面积较大时使用压路机,面积较小时使用冲击夯。

②六棱网格砖边坡修整和更换:

拆除凸起、沉陷或损坏的砖体,并清除周围的杂物,将下层土夯实。对拆除下来的六棱网格砖进行检查。外观基本完好无裂缝的六棱网格砖,将表面清理干净,继续使用。碎裂或有明显缺陷的六棱网格砖予以更换。

六棱网格砖铺设时保持线条顺直,从下向上进行铺设,砖块间距保持在15mm左右。使用橡皮锤敲击,使砖块与下层土衔接紧密。

铺设后,在六棱网格砖空心内采用适宜植物生长的清表土、种植土、黏性土等进行回填,填土厚度20cm左右。播撒草籽、洒水养生。

③岩质边坡:

岩质边坡的坡顶、坡脚等部位出现裂缝,宽度小于0.5cm时,应及时用土进行填塞,填塞时应采用钢钎等细长工具分次进行;路基上边坡的坡顶、坡脚等出现裂缝,宽度超过

0.5cm时,应及时处理防止雨水渗入;处理时先沿裂缝挖宽、挖深,宽度以人工、机械方便操作为限,深度以挖到看不见裂缝为止;如裂缝较深,则至少挖深1.0m,开挖的沟槽两侧需坚实、平整;回填时需采用黏土分层夯实,每层的松铺厚度不超过25cm,并在顶部做成鱼背形。

(4)作业频次。

根据集团公司现行《高速公路养护作业标准》和《高速公路养护质量检查考核标准》的要求,应加强道路巡视频次,经常检查、维护,以保证边坡完整性。

(5)质量检测验收标准。

边坡稳定、平顺无冲沟、坡度符合要求;边坡坡面应保持平顺、坚实,如遇缺口、坍塌、高边坡碎落、侧滑等病害,应分别针对具体情况采取相应的加固整修措施;边坡坍塌部分应及时清理,避免堵塞路面、边沟;严禁在边坡上及路堤坡脚、护坡道上挖土取料、种植农作物或修建其他建筑物。

(6)材料要求。

对边坡修整所需的各类混凝土构件的质量、规格均满足设计要求。新修边坡时其设计、施工应符合现行《公路路基设计规范》(JTG D30)和《公路路基施工技术规范》(JTG/T 3610)的有关规定。

6)路缘石修补

(1)定义。

路缘石修补是对因交通事故造成的、中央分隔带左右边缘和路肩边部构造物损毁进行的修复工作。

(2)分类。

根据目前高速公路道路实际情况,按照路缘石的材质分为沥青砂路缘石修补、天然石材路缘石修补、水泥路缘石修补。

(3)施工工艺。

天然石材路缘石、水泥路缘石修复方法为:清理现场—拆除路缘石—基础处理—测量放线;安装路缘石—勾缝—背填;还土—验收。

①先清理、平整作业现场。

②拆除旧路缘石,将可利用的路缘石清理码放。拆除时应避免破坏道路面层。

③旧路缘石拆除后清理基槽,修整基础表面。原基础若有松动应予以挖除,用混凝土重新浇筑。

④沿路缘石外侧挂线,并使线绳与路缘石顶面高程一致。砌筑时,宜采用1:3砂浆铺底,铺底砂浆厚20mm。路缘石砌筑应平顺,缝宽均匀并与原路缘石一致。小半径圆弧处、不足整块的空档处应采用异型缘石砌筑。

⑤采用1:2的水泥砂浆填充密实后勾缝,清理表面多余灰浆。勾缝应进行养生。

⑥用C20水泥混凝土做路缘石背填,背填高度应至路缘石一半高度。还土应夯填密实。

⑦现场验收。

沥青砂路缘石修复方法为：

①原材料检测及目标配合比设计：原材料试验和混合料生产配合比组成设计，各项试验指标满足现行施工技术规范要求。

②下承层验收：在正式铺筑沥青砂前，对下承层进行清理，保持其表面干净，方可进行沥青砂的铺筑。

③拌和：根据试验室提供的配合比拌料，掌握好拌和时间，使拌制出来的混合料无花料，且配合比符合规范要求，控制混合料出厂温度在160~170℃。

④混合料的运输。

⑤沥青混合料的铺筑：铺筑时采用半幅一次成型，速度严格控制在1~2m/min，铺筑做到匀速、连续、不间断。

⑥接缝处理：铺筑完毕后采用横向施工缝，并做成平接缝，应用3m直尺检查，平整度超过3mm时将超过端头切除，并切成垂直面，便于新旧面的相互结合。

(4)作业频次。

根据集团公司现行《高速公路养护作业标准》和《高速公路养护质量检查考核标准》的要求及道路养护实际情况，加强道路日常巡视，发现损毁立即修复。

(5)质量检测验收标准。

天然石材路缘石、水泥路缘石的质量，应符合设计要求；安砌稳固，顶面平整，缝宽密实，线条直顺，曲线圆滑美观；槽底基础和后背填料必须夯打密实；无杂物污染，排水口整齐、通畅、无阻水现象。

沥青砂路缘石，在铺筑成型后，应对铺筑高度、宽度、高程、直顺度、平面位置等进行检测，检测结果满足规范及图纸设计的要求。

(6)材料要求。

天然石材路缘石质量要求符合现行《公路工程质量检验评定标准 第一册 土建工程》(JTG F80/1)及《城镇道路工程施工与质量验收规范》(CJJ 1)。

沥青砂路缘石质量要求符合设计要求。所用的沥青混合料的出厂温度不得低于155℃，高于正常出厂温度20℃的沥青混合料予以废弃。沥青采用导热油加热，加热温度按160℃控制；石料加热温度按170℃控制，保证沥青混合料的出厂温度达到160~170℃和连续不间断地拌制沥青混合料。

7)中央分隔带维护

(1)定义。

对中央分隔带中土质、碎石及砖砌表面定期进行的清理和维修养护作业。

(2)分类。

根据高速公路中央分隔带铺设材料类型分为碎石类中央分隔带、土质类中央分隔带和硬化类中央分隔带。

(3)施工工艺。

①土质类中央分隔带维护。

定期清除中央分隔带护栏周围的杂草、杂物等。加强巡视，及时处置恢复原貌。

②硬化类中央分隔带修复。

拆除凸起、沉陷或损坏的砖体,并清除周围的杂物,将下层土夯实。铺砌前检查方砖尺寸是否合格,表面颜色是否一致,无蜂窝、漏石、脱皮、裂缝等现象。按控制点定出方格坐标,并挂线按分段冲筋(铺装样板条),随时检查位置与高程。铺砖时挂横纵垂直的控制线。用1:5水泥中砂干拌砂浆2cm卧底、找平。方砖要轻放,用橡皮锤敲实,但不得损坏砖的边角。采用干砂掺1:10水泥(按体积)拌和均匀,将砖缝填满,并在砖面上洒水使砂浆混合料沉实直至灰砂灌满为止。同时清扫砖面保持砖面清洁。

③碎石类中央分隔带维护。

及时检查填料情况,使用铁锹、耙铲等工具进行松耙,使碎石填料分布均匀,必要时将填料挖出,进行晒洗、更换。

(4)作业频次。

加强巡视,及时处置恢复原貌,碎石类中央分隔带每季度翻松1次,土质类中央分隔带每年冬季清理1次。硬化类中央分隔带应及时恢复损毁的混凝土砖,做好日常清扫保洁工作。

(5)质量检测验收标准。

根据集团公司现行《高速公路养护作业标准》和《高速公路养护质量检查考核标准》的要求及道路养护实际情况,在保持中央分隔带防护设施、防眩设施完好的前提下,必须做到:碎石类中央分隔带内无渣土等其他白色垃圾、杂质,碎石平整,严禁生长非种植类植物,碎石平面高度距路缘石上缘4~5cm;土质类中央分隔带雨季要定期修剪,土质平整,无渣土、碎草根及其他白色垃圾、杂物,保持土面高度距路缘石上缘4~5cm;硬化类中央分隔带混凝土砖面无损毁,砖缝宽窄一致,纵横向在一条线上。

8)避险车道维护

(1)定义。

对山区路段避险车道制动床填料进行及时补充松耙,对避险车道及挡墙进行检查、维护等相关工作。

(2)分类。

避险车道主要有上坡道型、水平坡道型、下坡道型和砂堆型4种。

(3)养护标准。

①及时检查避险车道制动床填料情况,使用铁锹、耙铲等工具进行人工松耙。使制动床砂石填料分布均匀,工作面松软,起到缓冲、制动作用。清除坡床上杂草等。

②检查避险车道挡墙构造物情况,发现病害应及时分析原因。对表面破损、麻面、起皮等病害,使用水泥混凝土或砂浆进行抹面等修整处治;对影响结构稳定的严重病害,及时上报,组织更换或维修。

(4)作业频次。

根据集团公司现行《高速公路养护作业标准》和《高速公路养护质量检查考核标准》的要求及道路养护实际情况,加强道路巡视工作,做好避险车道维护工作。发现避险车道有事故后及时清理,理顺翻松、恢复原貌。

(5)质量检测验收标准。

避险车道为大上坡断头路,其宽度不应小于4.50m;避险车道的长度根据主线下坡运行速度及避险车道纵坡而定;避险车道应布置在直线上,入口必须保证车辆能高速安全驶入,入口前应保证足够视距。

(6)材料要求。

坡床集料采用碎砾石、砾石、豆砾石等松散材料,且必须是圆形的、不含有任何断面碎石;在避险车道入口处前方设置的提示牌、安全警示牌版面清晰,反光效果明显。

9)挡土墙维护

(1)定义。

挡土墙是保持高速公路陡坡土体稳定的构造物。加强日常养护巡视,及时发现如滑移、倾覆、沉陷、墙身竖向开裂和横向开裂、勾缝脱落、表面破损、墙背填土沉陷、基础冲刷淘空、变形缝破损等病害,并进行及时维护和修复。

(2)分类。

根据管辖道路内挡土墙的结构形式,可以分为重力式、半重力式、衡重式、悬臂式、扶壁式、加筋土式、锚杆式、锚定板式和桩板式。

(3)施工工艺。

挡土墙的泄水孔应保持畅通。日常检查中发现泄水孔有堵塞,应及时疏通。如无法疏通,应另行选择适当位置增设泄水孔,或在墙背后沿挡土墙增做墙后排水设施,一般可增设盲沟将水流引出路基以外,以防止墙后积水引起土压力增加或冻胀。

挡土墙表面出现风化剥落时,应将风化表层砸除,喷涂水泥砂浆保护层,防止剥落恶化。当风化剥落严重时,应将风化部分拆除重砌。

锚杆、锚定板挡土墙及加筋挡土墙,应做顶面和墙外的防水、排水,经常注意有无变形、倾斜或肋柱、挡土板断裂、损坏。如有损坏,应及时修理、加固或更换。对暴露的锚头、螺母、垫圈应定期涂刷防锈漆,同时应经常检查锚头螺母有无松动、脱落,如有松动、脱落应及时紧固和补充。

(4)作业频次。

根据集团公司现行《高速公路养护作业标准》和《高速公路养护质量检查考核标准》的要求及道路养护实际情况,分为两种检查方式:

日常检查:挡土墙是否坚固、稳定、完整;墙身有无开裂、凸出或倾斜,有无勾缝脱落风化、石块松动变形;墙顶有无积水、开裂和下沉,趾前地面有无冲刷或挤出;墙后地面排水设备和墙身泄水孔有无长草、堵塞等。

定期检查:每年春秋两季各进行1次定期检查。主要检查挡土墙在冰冻融化后墙身及基础的变化情况,以及冰冻前所采取的防护措施的效果。另外在反常气候、地震或重型车辆通过等特殊情况后也应进行及时检查。

若发现裂缝、断裂、倾斜、鼓肚、滑动、下沉或表面风化、泄水孔堵塞、墙后积水、周围地基错台、空隙等病害严重时,应做好工作记录,设立技术档案备查。

(5)质量检测验收标准。

对挡土墙应加强雨中、雨后检查,发现病害查明原因,及时采取相应的修复、加固措施;挡土墙的泄水孔应定期检查和维修,使其发挥正常排水功能。挡土墙表面无风化剥落。

4.3.3 沿线附属设施

1)护栏

(1)定义。

护栏是一种纵向吸能的设施结构,通过自体变形或车辆爬高来吸收碰撞能量,从而改变车辆行驶方向,阻止车辆越出路外或进入对向车道,最大限度地减少对乘客的伤害。

(2)分类。

按其在道路中的纵向设置位置可分为路基护栏和桥梁护栏;按其在道路中的横向设置位置可分为路侧护栏和中央分隔带护栏;按其碰撞后变形程度可分为刚性护栏、半刚性护栏和柔性护栏。

(3)养护标准。

日常检查护栏结构有无损坏变形,有无脱漆、锈蚀及污秽,有无拉索松弛、护柱及反光膜缺损,检查立柱与水平构建的紧固情况等,保持外观干净、整洁、结构完整。

根据现行高速公路养护作业标准和高速公路养护质量检查考核标准的要求及重大节假日道路保障工作的要求,加强护栏及其他设施的清洗工作,并及时恢复护栏上的栏式轮廓标的反光角度。清除周围杂草、积物,脱漆应修补,反光膜脱落应补贴。

当护栏线形不顺畅时,可通过适当改变防阻块的形状或用千斤顶直接顶护栏立柱进行调整;由自然灾害及交通事故造成护栏损坏或变形的,应按原设计标准进行快速修复或更换,保持线形顺畅。

路基路面高程变化后,护栏高度应及时调整;更换严重锈蚀的金属护栏;涂有油漆的护栏或护柱,应定期重新油漆,周期可根据气候、护栏污染褪色程度及油漆质量决定,一般1~2年1次。

(4)作业频次。

根据集团公司现行《高速公路养护作业标准》和《高速公路养护质量检查考核标准》的要求及重大节假日道路保障工作的要求,沿线道路护栏设施清洗频次为每月1次,结合不同路段道路实际情况,桥梁护栏每年油饰1次,路基护栏每3年油饰1次。

(5)材料要求。

护栏必须具有足够的强度、耐久性且易于维护管理;从路面到护栏顶部的高度宜为70~100cm;路侧、中央分隔带内路基土压实度必须满足现行《公路路基设计规范》(JTG D30)的规定。

2)隔离栅

(1)定义。

高速公路隔离栅是采用低碳钢丝、铝镁合金丝等材料编织焊接而成,设置于高速公路沿线两侧或其他禁入区域周边,用于阻止行人、牲畜等非法进入和防止非法侵占公路用地的连续不间断的防护设施。

桥梁防抛网主要设置于天桥或主线下穿的分离立交上，用于防止杂物飘落在桥梁下方的车道上，保证道路安全、畅通。

(2)分类。

根据道路防护形式可以将隔离栅分为道路沿线护网(含米护网、框架护网)和桥梁防抛网。

(3)养护标准。

检查结构有无损坏变形；定期清除隔离栅上污秽或未经交通管理部门批准的广告等；若发现油漆老化剥落及金属构件锈蚀情况应及时处理。

(4)作业频次。

根据集团公司现行《高速公路养护作业标准》和《高速公路养护质量检查考核标准》的要求及道路养护实际情况，加强日常养护巡查。同时，结合季节性恶劣天气增加巡视频次，每季度全面检查1次。

根据护网锈蚀程度进行更换或重新刷油漆，防止锈蚀。

(5)质量检测验收标准。

隔离栅高度不低于1.5m；桥梁防抛网距离桥面高度不低于1.8m。

安装前应平整场地，栅栏底部距离地面高度按10cm设计。隔离栅安装要做到"严、直、齐、美"，线路封闭严实，不留有间隙；沿线路方向顺直，顶端和下端纵向过渡平滑整齐；直顺度可用20m长线检测，平面偏差最大值不超过10mm；要求整体效果美观、平顺。

桥梁防抛网应做防雷接地处理，接地电阻应小于10Ω。

(6)材料要求。

隔离栅网片表面浸塑(绿色)，要求厚度0.8~1.2mm，涂层均匀，颜色一致，表面光滑，无流挂、滴流、粉泡、龟裂等缺陷。

框架护网的加强筋和方管之间满焊，焊接要求牢固。焊后清除焊渣，焊口要平滑。焊后网片翘度不大于8mm。

3)防眩设施

(1)定义。

防眩设施是在高速公路上夜间行车时防止对向车灯眩光而安装在中央分隔带上的一种交通安全设施。

(2)分类。

从材质上可分为塑料防眩板、玻璃钢防眩板、钢防眩板等；从外观上可分为直板防眩板、树叶形防眩板、公路景观防眩板、人字形防眩板等。

(3)养护标准。

在日常检查的基础上检查板面有无歪斜、缺失、损坏、变形；检查油漆有无剥落、锈蚀；及时修复、更换损坏变形的防眩设施。

在清洗防眩板时，利用专业清洗设备和清洗液对防眩板的正反两面自上而下进行冲洗。

(4)作业频次。

根据集团公司现行《高速公路养护作业标准》和《高速公路养护质量检查考核标准》的要求及道路养护实际情况,每年清洗6次;及时更换、修复损毁设施。

(5)质量检测验收标准。

防眩设施整体线形与道路线形一致,保证防眩板线形顺直,防眩片角度正确;其中,直线路段遮光角不应小于8°,平、竖曲线段遮光角应为8°~15°。保持防眩板整洁、干净。

(6)材料要求。

高速公路上安装的各类防眩设施的材质、镀锌量、几何尺寸均满足现行《高速公路交通工程及沿线设施设计通用规范》(JTG D80)、《公路交通安全设施设计规范》(JTG D81)、《公路交通工程钢构件防腐技术条件》(GB/T 18226)等标准的质量要求;板材应选用在自然条件下不易老化、不易褪色和不易变形的高分子合成材料;板材产品外观质量要求表面平整光滑,无皱褶、流挂、剥落、龟裂及其他氧化夹杂物。

4)隔音屏

(1)定义。

隔音屏,又称声屏障,是一种降噪设施,是为减轻行车噪声对附近居民的影响而设置在路侧的墙式构造物,其运用原理是通过阻断传播途径减少噪声的产生。同时,隔音屏除了阻挡作用,其内部还有吸声材料,可吸收很多声波。

(2)分类。

根据管辖道路范围内实际情况,按材质不同隔音屏可分为金属隔音屏(金属百叶、金属筛网孔)、混凝土声屏障(轻质混凝土、高强混凝土)。

(3)养护标准。

根据隔音屏设置情况,经常检查其排水通道是否堵塞,及时清理隔音墙周围的杂草、泥土、垃圾,疏通排水通道;检查墙体损坏状况,对变形或损坏的隔音墙应及时修复;及时清理隔音墙上的污秽、张贴的非法小广告及其他宣传标语等。

(4)作业频次。

根据道路实际情况,每年清洗4次;及时更换修复损毁构件,清理粉刷各类非法小广告。损坏、缺失应一周内修复;应每季度冲洗1次,吸声孔不得堵塞;每年补充和更换老化的填充物。

(5)质量检测验收标准。

隔音屏施工安装满足现行《公路工程质量检验评定标准　第一册　土建工程》(JTG F80/1)的规定。

(6)材料要求。

隔音屏材料应具有耐水性、耐热性,满足现行《公路声屏障》(JT/T 646)的质量要求;各部件的外形尺寸、外观颜色、拉铆位置应符合设计图纸要求,满足自身、风荷载重;外观涂层或镀层应光滑平整,无脱模、皱皮、气泡、褪皮、变色,板面穿孔部位无油污、无杂质;整体板面无裂痕。

5)颠震设施(减速震荡线)

(1)定义。

颠震设施(减速震荡线)是为避免驾驶员疲劳驾驶,按车道行驶和必须强制减速的要求,以进一步提高车辆行驶安全性为目的设置的交通设施。

(2)分类。

根据高速公路实际工作要求,有凹槽铣刨型震荡隆声带和凸起型震动标线。

(3)养护标准。

检查与路面的固定有无松动,设施本身有无裂缝、损坏等;经常清扫设施上的杂物;因磨损而影响颠震性能时,应予以更换或修复;发现有松动,应立即将固定部件紧固,不易紧固时应更换;严重缺损的颠震设施,应拆除重新设置。

(4)作业频次。

根据集团公司现行《高速公路养护作业标准》和《高速公路养护质量检查考核标准》的要求及道路养护实际情况,每天清扫1次,及时修复损坏设施。

(5)质量检测验收标准。

保持颠震设施完整、牢固,设施干净。

(6)材料要求。

凸起型震动标线要求具有抗污染、白度好、耐碱、耐久、耐磨性好、柔韧性好、耐候性强、振感强烈等特点。

6)中央分隔带

(1)定义。

中央分隔带是指设置于公路中央的道路设施,目的是防止失控车辆穿越中央分隔带闯入对向车道,并保护中央分隔带内的构造物。

(2)分类。

根据道路实际情况,可分为护栏式中央分隔带、水泥隔离墩式中央分隔带。

(3)养护标准。

护栏式中央分隔带内无杂草,沿线路缘石无变形、损坏,排水设施无阻塞,护栏设施干净、整洁、无小广告;检查护栏的清洁程度、反光膜缺失及损坏状况,发现问题应及时处理。

水泥隔离墩式中央分隔带各种构造物完好无损,防眩设施齐全,反光标志标识反光效果好。

(4)作业频次。

根据集团公司现行《高速公路养护作业标准》和《高速公路养护质量检查考核标准》的要求及道路养护实际情况,及时维修损毁路产设施;及时清除杂草、垃圾,修剪杂草。

水泥隔离墩式中央分隔带的隔离墩每年修补、粉刷1次防腐涂料。

(5)质量检测验收标准。

护栏式中央分隔带的排水通道无阻塞;路缘石无变形、损坏情况。保持中央分隔带内干净整洁、排水畅通;保持路缘石完整。

水泥隔离墩式中央分隔带的水泥墩表面无破损,无钢筋锈蚀。

7)交通标志

(1)定义。

交通标志是用图形符号、颜色和文字向交通参与者(驾驶员、乘客、行人、管理者等)传递特定信息,用于管理交通的设施。

(2)分类。

①根据现行《道路交通标志和标线》(GB 5768)的要求,交通标志按功能可分为主标志和辅助标志两大类:

a. 主标志:

警告标志:警告车辆、行人注意危险地点的标志。

禁令标志:禁止或限制车辆、行人交通行为的标志。

指示标志:指示车辆、行人行进的标志。

指路标志:传递道路方向、地点、距离信息的标志。

旅游区标志:提供旅游景点方向、距离的标志。

道路施工安全标志:通告道路施工区通行的标志。

b. 辅助标志:附设在主标志下,起辅助说明作用的标志。

②按支持方式区分:

a. 柱式标志:以立柱支持在路侧、交通岛或中央分隔带等处。

b. 单柱式标志:标志牌安装在一根立柱上。

c. 双柱式标志:标志牌安装在两根立柱上。

d. 悬臂式标志:标志牌安装在悬臂支架结构上方。

e. 门架式标志:标志牌安装在门式支架结构上方。

f. 附着式标志:标志牌安装在上跨桥和附近构造物上。

③按大小区分:

标志尺寸应按道路不同行车速度对标志认读距离的要求确定,标志可分为小型、大型、巨型。一般道路车速较低,标志尺寸相对较小;高速公路车速快,标志尺寸相对于一般公路要大很多。

④按显示变动方式区分:

a. 固定标志:牌面内容固定不变的标志。

b. 可变信息标志:牌面显示内容可根据交通、道路、气候等状况的变化而改变的标志。

(3)养护标准。

交通标志有污秽或贴有广告等时,应尽快进行清洗,并在标志面清洗完后进行反光性能测试;对于支柱倾斜、变形及损坏情况应及时修复;交通标志如有树木遮蔽时,应及时修剪树枝,或在规定范围内及时变更设置位置。对于基础或底座有损坏的,应及时修补恢复,如无法恢复时,宜在原处附近重新设置新基础或底座;对破损严重、缺失、反光膜效果不好的,应及时更换,对反光膜有轻微损坏的,应选用相同材质的反光膜覆盖;连接紧固件如有缺失、损坏要及时进行更换和补充;部分路段由于路面多次维修、罩面,路面高程有所提高,致使某些标牌的净空已不能满足路上行驶车辆的要求时,应及时调整标志牌高度。

结合当地情况,对立柱应周期性刷漆 1 次,油漆应选防腐性、耐候性和装饰性好的油漆。

(4)作业频次。

根据集团公司现行《高速公路养护作业标准》和《高速公路养护质量检查考核标准》的要求及道路养护实际情况,在日常养护巡查时检查其是否受到沿线树木等物的遮挡,以及标志牌、支柱是否受到损坏,有损坏时要及时维修更换。

在暴雨、暴雪等特殊恶劣天气条件下或发生交通事故时,应进行特殊巡查,发现问题及时处理,保障交通标志正常使用。

(5)质量检测验收标准。

交通标志应保持牌面清洁、字迹清晰;路拦、锥形交通标志、导向标等告示性和警告性标志的设置必须符合现行《道路交通标志和标线》(GB 5768)的规定;保持交通标志整体结构完好、坚固。

交通标志的质量应按标志底板、标志面、支架、基础及标志安装等项目检测。标志底板的质量检测项目主要有原材料性能、底板几何形状及尺寸;标志面的质量检测项目主要有外观质量、材料性能等;支架的质量检测项目主要有原材料性能、支架几何尺寸、防腐层质量;基础的质量检测项目主要有强度、几何尺寸等;标志安装的质量检测项目主要是尺寸检测。

交通标志的工程验收应分为标志产品质量验收及标志施工质量验收。

标志产品质量验收主要针对在标志加工厂内生产加工的标志底板、标志面及支架等构件。标志底板及板面的检测应严格按照相关规范规定进行抽样检测,对于边长大于12mm 的标志板,其形状、尺寸及外观要求应逐块检验,若有一项指标不符合要求,则该标志板为不合格产品。

标志施工质量验收在安装过程中应注意防止损坏标志板面。施工完成后,标志金属构件镀锌面不得有划痕、擦伤等损伤,钢筋混凝土柱表面应光滑平整,标志板面不得有划痕、较大气泡和颜色不均匀等表面缺陷,地基承载力应满足设计要求。

(6)材料要求。

交通标志制作应符合现行《道路交通标志和标线》(GB 5768)、《道路交通反光膜》(GB/T 18833)和《公路交通标志板》(JT/T 279)的规定。在运输、安装过程中不应损伤标志面及金属构件的镀层。标志的位置、数量及安装角度应符合设计要求。大型标志的地基承载力应符合设计要求。标志金属构件镀层应均匀、颜色一致,无流挂、滴块或多余结块,镀件表面应无漏镀、露铁等缺陷。

交通标志是由标志面、标志底板、支架、基础及紧固件组成,其构成材料既要满足驾驶员对标志的视认要求,又应保证标志自身抵抗风力等荷载的结构要求。

标志面均应采用反光材料制作。标志面材料的性能应符合相关规范的规定。

标志底板的铝合金板材应符合相关规范的规定,并满足标志板加强肋的设计要求。在拼接时需用紧固件连接。在同一块标志板上,标志底板和标志面所采用的各种材料应具有相容性,防止因电化作用,不同的热膨胀系数或其他化学反应等造成标志板的锈蚀或损坏。

型材表面平整、整洁,厚度均匀,无裂纹、起皮、腐蚀和气泡等缺陷存在。

标志支架材料均用钢管等材料制作。钢管的力学性能及化学成分应不低于相关规范的要求,并应进行防腐处理,钢管顶端应加柱帽。标志支架所用的基底金属材质为碳素结构钢,其力学性能及化学成分应不低于相关规范规定的 Q235 号钢的要求,标志支架连接件所用基底金属材质为碳素结构钢,其抗拉强度应不小于 375MPa。

8)交通标线

(1)定义。

交通标线是由标划于路面上的各种线条、箭头、文字、立面标记、突起路标和轮廓标等构成的交通安全设施,其作用是管制和引导交通,可以与标志配合使用,也可单独使用。

(2)分类。

①按设置方式可分为:

纵向标线:沿道路行车方向设置的标线。

横向标线:与道路行车方向成角度设置的标线。

其他标线:字符标记或其他形式标线。

②按功能可分为:

指示标线:指示车行道、行车方向、路面边缘、人行道等设施的标线。

禁止标线:告示道路交通的遵行、禁止、限制等特殊规定,车辆驾驶人及行人需严格遵守的标线。

警告标线:促使车辆驾驶人及行人了解道路上的特殊情况,提高警觉,准备防范应变措施的标线。

③按形态可分为:

线条:标划于路面、缘石或立面上的实线或虚线。

字符标记:标划于路面上的文字、数字及各种图形符号。

突起路标:安装于路面上用于标示车道分界、边缘、分合流、弯道、危险路段、路宽变化、路面障碍物的反光或不反光体。

路边线轮廓标:安装于道路两侧,用以指示道路的方向、车行道边界轮廓的反光柱(片)。

(3)养护标准。

路面标线有污渍影响辨认时,应及时进行清扫或冲洗。重新喷刷或修复磨损较严重或脱落的路面标线,施工前应使用专门的除线机铣掉原有的残线,对旧沥青和水泥路面要先涂刷底漆以加强黏结力,干后即可涂布热熔标线,标线未干时撒上反光玻璃珠,并注意避免与原标线错位。

发现由于路面局部修理使路面标线局部缺损或被覆盖时,应在路面修理完工后予以修补或喷刷。

在积雪地区,雪化后应及时检查是否需重涂油漆;经常清洗凸起路标,清除反光玻璃球表面的污秽;凸起路标发现松动的应予以固定,发现损坏或丢失的,应及时修复或更换。

(4)作业频次。

根据集团公司现行《高速公路养护作业标准》和《高速公路养护质量检查考核标准》的要求及道路养护实际情况,日常养护巡查中发现损毁及时处置维修;视管辖路段交通流量实际情况,每3~5年全路段施划1次交通标线。

(5)质量检测验收标准。

使用的标线涂料应具有与路面黏结力强、干燥迅速,以及良好的耐磨性、耐候性、抗滑性等特性,并应符合国家和行业现行有关标准的要求。

标线应具有良好的视认性,宽度一致、间隔相等、边缘整齐、线形规则、线条流畅。涂层应厚度均匀,无起泡、开裂、发黏、脱落等现象。

道路上新标线与旧标线应基本重合。

标线施工污染路面应及时清理,每处污染面积不超过1000m^2;标线线形应流畅,与道路线形相协调,不允许出现折线;反光标线玻璃珠应撒布均匀,附着牢固,反光均匀;标线表面不应出现网状裂缝、断裂裂缝、起泡现象。

(6)材料要求。

路面标线涂料应符合现行《路面标线涂料》(JT/T 280)的规定;喷涂前应仔细清洁路面,使路表面干燥,无起灰现象;路面标线颜色、形状和设置位置应符合现行《道路交通标志和标线》(GB 5768)的规定和设计要求。

9)轮廓标

(1)定义。

轮廓标是沿道路两侧边缘设置、用于显示道路边界轮廓、指引车辆正常行驶、具有逆反射性能的一种交通安全设施,从功能上说,轮廓标是一种视线诱导设施。轮廓标附着于波形梁护栏板凹槽内,反射器为梯形,并与后底板铆接连接,底板与波形梁用连接螺栓连接;安装角度以保证汽车前照灯光线与其垂直为宜。

(2)分类。

轮廓标根据其设置条件不同可分为独立式轮廓标和附着式轮廓标两类;根据其反光器的颜色可分为白色(适用于道路右侧)和黄色(适用于匝路左侧或中央分隔带)两类。

(3)养护标准。

对轮廓标、护栏端头、站区隔离墩的反光膜缺损,或反光亮度降低不能满足使用要求的,应重新进行贴膜;经常清除标柱表面污秽和遮蔽轮廓标的杂草、树木和物体,确保反光膜及整个柱身无污物;钢板护栏机械清洗后,栏式轮廓标的反光角度被改变,要及时进行调整,恢复原反光角度;柱式或栏式轮廓标损坏或丢失时,需重新补齐;标柱倾斜或松动的,应予扶正固定。

(4)作业频次。

根据集团公司现行《高速公路养护作业标准》和《高速公路养护质量检查考核标准》的要求及道路养护实际情况,每月擦拭1次,及时扶正、更换和修复损毁构件。

(5)质量检测验收标准。

高速公路上安装的各类轮廓标材质、几何尺寸均满足现行《高速公路交通工程及沿线设施设计通用规范》(JTG D81)、《公路交通安全设施设计规范》的规定;其设置间距为8m。

(6)材料要求。

轮廓标反光材料采用一级反光膜。轮廓标保持清洁、明亮;重新贴膜时反光膜中无褶皱、无气泡、无拼接等。

10)消能桶

(1)定义。

消能桶是主要设置在高速公路匝道出入口、转弯处及收费站等存在严重安全隐患的地方,起警示和减缓冲击作用的圆形安全设施。在发生事故时能有效地减小冲击力,减轻事故严重度,降低事故损失。

(2)养护标准。

根据道路养护实际要求,及时对消能桶进行清洗、擦拭;发现破损的消能桶要及时进行更换。确保桶身及桶盖无污物,表面干净;更换的新桶应重装沙,密封后摆放在适当的位置。

(3)作业频次。

根据集团公司现行《高速公路养护作业标准》和《高速公路养护质量检查考核标准》的要求及道路养护实际情况,每月清洗、擦拭1次;及时更换、清理损坏设施。

(4)质量检测验收标准。

消能桶的拉伸强度、断裂伸长率试验等所有应检项目的检验结果必须全部符合行业现行相关标准的要求。

(5)材料要求。

消能桶桶盖、桶身所用材料均为高弹性、高强度的玻璃钢材料,外贴反光膜等级为二级以上;配载物所用沙为普通中沙。

反光膜的色度性能、光度性能、耐候性、耐盐雾腐蚀性能、耐溶剂性能、抗冲击、耐弯曲、抗高低湿性能应符合现行《道路交通反光膜》(GB/T 18833)的要求。

11)混凝土隔离墩

(1)养护标准。

经常对混凝土隔离墩进行清除污物处理;经常检查混凝土隔离墩是否缺损或出现裂缝,发现问题应及时处理;混凝土隔离墩混凝土裂缝在3~5mm时,可灌缝封闭;表面露筋、钢筋未变形和拉断的可做防腐处理后,用水泥砂浆修补;水泥混凝土裂缝大于5mm的,可清除被撞坏的混凝土,重新浇筑混凝土。

(2)作业频次。

根据集团公司现行《高速公路养护作业标准》和《高速公路养护质量检查考核标准》的要求及道路养护实际情况,不得缺损、变形,被撞损后,应在3~5d内恢复;严禁使用砖砌筑物代替原结构;被毁钢结构应恢复原样,每年宜定期清洗、粉刷1次。

12)降温池

(1)定义。

又名冷却池,在高速公路山区路段设置一个浅浅的水池,专门给车轮及制动器降温,预防车辆因为行驶过快造成制动失灵或爆胎,导致发生交通事故。

(2)施工工艺。

定期查看池壁是否开裂,池底是否下沉,池水是否渗漏,出现此类情况时,先抽出池水,将池壁及池底清除干净,再使用聚合物砂浆进行修复。

(3)作业频次。

根据现行高速公路养护作业标准和高速公路养护质量检查考核标准的要求及道路养护实际情况,主要在高温炎热天气定期检查。

(4)质量检测验收标准。

要求池壁线形顺直,无开裂,池底无下沉。

13)蒸发池

(1)定义。

在气候干旱地区的排水困难路段,于道路两侧每隔一定距离,为汇集边沟流水任其蒸发所设置的积水池。

(2)施工工艺。

定期查看池壁是否开裂,是否坍塌,出现此类情况时,先封住汇水入口,抽出池内积水,修复或者重新砌筑池壁。

(3)作业频次。

根据现行高速公路养护作业标准和高速公路养护质量检查考核标准的要求及道路养护实际情况,每年汛期对蒸发池进行日常维护。

(4)质量检测验收标准。

要求池壁线形顺直,无开裂,无坍塌,池底无下沉。

4.3.4 泵站

1)排水管道养护

(1)养护措施。

①经常巡视泵站管辖范围内排水管线,包括雨水口、检查井、排水管道等,如发现损坏或丢失应及时修补、更新。

②每月清理一次雨水口、检查井、集水井内的淤积物,如发现集水井内的漂浮杂物,用箅子将杂物清捞干净。

(2)养护要求。

及时记录巡查情况及养护工作;保证排水管道畅通,不漏水。

2)电气设备清扫检修

(1)养护措施。

①由泵站电工与养护工一起定期对电气设备进行清扫检修工作。

②执行供电部门的有关规定,即断电、验电、放电、挂标示牌后再进行清扫检修工作。

③清扫检修完毕后,将工作现场打扫干净,验点工具,对设备进行必要的检查测试后方可通电运行,并填写设备保养记录。

(2)养护要求。

及时记录巡查情况及养护工作;保证电力设备干净清洁。

3)泵站设备维护保养

(1)养护措施。

①每周对水泵进行一次试运转,并检查有无振动、噪声,各部位的螺栓有无缺损、松动。

②定期更换盘根,盘根松紧合适,水泵机运转时,应有水陆续滴出,一般以每分钟15~30滴为宜。

③检查轴承油箱或轴承盒充油是否适当,要求油质良好,无进水、杂质,无乳化变质现象。

④对泵机表面进行刷漆处理,先打磨干净,再刷漆,表面无破损、锈蚀、尘垢,泵轴的裸露部分无锈蚀。

⑤每周要对闸阀进行一次启闭活动,防止锈蚀,闸门、阀门的传动机构要经常加油,机闸的限位装置开关要灵活、准确,启闭机开降标志明显。

⑥天车的转动机构要经常加油,保持滑动灵活,定期除锈刷漆,机耙的动作灵活,整洁干净,运转良好。

(2)养护要求。

及时记录巡查情况及养护工作;保证各设备正常工作。

4)泵站排水养护

(1)养护措施。

观察泵站集水井内的水位,当水位超过进水管径上端时,合闸先开启一台水泵。继续观察集水井内的水位,随时捞出隔栅间内的杂物。如水量较大,可开启第二台水泵。当水位降至进水管径下端时,拉闸、停泵。

(2)养护要求。

保证泵站排水畅通;及时填写运转记录。

4.3.5 其他项目

其他项目包括方砖、公用电话亭、导流开口护栏、井盖、雨水箅子、夜间行车安全设施、道钉、除雪设施维护等。

1)方砖维护

(1)养护措施。

雨季前,对破损的混凝土方砖集中进行修复。修复时,先清除基础上的杂物,并将土基夯实,在土基上均匀洒铺一层1cm厚的掺水泥的沙子作垫层,在垫层上铺砌预制的原规格混凝土方砖,用拌和好的砂浆进行勾缝。砌筑完成后,清理好现场,废料弃置指定地点;

经常清理排水方砖上的垃圾；更换的方砖应与原方砖在图案和颜色上相一致。

(2)养护要求。

保证功能完好，排水畅通；保持设施美观。

2)公用电话亭维护

(1)养护措施。

每3年对全线的公用电话亭重新进行刷漆，避免腐蚀。应选用原来漆色的漆进行刷涂，刷涂时要少量、多次，确保刷涂均匀；电话亭内外环境应经常清扫；公用电话亭标志应置于显著位置；电话机及其线路应经常检查，发现故障及时排除。

(2)养护要求。

保证电话亭功能完好，线路畅通；保持电话亭清洁美观。

3)导流开口护栏维护

(1)养护措施。

导流开口护栏损坏时要及时进行更换；经常对护栏进行清洗。

(2)养护要求。

应保持护栏的完整，线形顺畅；保证护栏功能完好；保持护栏清洁美观。

4)井盖(水箅子)维护

(1)养护措施。

发现路上有缺损的井盖、水箅子要及时进行更换，更换时，注意选用相同的规格；井盖或水箅子下如有杂物时，应及时清理干净，并将杂物弃置指定地点。

(2)养护要求。

保证没有缺失井盖；保持井盖干净；井盖安置正确。

5)夜间行车安全设施维护

(1)养护措施。

夜间行车安全设施包括照明、反光标志、反光标线、中央分隔带上的防眩板(遮光栅)等。应每周检查一次路灯亮灯情况，并做好记录，计算亮灯率；不亮的灯泡及时更换；由于交通事故使照明设备损坏时，要及时修复或更换。

(2)养护要求。

保证照明设备正常工作；保持各反光标志干净清洁。

6)道钉(突起路标)维护

(1)养护措施。

经常清扫凸起部分周围的杂物，清除反光玻璃表面污秽。保持完好的反射角度，发现松动的应予以固定，发现损坏或丢失的应及时修复或更换。

(2)养护要求。

保持突起路标干净醒目；保持功能完好。

7)除雪设施维护

(1)养护措施。

拆除除雪设备各零部件，进行维护保养；查看融盐池池壁是否破损，底部是否下沉，水泵是否运转正常。

(2)养护要求。

保证除雪设施正常工作。

4.4 服务区设施养护

4.4.1 服务区保洁

(1)服务区养护单位可根据服务区、收费站、办公区域场地规模的大小,安排清洁工打扫环境卫生。在进行清扫作业时,清洁工应穿着明显的标志服,还应根据每日车流量和旅客情况,尽量避开高峰期,选择驾乘人员离开服务区后进行清扫,或者抓紧早、晚车稀人少的时间进行清扫。

(2)凡需清扫或冲洗的部位,每天要进行多次清扫或冲洗。服务区、收费广场、管理区等所属范围庭院每天最少应清扫两遍,场内杂物应及时清理、清除,要保持场区无白色垃圾,无废弃物,无积水、积雪。收费亭、收费道口车道、安全岛等也应及时清扫清洗,保持整洁无杂物。

(3)场区内的公共设施应定期清洗、擦拭,各种经营店面的招牌、字符等应保持洁净,区内设立的各种标志牌版面,每周必须擦拭一次,各种照明设施也应每周擦洗一遍,随时保持明亮清洁。

(4)餐饮、商店、住宿等场所,室内外要求清洁卫生,墙壁上应挂卫生部门颁发的《卫生许可证》,张贴《中华人民共和国食品卫生法》《饮食卫生“五四制”》等规范的宣传标语和图画,以及有关管理规章制度,餐厅应设专用消毒间等,可参照相关的行业标准执行。

4.4.2 停车场的维修保养

(1)应每天开展一次场内公共环境卫生清扫(包括公共厕所)。

(2)停车场排水设施应经常清理疏通,保证场内排水畅通,无积水。

(3)停车场路面如有损坏应尽快修复,各种标志、标线如有损坏应及时恢复。

(4)停车场出入口应畅通无阻,如有障碍应及时清除。

4.4.3 洗车场的维修保养

(1)洗车场必须保持排水畅通,无积水、污物,环境干净整洁。

(2)洗车设备应保持完好,使用正常。

(3)供水正常。

4.4.4 加油站的维修养护

(1)加油站应经常检查,更换消防设备和器材,严格出入人员防火纪律。

(2)每天清扫加油车辆通道,清除所有的障碍和杂物,保证车道出入畅通。

(3)经常检查油料装卸和存储安全规程的执行情况。

4.4.5 维修站的维修保养

(1)保持维修设备完好,备件齐全。

(2)保持站内整洁,各种工具应摆放整齐,维修车辆停放有序。

4.4.6 其他设施的维修保养

(1)服务区内的饭店、商场及其他设施,应按工商、公交、卫生等部门的要求,经常对其服务质量、治安、价格、卫生等进行检查,其建筑物和有关设备可通过承包方式实施维修保养,经常保持其完好状态,确保服务区的服务质量。

(2)每年在雨季到来之前,应统一组织对高速公路的所有房屋建筑进行一次普遍检查并做好记录,发现病害应及时处理。

(3)对场区路面的病害,如裂缝、破损、塌陷、膨胀填料脱落、断板等情况,每年应进行相应的处理或修补。

4.5 水泥混凝土路面的养护维修

4.5.1 一般规定

1)养护内容

(1)清扫保洁,水泥混凝土路面必须定期清扫泥土和污物;与其他不同类型的路面平面连接处应勤加清扫;路面上出现的小石块等坚硬物予以清除。路面被油污或化学品污染时,应及时清洗干净,必要时用中和剂或其他材料进行处理,再用水冲洗。

(2)水泥混凝土路面各种接缝的填缝料出现缺损或溢出,应及时填补或清除,并应防止泥土、砂石及其他杂物挤压进入接缝内,影响混凝土路面板的正常伸缩。

(3)对路面的较大损坏,应按本手册根据路面检查评定结果确定的养护对策,安排专项或大修工程,进行维修和整治。局部路段路面损坏严重的,应予以翻修,以达到设计标准;整个路段路面的平整度、抗滑能力不足的,可采取罩面,铺筑加铺层,以恢复其表面功能;整个路段路面接缝填缝料失效的,应予以全面更换。

(4)对承载能力不足或不适应交通发展要求的路面,可根据不同情况进行加铺、加宽,以提高承载能力和通行能力。

2)养护质量标准

(1)水泥混凝土路面的养护质量标准应符合表4.5-1的规定。

(2)水泥混凝土路面在使用中,应对其使用质量进行检查。凡不符合养护质量标准的,应及时维修,或有计划地安排专项工程或大修工程,予以改善和提高。工程质量控制标准可参照现行《公路工程质量检验评定标准 第一册 土建工程》(JTG F80/1)的规定执行。

表 4.5-1 水泥混凝土路面养护质量标准

项目		高速公路
平整度	平整度仪 σ(mm)	2.5
	最大间隙 h(mm)	5
	国际平整度指数 IRI(m/km)	4.2
抗滑	构造深度 TD(mm)	0.4
	抗滑值 SRV(BPN)	45
	横向力系数 SFC	0.38
相邻板高差(mm)		3
接缝填缝料凹凸(mm)		3
路面状况指数(PCI)		≥70

3)养护对策

(1)高速公路的路面损坏状况指数评价为优和良时,可采取日常养护、局部或个别板块修补措施。

(2)高速公路的路面损坏状况指数评价为中及中以下,应采取全路段修复或改善措施。

(3)高速公路的路面行驶质量指数、抗滑性能指数评价为中及中以下,应分别采取措施,改善路面平整度,提高路表面的抗滑能力。

(4)路面结构承载能力不满足现有交通的要求时,应采取铺筑沥青混凝土或水泥混凝土加铺层措施,提高其承载能力。

4)评定和检测

(1)路面使用初期,进行一次全面测定。按路段内各个车道路表面构造情况,分为若干个均匀段落,分别选择代表性测定地点。而后,每隔 2 ~4 年进行一次测定,或者根据需要对抗滑性能差或行车安全有隐患的路段进行测定。

(2)路面状况调查和评定包括 7 个方面:

①路面破损状况;

②结构承载能力;

③行驶质量;

④抗滑能力;

⑤交通状况(车辆组成和轴载);

⑥路基和路面排水状况;

⑦路面修建和养护历史。

(3)路面状况评定按照路面状况指数(PCI)和断板率(DBL)两项指标评定路面破损状况。具体指标见表 4.5-2。

表4.5-2 路面破损状况等级评定标准

评定等级	优	良	中	次	差
路面状况指数PCI	≥85	84~70	69~55	54~40	<40
断板率DBL(%)	≤1	2~5	6~10	11~20	>20

计算公式详见《公路水泥混凝土路面养护技术规范》(JTJ 073.1—2001)中"水泥混凝土路面状况调查和评定"的内容。

4.5.2 水泥混凝土路面日常清扫保洁及冬季养护

1)日常清扫保洁

(1)专职驾驶员依据清扫车操作规程,驾驶车辆对水泥混凝土路面进行清扫作业;遇有雨、雪、雾或勤务暂停作业。

(2)收费车道等清扫车无法扫到的部位进行人工清扫保洁作业;人工清扫保洁人员必须身着反光标志服;扫出的垃圾杂物要及时清运,不得乱堆乱弃;作业时,要逆向车流方向作业,遇有雨、雪、雾或勤务暂停作业。水泥混凝土路面清扫保洁工作标准见表4.5-3。

表4.5-3 水泥混凝土路面清扫保洁工作标准

作业项目	作业内容	作业方式	作业频率	作业标准
机械清扫	水泥路面,收费站广场	清扫车	每天一次	无渣土、石子和其他废弃物
人工拾杂	水泥路面,收费站广场、收费车道	人工	每天一次	无飘落物、废弃物
人工保洁	水泥路面,收费站广场、收费车道	人工为主,清扫车为辅	每天一次	无积土、废弃物、冰雪和其他杂物

2)冬季养护

(1)冬季养护,主要以清除路面积雪为主要内容;及时清除路面积存雪水和薄冰;除冰作业时调整作业机械状态,防止破坏混凝土路面结构。

(2)路面防滑方面,撒布融雪剂降低路面结冰点;使用砂等防滑材料,加大轮胎与路面间的摩擦系数。

(3)在路面冻融前,及时将积雪清出路肩之外,以免雪水渗入路肩。禁止将含盐的积雪堆积于绿化带中。

4.5.3 水泥混凝土路面破损处理

1)裂缝

(1)施工工艺。

①裂缝宽度小于3mm,可采用扩缝灌浆修补,具体流程如下:

a.扩缝:扩缝宽1.5~2.0cm,深度由裂缝深决定,最大不超过2/3板厚。

b.清缝、填石屑:清除缝内碎屑、灰尘,填入粒径0.3~0.6cm的清洁石屑。

c. 灌缝:将灌缝料(砂、乳液,水泥等)按配比混合均匀,灌入扩大缝内。

d. 开放交通:灌缝料固化达到通车强度,即可开放交通。

②宽度在3~15mm之间,可采用条带罩面修补,基本施工工艺如下:

a. 切缝:在裂缝两侧各距裂缝不小于15cm处平行缩缝切缝,缝深7cm为宜。

b. 钻孔、打槽:沿裂缝两侧10cm,每隔50cm钻直径为1cm、深为5cm的钯钉孔,并在两钯钉孔间打一对与钯钉孔直径相一致的钯钉槽。

c. 涂刷水泥浆:吹刷干净后,均匀涂刷水泥浆或环氧水泥砂浆。

d. 钯钉插入:将钯钉孔填满砂浆后,将除锈的钯钉插入孔内安装。钯钉宜采用ϕ16螺纹筋。

e. 浇筑混凝土:浇筑快硬混凝土,及时振捣密实,并抹平。

f. 养生:喷洒养护剂,其喷洒面应延伸到相邻旧混凝土面板200mm以上。

③宽度大于15mm,采用全深度补块修补,具体分为集料嵌锁法、刨挖法和设置传力杆法。其中,集料嵌锁法适用于无筋混凝土路面裂缝修补,刨挖法适用于接缝间传荷很差部位裂缝修补,设置传力杆法适用于重载交通的混凝土路面裂缝修补。

(2)施工要求。

①灌浆法处治裂缝主要有压注灌浆、扩缝灌浆、直接灌浆等,应根据病害程度和施工条件等因素进行选择。

②灌浆材料应具有较好的防水性能和足够的强度与湿度稳定性,并通过试验确定。

③当采用条带灌缝法时,裂缝两侧的切缝应平行于横缝(或纵缝),且距裂缝距离不小于150mm,凿除的混凝土深度以70mm为宜。

④修复后的路面平整度,用3m直尺检测,高速公路应不大于3mm。

2)脱空

(1)施工工艺。

①水泥混凝土路面板块脱空,可采用弯沉仪、探地雷达等设备测定。弯沉值超过0.2mm时应确定为面板脱空。

②面板脱空可采用灌浆方法处治。可采用沥青灌注,水泥浆、水泥粉煤灰浆和水泥砂浆灌浆等方法进行板下封堵。

(2)施工要求。

①根据检查结果,确定空隙部位,合理布置注浆孔。灌浆孔与面板边的距离不应小于500mm。一般一块板上的灌浆孔数量以5个为宜。

②注浆材料应具有足够的强度和耐久性。采用沥青类材料时,灌浆压力控制在200~400kPa,水泥类材料控制在1.5~2.0MPa,待其抗压强度达到3MPa时,方能开放交通。

③注浆效果检查可采取钻孔取芯、超声波或雷达检测等方法。

④注浆结束后,应将注浆孔及检查孔用水泥砂浆封填密实。

3)错台

(1)施工工艺。

①高差不大于5mm的轻微错台可不予处理。

②高差在6~10mm的中等错台可采用磨平机磨平或人工凿平。

a. 磨平：应从错台最高点开始向四周扩展，边磨边用3m直尺找平，直至相邻两块齐平为止。

b. 填料：磨平后，将接缝内杂物清除，吹净灰尘，及时填入嵌缝料。

③高差大于10mm的严重错台，可采用沥青砂或水泥混凝土进行调平处治。

a. 沥青砂填补：清除路面杂物、灰尘后，喷洒一层热沥青或乳化沥青（沥青用量为0.40~0.60kg/m^2），用沥青砂填补后，再用轮胎压路机碾压。初期应控制车辆慢速通过。

b. 水泥混凝土修补：应将错台下沉板凿除2~3cm深，修补长度为错台高度/坡度（1%），清除路面杂物、灰尘，浇筑聚合物细石混凝土（聚合物乳液及石料等配比见相关规范）。

④基础过软引起的错台，采用板底灌浆抬高下沉板块。

（2）施工要求。

①无论人工凿平还是机械磨平，首先均应划定错台处治范围。

②采用机械磨平法打磨时，应从错台最高点开始向四周扩展，边磨边用3m直尺找平，直至相邻两板块齐平为止，打磨宽度不小于40倍错台高差。磨平后，接缝内应将杂物清除干净，并吹净灰尘，及时将填缝料填入。

采用沥青砂填补的基本要求：

a. 不宜在冬季进行；

b. 在沥青砂填补前应清除路面上的杂物和灰尘，并喷洒一层热沥青或乳化沥青，沥青用量宜为0.4~0.6kg/m^2；

c. 修补面纵坡变化应控制在$i \leq 1\%$；

d. 沥青砂填补后，宜用轮胎压路机碾压；

e. 初期应控制车辆慢速通过。

采用水泥混凝土修补的基本要求：

a. 应将错台下沉板凿除2~3cm深，修补长度按错台高度除以坡度（1%）计算；

b. 凿除面应清除杂物、灰尘；

c. 浇筑聚合物细石混凝土，材料配比应符合相关规范规定；

d. 混凝土达到通车强度后，才可开放交通。

4）沉陷

（1）施工工艺。

①当车辆驶过时仅引起不舒适而不影响安全性，纵坡突变量为0.5%~1.0%的轻微沉陷，可不予处理。

②当某些车辆高速驶过时影响行车安全，纵坡突变量大于1.0%的严重沉陷，可采用提高面板后再压浆的办法进行处理。

③面板整板沉陷并发生碎裂，应采取整板翻修。

（2）施工要求。

采用面板顶升法处理沉陷的基本要求：

①面板在顶升前,应用水准仪测量下沉板的下沉量,测站距下沉处应大于50m,并绘出纵断面,求出升起值。

②在混凝土面板上钻孔,孔深应略大于板厚2cm。

③板块顶升宜采用起重设备或千斤顶。

④灌注材料可采用水泥砂浆。

⑤灌注材料压入后,每灌一孔应用木楔堵塞,压浆全部完毕后应拔出木楔,宜用高强水泥砂浆堵孔。

⑥压浆材料的抗压强度达到6MPa时,方可开放交通。

⑦当水泥混凝土整板沉陷并产生破碎时,应整板翻修。

⑧沉陷处理应设置排水设施。

5)唧泥

(1)水泥混凝土路面唧泥病害,应采取压浆处理。其处理方法与脱空灌浆处理要求相同。

(2)水泥混凝土路面压浆处理后应对接缝及时灌缝。

(3)出现唧泥表明路面、基层或路基排水不良,应采取措施改进路面、基层和路基的排水系统。

6)板边、板角修补

(1)板边修补基本要求。

①对水泥混凝土路面板边的轻度剥落进行修补时,应将剥落的表面清理干净,用沥青混合料或接缝材料填充密实,修补平整。

②板边严重剥落时,采用中等裂缝维修的条带罩面方法进行修补。

③板边全深度破碎时,采用严重裂缝的全深度补块方法。

(2)板角修补基本要求。

①板角断裂应按破裂面的大小确定切割范围。

②切缝后,凿除破损部分时,应凿成规则的垂直面。对原有钢筋不应切断,如果钢筋难以全部保留,至少也要保留20~30cm长的钢筋头,且应长短交错。

③原有滑动传力杆,如果有缺陷应予以更换并在新老混凝土之间加设传力杆,传力杆间距控制在30cm。

④基层不良时,可采用C15混凝土浇筑基层。

⑤与原有路面板的接缝面,应涂刷沥青。如为胀缝,应设置接缝板。

⑥现浇混凝土,与老混凝土面板之间的接缝应切出宽3mm、深4mm的接缝槽,并灌入填缝材料。

7)拱起

(1)板端拱起但路面完好时,应根据板块拱起程度,计算要切除部分板块的长度。先将拱起板块两侧附近1~2条横缝切宽,待应力充分释放后切除拱起端,逐渐将板块恢复原位,在缝隙和其他接缝内应清缝,并灌接缝材料。

(2)拱起板端发生断裂或破损时,采用严重裂缝的全深度补块方法。

(3)拱起板两端间因硬物夹入发生拱起,应将硬物清除干净,使板块恢复原位,应清理接缝内杂物和灰尘,灌填缝料。

(4)胀缝间因传力杆部分或全部在施工时设置不当,使板受热时不能自由伸长而发生拱起,应重新设置胀缝。设置胀缝按水泥混凝土路面有关施工规范执行,使面板恢复原状。

(5)混凝土路面板胀起与拱起的处理方法一致。

8)坑洞

(1)对个别的坑洞,应清除洞内杂物,用水泥砂浆等材料填充,达到平整密实。

(2)对较多坑洞且连成一片的,应采取薄层修补方法进行修补。

(3)切割面积的图形边线,应与路中心线平行或垂直。

(4)切割的深度应在6cm以上,并将切割面内的光滑面凿毛。

(5)应清除槽内的混凝土碎屑。

(6)混凝土拌合物填入槽内,振捣密实,并保持与原混凝土面板齐平。

(7)宜喷洒养护剂养生。

(8)待混凝土达到通车强度后,方可开放交通。视具体情况,可采用快硬水泥混凝土进行施工。

(9)《城镇道路养护技术规范》(CJJ 36—2016)规定:①深度小于3mm且数量较多的浅坑,或成片的坑洞可采用适宜材料修补;②深度大于或等于3mm的坑槽,应先做局部凿除,再补修面层。

9)接缝

(1)填缝料损坏维修。

①清缝:清除缝内杂物、尘土。

②加接缝板、抹平间隙:若为胀缝,用热沥青刷缝壁后将接缝板加入缝内。板与板间及板与传力杆的间隙用沥青或其他填缝料填实抹平。

③填缝:用加热式填缝料修补时,应加热至灌入温度,用嵌缝机填灌。料与缝壁黏结良好且填灌饱满。常温式无须加热。

(2)纵缝张开维修。

①张开宽度在10mm以下,宜用聚氯乙烯胶泥、焦油类填缝料和橡胶沥青等加热填缝。

填缝前,接缝中的旧填缝料应予以清除,并将缝内灰尘吹净。在气温较低季节施工时,应先用喷灯烤缝预热。

用加热式填缝料修补时,应将填缝料加热至灌入温度,滤去杂物,搅拌均匀后倒入填缝机进行填缝。填缝时宜用铁钩来回搅动,使填缝料与缝壁黏结良好,保证填灌饱满。用常温式填缝料修补时,除无须加热外,作业方法与加热式填缝料相同。

填缝后,应围护至填缝料固化后方可开放交通。

②纵向接缝张开宽度10~15mm时,可采用聚氨酯类常温施工式填缝料进行维修。

维修前清除缝内杂物,吹净缝内灰尘。按材料配比配制填缝料。采用挤压枪注入填缝料。填缝料固化后,方可开放交通。

③纵向接缝张开宽度 15mm 以上时,可采用沥青砂填缝。

清除缝内杂物,吹净缝内灰尘。按配比拌制沥青砂。填缝前用喷灯烤缝预热或热喷枪吹缝干燥。接缝内填入沥青砂并捣实。用烧热的烙铁熨实填缝表面。填缝表面温度自然冷却至 50℃后,开放交通。

(3)接缝板边碎裂维修。

①板边破碎宽度小于 80mm 的轻微碎裂,可采取浅层切割修复方法,用高模量补强材料进行填充维修。

在破碎部位边缘,用切缝机切割规整,其周围切割面应垂直板面。清除修复区混凝土碎块,并把底面凿平。用吸尘设备清净灰尘、杂物后,用喷灯烘烤干燥。沿修补界面,涂刷界面剂。配制并填充高模量补强材料。围护养生,开放交通。

②板边破碎宽度大于 80mm、部分碎块松动或散失的中等碎裂,可采用浅层扩缝补块法维修,并做接缝处理。

标划出修复区,在破碎部位边缘平行或垂直于接缝方向,用切缝机切割规整,其周围切割面应垂直板面。切割深度应大于混凝土破碎面深度,且不小于 70mm 深。切割宽度每侧应大于破损宽度至少 50mm。凿除修复区混凝土,清除混凝土碎块并把底面修凿平整。切缝内壁凿毛,用吸尘设备清净表面尘土。沿修补界面涂刷一层界面剂。按比例拌制快硬混凝土,填铺后及时振捣密实,抹平、压光、拉毛后喷洒养护剂。混凝土强度达到切缝强度时,沿原缩缝位置用切割机切出 1/4 板深的缝槽,清缝灌入填缝料。混凝土强度达到 20MPa 后开放交通。

③板边破碎宽度大于 80mm、影响行车安全或危害轮胎的严重碎裂,可采用全深度补块法维修。

10)表面起皮(剥落、露骨)处治

(1)水泥混凝土路面出现较大面积的磨光、起皮、剥落、露骨等病害,应及时安排大、中修工程予以维修。

(2)一般公路水泥混凝土板表面起皮宜采用稀浆封层加以处治。

(3)高速公路水泥混凝土板表面起皮(剥落、露骨),宜采取稀浆封层或加铺沥青混凝土予以处治。

(4)对较大面积的水泥混凝土面板起皮(剥落、露骨),宜采取稀浆封层或沥青混凝土罩面加以处治。

4.5.4 水泥混凝土路面改善

1)水泥混凝土路面表面功能恢复

(1)一般规定。

①水泥混凝土路面整条路段出现较大面积的磨损、露骨,应采取铺设沥青磨耗层方法恢复路面表面功能。

②对局部路段出现路面磨光,应采取机械刻槽的方法,以恢复水泥混凝土路面的表面

平整度和摩擦系数。

(2)对于水泥混凝土路面板较大范围的磨损和露骨可铺设沥青磨耗层。

①沥青磨耗层铺筑前应对混凝土面板进行修整和处理,应使水泥混凝土路面干燥清洁,不得有尘土、杂物或油污。

②水泥混凝土路面表面应喷洒0.4~0.6kg/m^{2}的黏层沥青,宜采用快裂型乳化沥青。

③黏层沥青宜用沥青洒布车进行喷洒,在路缘石、雨水进水口、检查井等局部位置与沥青面层接触处用人工涂刷。

④喷洒黏层沥青应符合下列要求:黏层沥青应均匀洒布或涂刷,喷洒过量处应予刮除;当气温低于10℃或路面潮湿时,不得喷洒黏层沥青;喷洒黏层沥青后,除沥青混合料运输车辆外严禁其他车辆、行人通过;黏层沥青洒布后,应立即铺筑沥青层,乳化沥青应待破乳后铺筑。

⑤沥青磨耗层采用沥青砂时,厚度一般为1.0~1.5cm,其矿料级配及沥青用量应符合现行《公路水泥混凝土路面养护技术规范》(JTJ 073.1)的相关规定。

⑥磨耗层采用稀浆封层时,采用的矿料级配及沥青用量范围应符合现行《公路水泥混凝土路面养护技术规范》(JTJ 073.1)相关规定。

a. 稀浆封层的施工温度不得低于10℃,路面应清洁;

b. 稀浆封层机摊铺时应保持槽内有近半槽稀浆,摊铺过程中出现局部稀浆过厚,需用橡皮板刮平,稀浆过少应用铁锨取浆补齐,流出的乳液需用刮板刮平,摊铺终点接头处应平直整齐;

c. 稀浆封层铺筑后到成型前应封闭交通;

d. 开放交通初期应有专人指挥交通,控制车速不得超过20km/h,并不得制动。

⑦采用改性沥青稀浆封层时,其施工程序与普通稀浆封层基本相同,但必须使用改性稀浆封层机,采用慢裂快凝型乳化沥青。

⑧采用机械刻槽法恢复路面表面功能,应符合以下规定:刻槽深度3~5mm,槽宽3~5mm,槽距10~20mm;纵向刻槽时,应平行于纵缝;横向刻槽时,应平行于横缝;刻槽深度应逐步推进,不求一蹴而就,以免刻槽边缘碎裂。

2)在旧水泥混凝土路面上直接加铺

采用在旧水泥混凝土路面上直接加铺的方法,应符合下列要求:

(1)旧水泥混凝土路面上直接加铺的路面种类有素混凝土、钢筋混凝土、钢筋纤维混凝土、沥青混凝土等,应根据检查、检测结果,针对外部环境和交通量发展状况,按照经济、合理的原则,选择相应的路面加铺层类型。

(2)高速公路的路面状况指数和行驶质量指数应在良及良以上。

(3)无论采取何种路面类型,均应对旧路面的病害进行修复处治。

(4)新旧路面之间应设隔离层,一般用沥青混凝土、土工布、油毡等。

(5)加铺层的路面厚度应通过计算确定,普通水泥混凝土不小于180mm,钢纤维混凝土不小于120mm,钢筋混凝土不小于140mm,沥青混凝土不小于70mm。

(6)路面加铺层的纵、横缝位置应与旧水泥混凝土面板一致。

(7)路面加铺层的设计与施工,按照相关的路面设计、施工规范执行。

3)在旧水泥混凝土路面上分离加铺

采用在旧水泥混凝土路面上分离加铺方法,应符合下列要求:

(1)旧水泥混凝土路面的损坏状况指数和行驶质量指数在中或中以下。

(2)旧水泥混凝土板块应充分破碎或压碎,并稳定无脱空,必要时可采用乳化沥青、水泥浆压注稳定。

(3)在水泥混凝土板破碎或压裂时,应做好地下管道、电缆、排水管道等设施的保护。

(4)基层的厚度应通过结构设计确定,且不小于最小结构厚度。

(5)加铺的基层与面层的设计与施工,按照相关设计、施工技术规范执行。

4)水泥混凝土路面的加宽

水泥混凝土路面的加宽,应符合下列要求:

(1)路基加宽应符合公路路基设计、施工技术规范的有关规定。

(2)基层加宽时,新加宽的基层强度不得低于原有水泥混凝土路面的基层强度,并宜采用台阶法搭接。

(3)两侧新加宽的水泥混凝土路面宽度差大于1m和单侧加宽时,应调整路拱。如条件许可,应尽量采取双侧相等加宽方式。

(4)在平曲线处,应按现行《公路工程技术标准》(JTG B01)的规定设置超高、加宽,原来漏设的应予补设。

(5)路面板加宽处的纵缝应设置拉杆。

(6)加宽水泥混凝土面板的强度、厚度、路拱、横缝均应与原设计相同。

(7)加宽混凝土路面的施工,应符合相关施工规范的规定。

4.5.5 水泥混凝土路面修复

1)整块面板翻修

(1)旧板凿除应注意对相邻板块的影响,宜用液压镐凿除、破碎混凝土板,应及时清运混凝土碎块。

(2)基层损坏部分应予清除,并将基层整平、压实。

①个别板块基层宜用C15贫混凝土将路面基层补强,其补强混凝土顶面高程应与旧路面基层顶面高程相同。

②宜在混凝土路面板接缝处的基层上涂刷一道宽20cm的沥青带。

(3)进行路面板翻修时,在路面排水不良地带,路面板边缘及路肩应设置路基纵、横向排水系统。

①单一板块翻修时应在路面板接缝处设置横向盲沟。

②较长路段翻修时宜设纵横向盲沟,并应在纵坡底部设置横向盲沟。

(4)混凝土配合比及所选用的材料,应根据路面通车时间的要求选用快速修补材料。

①混凝土拌和机宜设置在施工现场附近,可采用翻斗车运送混合料。

②人工摊铺宜用插入式振捣器振捣,振动梁刮平提浆,人工抹平,按原路面纹理对混

凝土表面进行处理。

③宜采用养护剂进行养护。

④相邻板块的接缝宜用切缝机切至1/4板块深度。

⑤清除缝内杂质,灌接缝材料。

2)部分路段修复

(1)旧水泥混凝土板破碎,宜采用配备液压镐的混凝土破碎机,液压镐落点间距为40cm。

(2)基层强度不足时,可采用水稳性较好的材料进行处理。

(3)应结合路面维修,设置纵、横向排水系统。排水系统设置应按照相关规范执行。

(4)混凝土施工前应在路面基层上做沥青下封层,沥青用量为1.0kg/m^2。

(5)新旧水泥混凝土板交接处应设传力杆。

(6)水泥混凝土路面的材料要求、施工工艺应按照公路水泥混凝土路面有关施工规范执行。

3)旧水泥混凝土路面再生利用

(1)对水泥混凝土板的大面积破坏,可对旧混凝土进行再生利用。混凝土再生利用主要用作水泥混凝土面层粗集料、基层集料和路面底基层。

(2)旧水泥混凝土板块强度达到石料二级标准时,可作为再生混凝土集料使用。

①在旧水泥混凝土板破碎前,应标明涵洞、地下管道、排水管位置。在有沥青罩面层处应先用铣刨机清除沥青层。在地下构造物、涵洞、地下管道位置,以及破碎板与保留板连接处的第一块旧混凝土板,应用液压镐破碎。全幅路面板破碎可用落锤式破碎机进行施工。

②将旧水泥混凝土碎块装运到料场进行加工。在旧混凝土板破碎、装运、输送的过程中应将钢筋剔除。旧混凝土集料的最大粒径应为40mm,小于20mm的粒料不再作为集料。

③做水泥混凝土配合比设计时,粒径小于20mm的集料宜采用新的碎石。掺加减水剂和二级干粉煤灰。回收集料、新集料、水泥、粉煤灰最终级配要求应满足表4.5-4和表4.5-5的要求。

表4.5-4 粗集料级配要求

筛孔尺寸(mm)	40	20	10	5
累计筛余(%)	0~5	30~65	70~90	95~100

表4.5-5 细集料级配要求

筛孔尺寸(mm)	5	2.5	1.25	0.63	0.315	0.16
累计筛余(%)	0	0~20	15~50	40~75	70~90	90~100

(3)旧水泥混凝土板块强度达到三级标准可作为基层集料。

①宜采用石灰、粉煤灰及旧混凝土集料基层。

②混凝土基层集料含量宜为80%~85%。

③石灰、粉煤灰比例宜为1∶4。

(4)水泥混凝土路面破损状况严重时,应将混凝土板破碎材料作为路面底基层使用。

①在水泥混凝土路面两侧挖纵横向排水沟,排除积水。

②旧水泥混凝土板破碎按上面的要求执行。落锤落点间距为30cm,宜交错布置,混凝土板碎块最大尺寸不超过30cm。

③用灌浆设备将M5水泥砂浆灌入板块缝内。

④用25t振动压路机进行振碾,碾压速度为2.5km/h,往返碾压6次。要求基层稳定,灌浆饱满。

⑤对软弱松动碎块应予清除,并用C15贫混凝土填补。

⑥施工工艺可参考相关技术指南。

4.6 路灯维护

4.6.1 路灯维护作业内容

1)低杆路灯

(1)小修保养,每年1~2次。

①更换失效的钠灯泡、镇流器等元器件,使路灯光源正常发光。

②检查灯具内的线缆连接。检查电缆有无受压、受夹、受损等现象,相互连接的电缆及接线盒是否受损。

③检查电源电缆的连接点接触是否良好,接线有无松脱、裂纹、破损、断线未接等现象,各电气部件有无松动、烧伤、短路等现象,保证良好的电气连接性能。

④紧固松动的部件。检查元器件和连接线的绝缘,保证人身和设备的安全,对不良的部件予以修复及更换。

⑤检查路灯杆体接地线是否牢靠,锈蚀严重的要进行除锈处理。

⑥矫正灯具的投射方向。

⑦矫正倾斜的路灯杆和横臂。

⑧检查修理路灯手井及附件。

⑨清扫灯具内外的灰尘。擦拭灯具,以保证透光镜面的清洁,提高照明的效率。

⑩定期对路灯进行接地电阻的绝缘测试,至少每年一次,其接地电阻不应大于4Ω。对金属灯杆接地装置的接地电阻测试,检测点应设在灯杆上,不能直接在基础螺栓和接地装置上测试。

(2)专项工程,每3~4年1次。

①局部路段改善路灯。

②路灯杆的除锈、涂漆。

(3)大修工程,每8~10年1次。

①调整路灯杆排列的整齐度。

②更换整体灯具及引下线。

③更换路灯杆及路灯基础。

④通过改变灯具的类型,光源的方式、路灯杆的排列密度和布局,提高整体路段的路面亮度、照度、均匀度及眩光等指标,使道路夜间行车的舒适度得到很好的改善。

2)高杆路灯

(1)小修保养,每年1~2次。

①更换失效的钠灯泡、镇流器等元器件,使光源正常发光。

②紧固灯盘上松动的部件,确保牢固的连接。防止其因锈蚀、震动而松动脱落。

③检查高杆灯的各种电器设备的线缆连接。检查电源电缆有无受压、受夹、受损等现象,相互连接的电缆及接线盒是否受损;检查电源电缆的连接点接触是否牢固良好,接线有无松脱、裂纹、破损、断线未接等现象,各电气部件有无松动、烧伤、短路等现象。

④检查活动灯盘的升降系统1~2次。升降灯盘时,检查各部分有无异常。

⑤灯盘的升降应保证升降系统传动灵活,升降平稳、速度均匀;自动挂钩灵活自如,限位开关准确可靠。

⑥检查调整灯盘的平衡。

⑦检查灯盘的限位开关、防坠机构及挂锁。

⑧检查杆体接地线是否牢靠,锈蚀严重的要进行除锈处理。

⑨清扫灯罩内外的灰尘。擦拭灯具,以保证透光镜面的清洁,提高照明的效率。

⑩班长填写专项维护维修记录。

⑪定期对高杆灯进行接地电阻的绝缘测试,至少每年两次,接地电阻不应大于4Ω。

⑫定期对高杆灯进行避雷测试,至少每年两次。

(2)专项工程,每3~4年1次。

①检查高杆灯内部的电气元器件及电缆,老化损坏的部件予以更换。

②对杆内的卷扬减速机构和钢丝绳做润滑保养。仔细检查钢丝绳的锁母卡扣有无破头、松套等缺陷,钢丝绳的本身不应有偏压、散股、断丝、硬伤、凹陷、锈蚀和明显的磨损等现象。

③检查灯盘上的各功能机构,老化损坏的部件予以更换。

④检查机械部件是否正常完好。各部件连接螺栓结合是否牢固,轴承是否有润滑等,磨损的零部件要及时更换。

⑤检查高杆灯的垂直度及地基,超出偏差的予以矫正。

(3)大修工程,每8~10年1次。

①整个杆体除锈、涂漆。

②主、分枝电缆及电气元器件更新。

③更换升降钢丝绳。

④光源及灯罩予以更新。

⑤对电机减速器等升降机构做拆开保养,损坏的部件予以更换。

⑥检查地基和避雷针,测量接地电阻。

3)路灯低压电缆

(1)小修保养,每年1~2次。

①找到路灯低压电缆的故障点,解决存在的问题,保证良好的电气性能。

②对绝缘层老化腐蚀的电缆,采取补救措施,或更换局部电缆。

③对损坏的电缆的管道及手、人井等附件予以修复或更换。

④灯杆基础有无损坏。

(2)专项工程,每3~4年1次。

①路灯电缆线路每年专项巡检一次。

②接地装置每年在干燥季节进行一次专项测试检查。

(3)大修工程,每8~10年1次。

整体更新路灯低压电缆和连接线等。

4)箱式变电站

(1)小修保养,每年1~2次。

①找到箱式变电站的故障点,解决存在的问题,保证良好的电气性能。

②定期对箱式变电站进行清扫,保证良好的绝缘性能,至少每年两次。

③对于箱式变电站周围的杂草应及时进行防火带清理。

④对于损坏的低压元器件要及时更换。

(2)专项工程。

①对于被盗的箱式变电站要及时进行补充。

②每年进行至少一次高压系统检测,并由有高压检测资质的相关单位出示检测报告。

(3)大修工程,每8~10年1次。

高压部分主要设备进行大修,其他附属设备及电器元件进行更换。

4.6.2 路灯维护作业要求

1)一般要求

(1)路灯养护级别划分三个等级:

一级:五环路(城市快速路,主干路)、京平高速;

二级:京藏高速、京新高速、京密高速、六环路(有路灯照明的路段)及高速公路主线收费广场;

三级:其他道路照明及匝道收费站的照明。

(2)一级道路每日1次巡视,二级道路每周至少3次巡视,三级道路每周至少2次巡视。

(3)不亮的灯泡及时更换。

(4)定期对亮灯率进行检查,一级道路每日1次,亮灯率需达到98%;二级道路每两日检查1次,每次检查数量不少于50%,亮灯率达到95%以上;三级道路每五日检查1次,每次检查数量不少于20%,亮灯率达到95%以上。

(5)至少每周进行1次设施完好率调查,数量应不少于总设施的25%,完好率应达到

98%以上。

(6)一级道路照明维护应每季度进行1次水平路面照度测量,二、三级道路照明维护应每年度进行1次水平路面照度测量;一级道路照度应达到20lx以上,二级道路为15~20lx,三级道路及匝道收费站为18lx以内。

2)夜间路灯巡视

(1)夜间路灯着灯后,作业人员乘作业车对所辖路段道路照明系统的工况进行巡视,车辆开启车灯和警示标志,并随车携带小型照明设备和工具。

(2)认真记录道路照明系统发生故障的路段桩标、编号、故障原因及影响范围,为次日的维修工作提供准确的信息。

(3)巡视检查中发现有严重危害人身和道路行车安全的情况,必须立即报告上级部门,并采取临时措施,防止事故发生。

(4)及时处理力所能及的影响道路照明的故障(如掉闸等)。

(5)对发生的道路照明设施被盗情况,或行车事故造成的重大损坏,及时报告上级领导和路产管理部门。

(6)大风、雷雨、冰雪后等特殊自然灾害性气候,应对道路照明设施巡检,可在白天进行。

3)低杆路灯维护维修

(1)使用高空作业车必须带班长指挥,与司机紧密配合,工作前首先明确、统一行车和升降栏操作联系信号。

(2)占用道路作业不得引起道路交通堵塞,设专人负责引导车流。

(3)高空作业车遇到影响安全操作的大风,应停止升空作业。停车作业的位置和安全区的设置应符合操作规范。

(4)使用高空作业车进行维护维修作业,应使用安全绳、带。上下传递工具、材料应用绳索,不得抛掷。

(5)升降操作人员必须通过培训,掌握操作要领、熟悉注意事项才能独立进行操作。

(6)带班长指挥维护维修作业时,应避免白天大面积亮灯。

(7)雨、雪、雾天气或遇有勤务时应暂停作业。

4)高杆灯维护维修

(1)作业人员服从现场指挥(班长)的调度。维护维修作业时,所有在场人员必须头戴安全帽。上灯盘的维护人员要身系保险带。升降现场闲杂人一律不得进入,操作及监护人员在升降过程中必须离杆5m。

(2)灯盘升降过程由一人操作,一人监护。工作中注意力要集中,认真观察升降运行的工况,灯盘上升临近上止点时,应采用点动的方式。如发现问题应慎重解决,防止发生事故。

(3)整理作业现场。维护维修工作备案,内容包括维护项目、主要电气及机械设备现况、整体运行现况及变更的部分等。

(4)遇到影响安全操作的大风,不得进行升降灯盘的操作。

(5)雨、雪、雾天气或遇有勤务时应暂停作业。

5)路灯低压电缆维护维修

(1)路灯电缆线路专项巡检,宜采用人工徒步方式,尤其是在立交桥区域。

(2)路灯电缆线路巡检工作应由两人进行,一人工作,一人监护。

(3)路灯电缆线路巡检时,无论线路是否停电,均应视为线路有电。即使明知该线路已停电,也应认为线路随时有恢复送电的可能。

(4)巡线人员发现带电线路断落地面或悬吊空中,应设法防止其他人员靠近断点,并进行拉闸断电处理。

(5)巡线途中,应遵守交通规则,注意沿途车辆、坑、井、滑坡等。

(6)移动带电电缆,必须戴绝缘手套。

(7)雨、雪、雾天气或遇有勤务时应暂停作业。

6)箱式变电站维护维修

(1)作业人员需穿戴齐全绝缘劳保物品,低压柜操作需持有低压电工证,高压操作需持有高压电工证。

(2)进行线路巡检时,应断电,杜绝带电操作。

(3)修复完成后进行试验时,需确保此箱式变电站下属路灯无作业人员。

(4)雨、雪、雾天气或遇有勤务时应暂停作业。

第5章 专项工程

5.1 专项工程项目

集团公司养护专项工程项目是指集团公司内部涉及收费运营、养护、绿化、物业后勤等方面,但不涉及新征占地的公路及附属设施的预防养护、修复养护、专项养护和应急养护工作。

①预防养护是指公路整体性能良好但有轻微病害,为延缓性能过快衰减、延长使用寿命而预先采取的主动防护工程。

②修复养护是指公路出现明显病害或部分丧失服务功能,为恢复技术状况而进行的功能性、结构性修复或定期更换,包括大修、中修、小修。

③专项养护是指为恢复、保持或提升公路服务功能而集中实施的完善增设、加固改造、拆除重建、灾后恢复等工程。

④应急养护是指在突发情况下造成公路损坏、中断、产生重大安全隐患等,为较快恢复公路安全通行能力而实施的应急性抢通、保通、抢修。

5.1.1 专项工程管理办法

(1)《首发集团公司专项工程投资管理暂行办法》(附录B)。

(2)《首发集团公司专项工程投资管理实施细则(暂行办法)》(附录C)。

5.1.2 专项工程管理流程

专项工程管理流程如图5.1-1所示。专项工程管理程序包括立项申报与审批、项目实施准备(包括确定施工单位、签订合同、办理开工手续等)、项目实施、项目竣工验收、计量支付五个阶段。

1)专项工程立项

(1)每年9月底前,养护单位通过对所管养公路的路况调查,确定符合专项养护工程的项目。并根据实际需要,按照轻重缓急、利于节约的原则提出立项申请报运营管理部门。

(2)集团公司10月上旬安排现场核实,并参考路面管理系统的评定结果,确定下年度的工程项目。

(3)养护单位依据集团公司有意向的工程项目,根据《首发集团公司专项工程投资管理暂行办法》(以下简称《暂行办法》)的要求拟定《×××工程项目建议书》(书写格式参见附录C的附件C-1)报集团公司核准。如项目复杂、施工难度大及技术要求高时,可由养护单位向集团公司提出书面请示,经集团公司批准后,再委托具有相应资质的工程咨询单位编制。

2)专项工程项目的审批、实施、验收、支付

专项工程立项审批、施工准备阶段管理、施工阶段管理及资金管理工作依据集团公司两个管理办法执行,即《首发集团公司专项工程投资管理暂行办法》和《首发集团公司专项工程投资管理实施细则(暂行办法)》(附录B和附录C)。

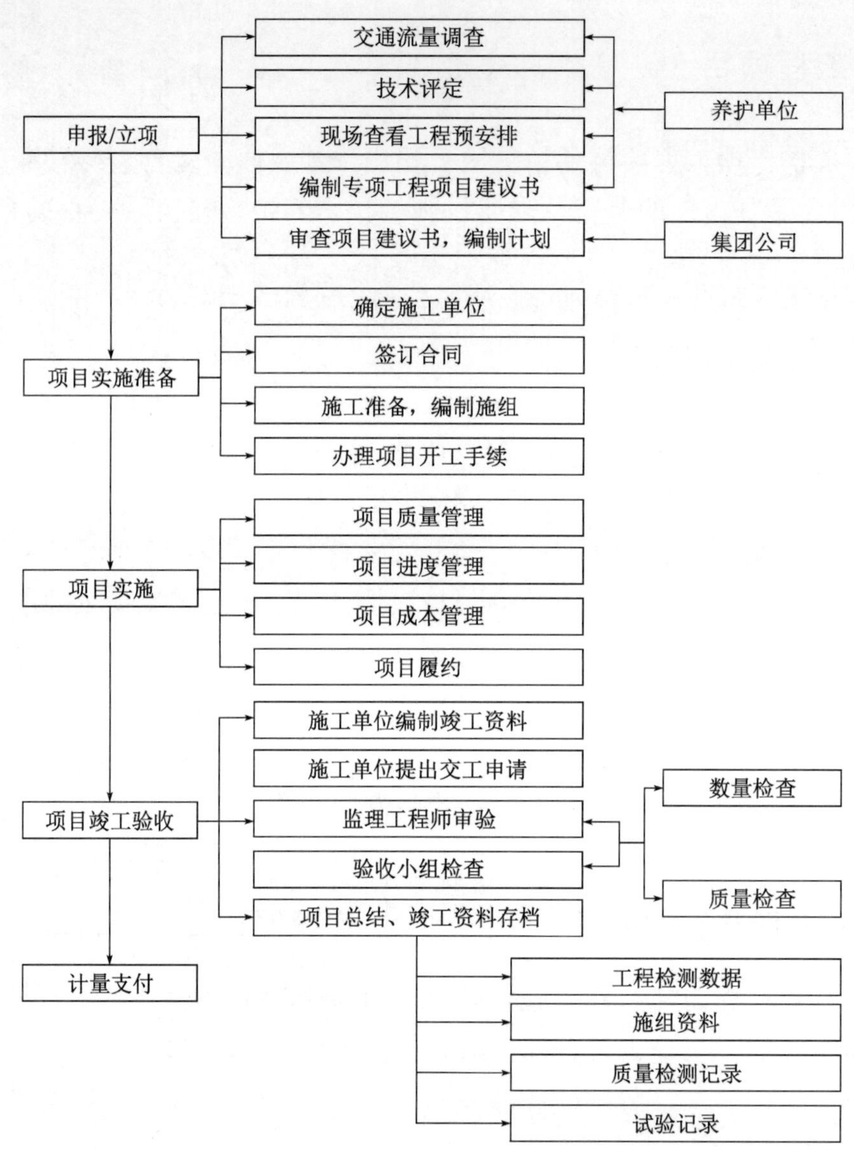

图5.1-1　专项工程管理流程图

5.1.3　一般要求

(1)养护单位应加强路况巡查,掌握路面、路基及附属设施的使用情况,根据道路的实际情况制订日常小修保养和经常性、预防性、周期性养护工程计划。对较大范围路面损坏和达到或超过设计使用年限的路面,应及时安排专项工程。

(2)专项工程使用的沥青、粗集料、细集料和填料的规格、质量要求、技术指标、级配组成及专项工程的设计、施工、质量控制,均应符合现行《公路沥青路面设计规范》(JTG D50)和《公路沥青路面施工技术规范》(JTG F40)的相关规定。

(3)专项工程应按照现行《公路养护技术规范》(JTG H10)的规定进行。交通安全及沿线设施的养护维修技术指标应符合现行《高速公路交通工程及沿线设施设计通用规范》(JTG D80)的相关规定;路基进行养护维修时,应符合现行《公路路基施工技术规范》(JTG/T 3610)的相关规定。

(4)专项工程养护质量的考核、评定,应严格按照现行《公路技术状况评定标准》(JTG 5210)的规定执行。

5.2 专项工程典型对策

养护单位应根据路面的检测结果制订养护工程计划;对较大范围路面损坏和达到或超过设计使用年限的路面,应及时安排专项工程。路面养护对策可参照图5.2-1进行决策,具体方法如下:

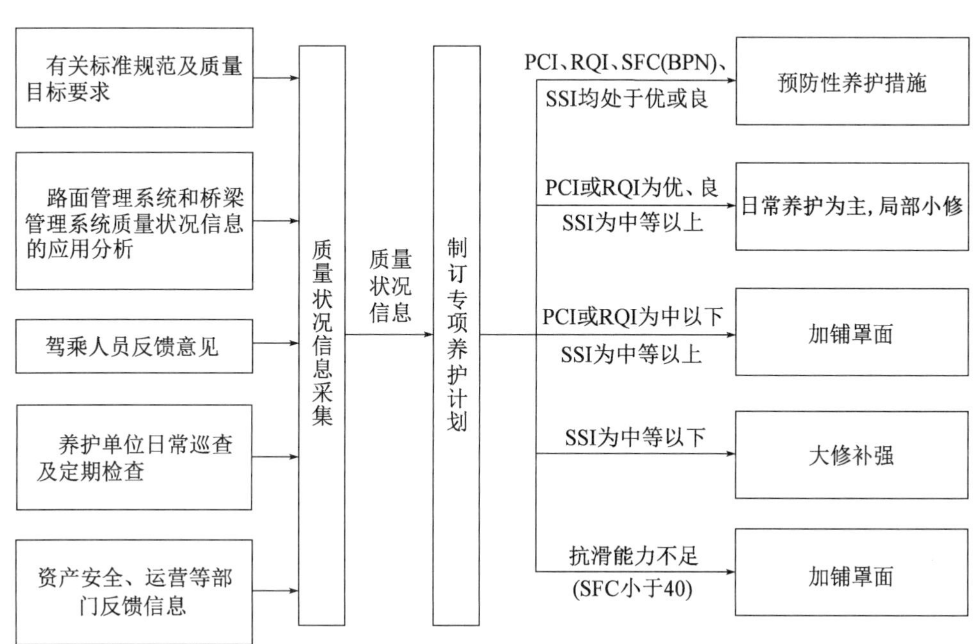

图5.2-1 高速公路养护对策决策图

(1)养护单位应根据我国道路养护相关技术规范的规定,并应用集团公司路面管理系统,对所管养道路进行道路技术状况评价。

(2)当路面技术指标(主要指PCI、RQI、SFC或BPN、SSI)均处于优或良状态时,应根据具体路面检测指标选取合适的预防性养护措施,预防性养护措施的具体实施方案如图5.2-2所示。

(3)在满足强度要求的前提下(路面的结构强度指数为中等以上),当路面损坏状况指数(PCI)或路面行驶质量指数(RQI)评价为优、良时,以日常养护为主,并对局部破损进行小修。具体维修方案可参见本手册(养护篇)第4章小修保养内容。

(4)在满足强度要求的前提下(路面的结构强度指数为中等以上),当路面损坏状况指数(PCI)或路面行驶质量指数(RQI)评价为中及中以下时,应采取罩面措施。具体对策参见本章5.4节路面维修技术的相关内容。

(5)在不满足强度要求的前提下(路面的结构强度指数为中等及以下),应采取大修补强措施以提高其承载能力。具体对策参见本章5.4节路面维修技术的相关内容。

(6)在路面平整度、破损率和强度均满足要求,但路面的抗滑能力不足(SFC <40)的路段,应采取加铺罩面等措施提高路面的抗滑能力。具体对策参见本章5.4节路面维修技术的相关内容。

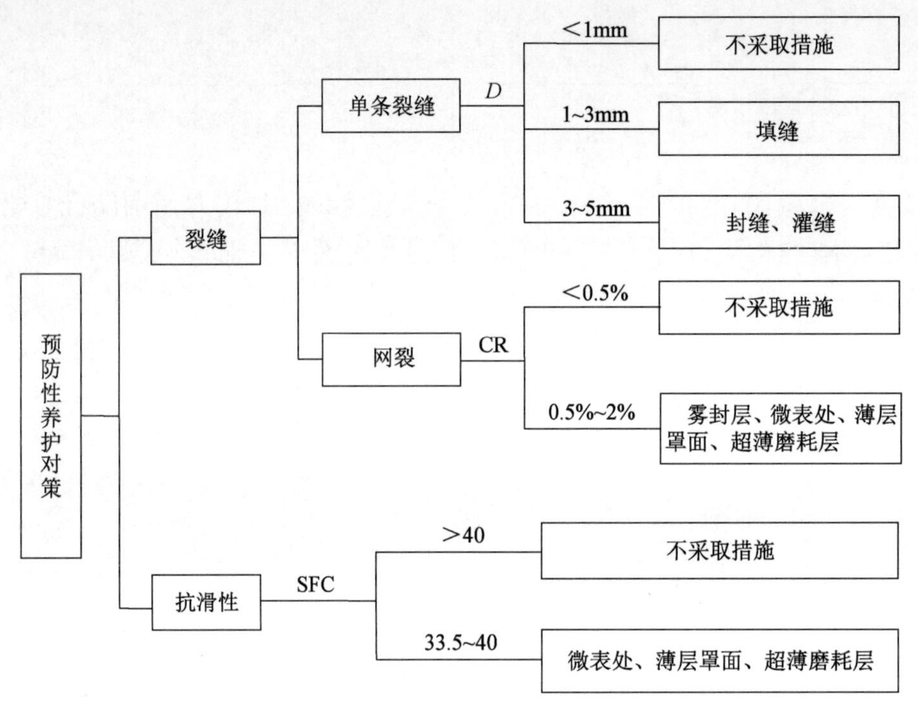

图5.2-2　预防性养护对策决策图

(7)集团公司高速公路路面养护建议的制定还考虑了交通量、重载车辆比例、不同路面破损类型等的影响。

(8)路面技术状况评定方法参见本手册(养护篇)第6章相关内容。

(9)路面管理系统使用要求参见本手册(养护篇)第10章相关内容。

5.3　路面预防性养护技术

5.3.1　灌缝

1)适用范围

灌缝技术适用于各种形式的裂缝,如龟裂、块裂、纵裂、横裂和放射性裂缝。

2)材料要求

常用的灌缝材料有灌缝胶和抗裂贴等,灌缝材料应具有以下性能:

(1)良好的耐久性。不具备耐久性的灌缝材料将在较短的时间内硬化和产生裂纹,减弱填缝的作用。

(2)良好的延伸性和抗疲劳性能。路面的裂缝宽度会随着环境温度的变化而不断变化,灌缝材料也会随之伸缩,因此,灌缝材料应具有一定的抗拉能力和抗疲劳能力。

(3)良好的黏结力。灌缝材料只有与裂缝缝壁黏结牢固才能起到封水的作用,因此必须具有良好的黏结力,并能在与缝壁断开以后有自行修复的能力。

(4)良好的施工性能。灌缝材料在施工过程中应有良好的流动性,施工完成后能迅速终止流动。

灌缝材料技术要求见表5.3-1。

表5.3-1 灌缝材料技术要求

指标	高温型	普通型	低温型	严寒型
低温拉伸	0℃/50%/3循环,一组3个试件,全部通过	-10℃/50%/3循环,一组3个试件,全部通过	-20℃/50%/3循环,一组3个试件,全部通过	-30℃/50%/3循环,一组3个试件,全部通过
针入度(0.1mm)	<50	30~70	50~90	70~150
软化点(℃)	≥90	≥80	≥80	≥80
流动值(mm)	≤3	≤5	≤5	≤5
弹性恢复率(%)	30~70	30~70	30~70	30~70

3)施工工艺

(1)裂缝扩宽。裂缝深宽比较小,无法给灌缝材料和缝壁提供足够的接触面积,易造成灌缝材料与缝壁脱开,且易被挤出;而如果深宽比较大,易造成灌缝材料本身的破坏。

(2)裂缝清理。彻底清理裂缝中的灰尘和杂物,可保证灌缝材料与缝壁间的牢固黏结。可采用压缩空气和钢丝刷清理裂缝。

(3)裂缝加热。将裂缝加热一方面可以清除裂缝中的水分,另一方面可以使裂缝缝壁温度接近灌缝材料温度,有助于灌缝材料的黏结。

(4)灌缝。一般采用专用的灌缝机进行该项作业。为了防止车轮黏起灌缝材料,有时在灌入灌缝材料后还要在其上撒上砂子。

灌缝工艺概况见图5.3-1。

5.3.2 雾封层

雾封层是利用专用雾封层洒布车在沥青面层上喷洒一层薄薄的、高渗透性乳化沥青或改性乳化沥青,以形成一层严密的防水层将路面封闭,起到隔水、防渗、保护路面功能的作用,能够最大限度地减少路面的水损坏造成的不利影响,加大沥青路面集料间的黏结力,由此达到延长路面使用寿命和节约养护资金的目的。

图5.3-1　灌缝工艺

1)适用范围

雾封层技术主要用来处理沥青路面的渗水问题,是一种直接、有效和经济的预防性养护措施。它适用于有更新和保护旧氧化沥青路面、填补小型裂缝和表面空隙、防止石屑封层的松散、加深新石屑封层的颜色、防止开级配路面的松散等技术要求的预防性养护。

2)材料要求

雾封层技术所采用的材料一般为乳化沥青和水,有时可添加一定比例的添加剂或提高雾封层抗滑性能的材料。其中乳化沥青可以是阳离子和阴离子型,技术要求应符合相关标准的规定。

3)施工工艺

(1)施工准备:

①封闭交通,设置交通安全标志,保障施工的顺利进行。

②对满足雾封层施工条件的路段进行清扫,清除表面杂物并用吹风机吹干。

③保护好车行道标线等交通标志,防止被污染。

④对施工范围内路段的渗水情况、抗滑性能进行检测,以便于施工前后的对比。

⑤施工机械(乳化沥青喷洒设备)到位,施工人员到位。

(2)施工过程:

①将在施工前24h内按要求的稀释比例稀释的乳化沥青,装进沥青喷洒车的储存罐内。

②保持洒布车辆匀速行驶,开动开关,喷洒乳化沥青。喷洒中控制洒布量,一般为$0.23 \sim 0.45L/m^2$。

③为了评价雾封层的使用效果,施工后应进行渗水试验和抗滑性能检查,与施工前进行对比。

④不同的雾封层材料的施工工艺不同,应针对具体材料和技术进行工艺调整。

⑤雾封层一般施工工艺流程如图5.3-2所示。

(3)施工注意事项:

①雾封层采用沥青洒布车一次性施工,在路面表面形成一超薄喷洒层,要求喷洒层与

下面层接触紧密、均匀,并具有良好的抗磨耗能力。

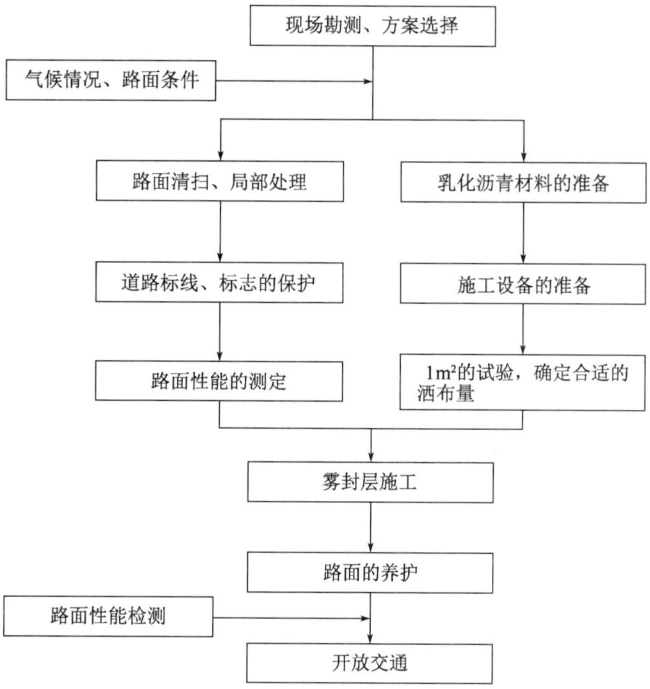

图5.3-2 雾封层一般施工工艺流程图

②为了达到雾封层技术的使用目的,施工时要选用高品质的乳化沥青喷洒设备和乳化沥青材料。

③所用的喷洒机和储油罐等洒布设备,使用前必须清洗干净。洒布机在每次完成乳液洒布后,应将残留乳液清除并用水冲洗,保持管道和喷头畅通。

④雾封层不能在阴雨天和路面潮湿状态下施工,且路表温度不得低于15℃,最佳的施工温度是25℃以上。

⑤雾封层施工完成后,根据不同的使用材料性能确定开放交通的时间,应保证雾封层完全硬化后开放交通。

4)施工质量控制与检查验收

雾封层施工前后,为评价使用效果,可以通过渗水试验对其防水性能进行检验;通过摆式摩擦仪测定其摩擦系数;通过铺砂法测定其构造深度,进行对比。

当无相关技术标准的规定时,可参考表5.3-2的检测项目和标准进行质量控制和检查验收。

表5.3-2 雾封层施工质量检测项目及标准

检测项目	技术要求	检测频率
外观质量	均匀,颜色逐渐变黑	每天
渗水系数	<50mL/min	T 0730,5个点/km
摩擦系数	≥37BPN	摆式摩擦仪,5个点/km
构造深度	≥0.55mm	铺砂法,5个点/km
洒布宽度	±20mm	20个断面/km

5.3.3 稀浆封层

用机械设备将乳化沥青、粗细集料、填料、水和添加剂等按照设计配比拌和成稀浆混合料,摊铺到原路面上形成的薄层。按矿料级配的不同,稀浆封层可以分为细封层(Ⅰ型)、中封层(Ⅱ型)和粗封层(Ⅲ型),分别以 ES-1、ES-2 和 ES-3 表示;按照开放交通的快慢,稀浆封层可分为快开放交通型稀浆封层和慢开放交通型稀浆封层;按照是否掺加了聚合物改性剂,稀浆封层可以分为普通稀浆封层和改性稀浆封层(微表处)。

1)适用范围

稀浆封层厚度较薄,只能作为路表面保护层和磨耗层,不起承重的结构作用。它要求路面具有足够的强度和刚度,以及良好的整体稳定性。

稀浆封层一般应用于公路沥青路面的预防性养护罩面,以及新建或改扩建各等级公路的下封层。它可用于沥青路面表面处治、水泥混凝土路面表面处治、桥面维修或防水处理、路面下封层防水处理等。

2)材料要求

(1)材料质量应符合现行《微表处和稀浆封层技术指南》及其他相关规范的规定。

(2)稀浆封层混合料的配合比需要通过试验来确定,试验方法及配合比设计步骤参照现行《微表处和稀浆封层技术指南》和《公路沥青路面施工技术规范》(JTG F40)的相关规定。

3)施工工艺

(1)稀浆封层类型选择:

ES-1 型:公称最大粒径为 2.36mm,适用于停车场的罩面。

ES-2 型:公称最大粒径为 4.75mm,适用于新建公路的下封层。

ES-3 型:公称最大粒径为 9.5mm,适用于新建公路的下封层。

(2)施工前对原路面的要求:

①施工前必须把路面清理干净,并保持路面干燥。

②原路面必须具有足够的结构强度。

③原路面宽度大于 5mm 的裂缝应进行灌封处理。

④原路面局部破损(如坑槽、松散等)应彻底挖补。

⑤原路面的拥包等隆起型病害应事先进行处理。

(3)施工准备:

①施工前应对原路面进行检查,确认原路面满足上述要求。

②原路面为沥青路面时,一般不需要喷洒黏层油。原路面为非沥青路面时,宜预先喷洒黏层油。用于半刚性基层沥青路面的下封层时,应首先在半刚性基层喷洒透层油。

③施工前,施工单位必须提供翔实的混合料设计报告,符合技术要求后方可施工。

④必须采用专用机械施工,对施工机具进行施工前检查和标定,并出具标定报告。各种施工机具及辅助工具均应备齐,并保持良好工作状态。

⑤正式施工前,应选择合适路段摊铺试验段(长度不小于 200m),并根据摊铺情况,确定施工配合比。

⑥通过试验段得出的施工配合比和确定的施工工艺经质量监督单位或者业主认可后，作为正式施工依据，施工过程中不允许随意更改，必须更改时，应得到质量监督单位或者业主认可。

(4)施工过程：

①稀浆封层的施工程序为：准备工作—放样—摊铺—修复缺陷—初期养护—开放交通。

②各施工程序的技术要求应参照现行《微表处和稀浆封层技术指南》和《公路沥青路面施工技术规范》(JTG F40)的相关规定。

图5.3-3为稀浆封层施工工艺流程图。

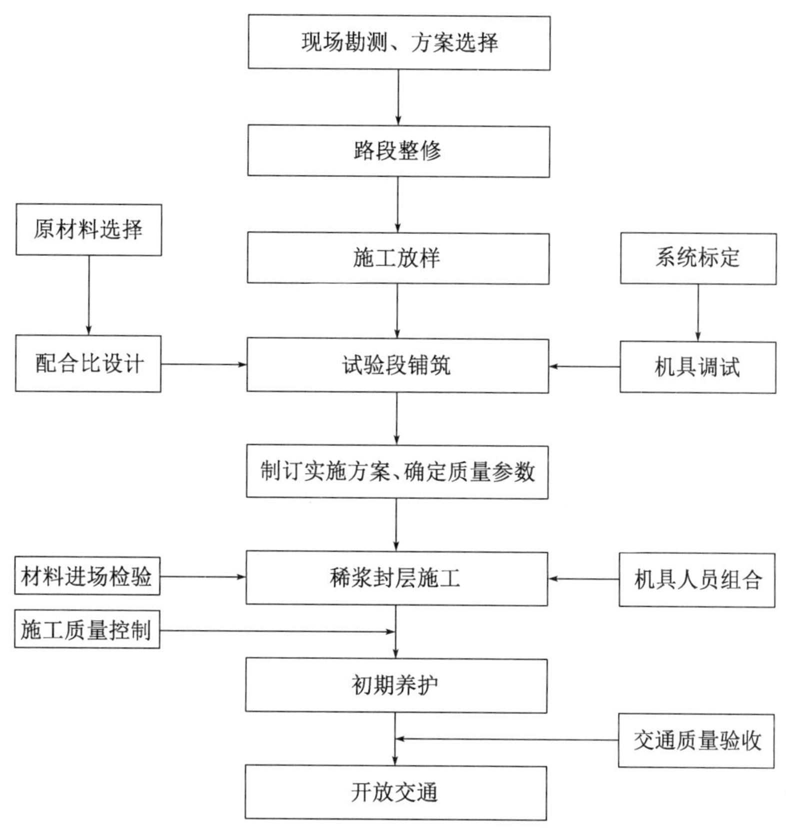

图5.3-3　稀浆封层施工工艺流程图

(5)施工注意事项：

①根据施工路段的路幅宽度，调整摊铺槽宽度，应尽量减少纵向接缝数量，在可能的情况下，宜使纵向接缝位于车道线附近。

②摊铺车速度以保持混合料摊铺量与搅拌量基本一致为准。

③在拌和与摊铺过程中，混合料不得出现水分过多和离析现象，任何情况下都不能在摊铺过程中直接向摊铺箱内注水。

④稀浆混合料摊铺后的局部缺陷，应及时使用橡胶耙等工具进行人工找平。找平的重点是个别超粒径粗集料产生的纵向刮痕，横、纵向接缝等。

⑤固化成型前禁止一切车辆驶入，行人不得踏入，严格管制交通。

⑥施工、养生期内气温应高于10℃；当气温在7℃以上，并有逐步上升的趋势时，也可

以施工。

4)施工质量控制与检查验收

(1)施工质量控制。

①施工前材料与设备检查。施工前必须提供原材料的检测报告、稀浆混合料设计报告,并确认符合要求;必须提供摊铺车标定报告,在确定材料、设备等没发生变化和符合要求后,方可施工。

②施工过程的质量控制。施工中应对稀浆混合料进行抽样检测,抽检项目、频率、允许误差及方法见表5.3-3。

表5.3-3 稀浆封层施工过程检验要求

项目	要　求	检验频率	检验方法
稠度	适中	1次/100m	经验法
油石比	施工配合比的油石比±0.12%	1次/日	三控检验法
矿料级配	满足施工配合比的矿料级配要求	1次/日	摊铺过程中从矿料输送带末端接出集料进行筛分
外观	表面平整、均匀,无离析,无划痕	全线连续	目测
摊铺厚度	-10%	5个断面/km	钢尺测量或其他有效手段,每幅中间及两侧各1点,取平均值作为检查结果
浸水1h湿轮磨耗	不大于800g/m^2(稀浆封层) 不大于540g/m^2(微表处)	1次/7个工作日	湿轮磨耗试验

注:详细的检验方法和指标要求参照现行《微表处和稀浆封层技术指南》的相关规定执行。

(2)检查验收。

工程完工后1~2个月时,将施工全线以1~3km作为一个评价路段进行质量检查和验收,检查项目、频率、要求和方法见表5.3-4。

表5.3-4 稀浆封层交工验收检验要求

项　目		质量要求	检验频率	方　法
表观质量	外观	表面平整、密实,均匀,无松散,无花白料,无轮迹,无划痕	全线	目测
	横向接缝	对接,平顺	每条	目测
	纵向接缝	宽度<80mm,不平整<60mm	全线	目测或用尺量
	边线	任一30m长度范围内的水平波动不得超过±50mm	全线	目测或用尺量
抗滑性能	摆值F_b(BPN)	≥45	5个点/km	T 0964
	横向力系数	≥54	全线	T 0965
	构造深度TD(mm)	≥0.60	5个点/km	T 0961
渗水系数		≤10mL/min	3个点/km	T 0971
厚度		-10%	3个点/km	钻孔或其他有效方法

注:1.横向力系数和摆值任选其一作为检测要求。

2.当稀浆封层用于下封层时,抗滑性能不作要求,验收时间可灵活掌握。

5.3.4　微表处

采用专用机械设备将聚合物改性乳化沥青、粗细集料、填料、水和添加剂等按照设计配比拌和成稀浆混合料摊铺到原路面上，并很快开放交通，具有高抗滑性能和耐久性能的薄层。按照矿料级配的不同，微表处可以分为Ⅱ型和Ⅲ型，分别以 MS-12 和 MS-13 表示。

1）适用范围

（1）沥青路面的预防性养护罩面和沥青路面的车辙修复，以及水泥混凝土路面、水凝混凝土桥面、水泥混凝土隧道道面罩面。

（2）新建或改建公路的沥青路面、水泥混凝土桥面的表面磨耗层。

2）材料要求

（1）微表处原材料（改性乳化沥青、矿料、填料、添加剂、水）的质量要求，混合料的配合比设计、试验、施工、质量控制与竣工验收，要严格按照现行《微表处和稀浆封层技术指南》和《公路沥青路面施工技术规范》（JTG F40）的相关规定进行。

（2）微表处混合料的配合比设计，应充分考虑使用要求、原路面状况、交通量、气候条件等因素，选择适当的微表处类型，确定施工方案。

3）施工工艺

（1）微表处类型的选择。

①MS-12 型：公称最大粒径为 4.75mm，适用于中等交通量高速公路的罩面。

②MS-13 型：公称最大粒径为 9.5mm，适用于高速公路罩面和车辙填充。

（2）施工前对原路面的要求。

①原路面必须具有足够的结构强度。

②原路面 15mm 以下的车辙可以直接进行微表处罩面；深度 15 ~ 25mm 的车辙应首先进行微表处车辙填充，然后再进行微表处罩面，也可采用双层微表处；深度 25 ~ 40mm 的车辙应首先采用多层微表处车辙填充；深度 40mm 以上的车辙，不宜采用微表处填充处理。

③要保证微表处混合料与原路面具有良好的黏结性能，要求原路面清洁。

④原路面宽度大于 5mm 的裂缝应进行灌缝处理。

⑤原路面局部破损（如坑槽、松散等）应彻底挖补。

⑥原路面的拥包等隆起型病害应事先进行处理。

（3）施工准备。

①微表处施工前应对原路面进行检查，确认原路面满足上述要求。

②原路面为沥青路面时，一般不需要喷洒黏层油。原路面为非沥青路面，宜预先喷洒黏层油。用于半刚性基层沥青路面的下封层时，应首先在半刚性基层喷洒透层油。

③微表处施工前，施工单位必须提供翔实的混合料设计报告。微表处工程应由具有丰富设计经验的试验室进行验证性复核，并出具复核报告，符合技术要求后方可施工。

④微表处必须采用专用机械施工，对施工机具进行施工前检查和标定，并出具标定报

告。各种施工机具及辅助工具均应备齐,并保持良好工作状态。

⑤微表处正式施工前,应选择合适路段摊铺试验段(长度不小于200m)。并根据摊铺情况,确定施工配合比。

⑥通过试验段得出的施工配合比和确定的施工工艺经质量监督单位或者业主认可后,作为正式施工依据,施工过程中不允许随意更改,必须更改时,应得到质量监督单位或者业主认可。

(4)施工过程。

①微表处施工流程与稀浆封层相似,可参照图5.3-3进行施工。

②具体各施工程序的技术要求应参照现行《微表处和稀浆封层技术指南》和《公路沥青路面施工技术规范》(JTG F40)的相关规定执行。

(5)施工注意事项。

①根据施工路段的路幅宽度,调整摊铺槽宽度,应尽量减少纵向接缝数量,在可能的情况下,宜使纵向接缝位于车道线附近。

②摊铺车速度以保持混合料摊铺量与搅拌量基本一致为准。微表处施工时保持摊铺槽中混合料的体积为摊铺容积的1/2左右。

③微表处填充车辙时,应调整摊铺厚度,使填充层横断面的中部隆起3~5mm,形如冠状,以考虑行车压密作用。

④采用双层摊铺或者微表处车辙填充后再做微表处罩面时,首先摊铺的一层应至少在行车作用下成型24h,确认已经成型后方可在上面进行第二层摊铺。当采用压路机碾压时,可根据实际情况缩短第一层的成型时间。

⑤在拌和与摊铺过程中,混合料不得出现水分过多和离析现象,任何情况下都不能在摊铺过程中直接向摊铺箱内注水。

⑥固化成型前禁止一切车辆驶入,行人不得踏入,严格管制交通。

⑦微表处施工、养生期内的气温要高于10℃,严禁在雨天、过湿或积水的路面上进行施工。

4)施工质量控制与检查验收

参照稀浆封层的表5.3-3和表5.3-4执行。

5.3.5 沥青路面超薄罩面

超薄罩面是一种具有较大构造深度、抗滑性能好的磨耗层,适用于路面较平整、车辙深度小于10mm、无结构性破坏的道路,为提高表面层服务功能的预防性养护措施。超薄罩面厚度在20mm±5mm。

1)适用范围

沥青路面超薄罩面属于预防性养护措施,适用于结构强度足够、表面状况尚好的路面,允许的路面损坏类型和程度包括轻微不规则裂缝、轻微龟裂、轻微车辙、麻面、轻微松散、泛油和磨光。一般应用于大交通量的路面、路面出现较大范围与数量的非结构性病害处。

2)适宜的路况评价标准

预防性养护适宜路况的技术判断标准采用路面结构强度指数 PSSI 和路面破损状况指数 PCI 两项指标。其中 PSSI 为检验指标,PCI 为判断指标。即在 PSSI 满足要求的前提下,以 PCI 为判断路面是否需要进行预防性养护的标准。

适宜实施预防性养护的路面宏观技术状况条件是:路面结构强度指数 PSSI≥85,路面破损状况指数 PCI≥85。而超薄罩面的适用条件是:路面结构强度指数 PSSI≥80,路面破损状况指数 PCI≥80。当原路面平整度较差,即 IRI≥3.5m/km 时,不宜采用超薄罩面;当原路面车辙较深,即 RD≥15mm 时,应先对路面进行车辙填充,然后再进行超薄磨耗层罩面;原路面裂缝率较大,即 CR≥1% 时,应先对路面裂缝进行处理,然后再进行超薄罩面施工。

3)施工工艺

施工准备→根据交管局批复、依照地方交通支队要求进行交通导改→施工人员、车辆、机械设备有序入场→根据计划进行施工区域划定、完成相应测量工作(如有需要,先进行病害处理)→路面精拉毛作业(如有需要,进行灌缝处理)→作业面清扫→乳化沥青黏层洒布与摊铺同步作业→碾压作业→新筑路面降温,施工人员、车辆、机械设备离场→结束交通导改,当日施工完毕。

(1)施工准备。

施工前,应做好充分的准备工作,包括熟悉设计方案、对施工现场的踏勘、车流量情况的调查等,并应依据北京市相关要求,确定道路通行保障措施,经相关主管部门批准同意后,方可组织项目实施。

除方案准备外,还应做好施工准备工作,包括材料确定、机械设备准备等。

(2)测量放线。

施工前应对计划施工路段进行测量放线,选定的测量基准点应具有代表性,应选用没有受到路面病害影响,能够准确反映原路面设计横、纵坡度的点。

(3)施工过程。

①对路面现有坑槽、裂缝等病害进行前期处理。

②利用大铣刨机对路面进行精拉毛处理,整体拉毛过程中铣刨机应保持匀速,速度控制在 8m/min 以内,拉毛负责人对整体拉毛面每隔 20m 进行拉毛宽度、厚度检查,并做好记录。随时观察拉毛效果,当发现明显错台、深度有误、痕迹扭曲、水量过大等现象时,应及时叫停、查找原因。

小铣刨机在施工过程中应有专人跟随,以便当小铣刨机需要调整侧轮时提供协助。在需要两次或更多次铣刨的位置,每次铣刨完成后及时清理工作面,便于进行下一次铣刨。

对铣刨机难以拉毛的地点,使用动力站配镐头和空压机带风镐进行清除,必要时可采用切割锯切割边角。

③拉毛处理后,及时安排清扫机、吸尘车、吹风机配合对铣刨后路面进行清扫。由于工作面潮湿清扫困难的部分,采用喷灯烘干或墩布擦拭等方法处理,同时利用刷子进行残

余废料清除,保证拉毛面无灰尘。

④摊铺采用乳液同步洒布摊铺设备进行作业。施工时,摊铺机应待乳液添加完毕后方可驶入工作面。由于超薄罩面施工厚度为3cm以下,沥青混合料降温速度快,依据相关指导手册要求,摊铺速度可以较普通沥青面层施工有所提高,以6m/min为宜,摊铺行走过程中不得随便变换速度。

⑤横向冷接接缝,应将熨平板搭在冷接缝上对原沥青路面进行加热,通过此方法可以使接缝质量接近于热接缝。纵向冷接缝时,接缝处摊铺宽度可比原铣刨面宽1cm。施工过程中及时修补横纵向接缝,保证平顺。

⑥碾压必须紧接摊铺后进行,为保证压实度和平整度,应做到初压和复压的压路机紧跟碾压。一般情况下每幅摊铺范围(不超过6m)内需要配置1台初压钢轮压路机、1台胶轮压路机、1台终压钢轮压路机,如果采用双机梯队或者一次性摊铺宽度超过6m摊铺作业,推荐采用2台初压钢轮、2台复压胶轮、2台终压钢轮压路机。压路机吨位和碾压遍数、碾压速度要求见表5.3-5和表5.3-6。

⑦施工过程中,严格控制碾压温度、碾压遍数,保证压实度及路面平整度,压实后路面应无明显轮迹。

表5.3-5 压路机碾压组合、遍数

压路机类型	初压		复压		终压	
	适宜	最大	适宜	最大	适宜	最大
钢轮压路机(13~16t)	1~2(振动压实)	2(振动压实)	—	—	2~3(静压)	3(静压)
胶轮压路机	—	—	4~5	5	—	—

表5.3-6 压路机碾压速度(m/min)

压路机类型	初压		复压		终压	
	适宜	最大	适宜	最大	适宜	最大
钢轮振动压路机	2.5~3.5	5	—	—	—	—
胶轮压路机	—	—	4~5	7	—	—
钢轮压路机	—	—	—	—	3~5(静压)	6(静压)

5.4 路面维修技术

5.4.1 就地热再生

就地热再生技术也称为表层再生技术。它是采用专用的就地热再生设备,对沥青路面进行加热、铣刨,就地掺入一定数量的新沥青、新沥青混合料、再生剂等,经热态拌和、摊铺、碾压等工序,一次性实现对表面一定深度范围内的旧沥青混凝土路面再生的技术。

1)适用范围

就地热再生技术适用于仅存在浅层轻微病害的高速公路沥青路面表面层的就地再生利用,再生层可作为上面层或中面层。该方法能够修复基层承载力良好,因面层疲劳而有龟裂、车辙、破损的路面,但不能纠正任何属于结构上的破坏。

再生深度一般为20~50mm,适用范围较窄,一般只推荐用于路面的预防性养护。

2)施工工艺

(1)再生工艺。

就地热再生大致可以分为以下三种工艺:

①路面整形工艺。用再生设备将旧路面加热到一定的温度,把路面翻松,并喷洒再生剂,然后整平、预压实,最后用压路机碾压,完成路面的修复工作。一般的翻松深度为20~25mm,修复后可消除表面裂缝和不规则变形,恢复路面平整度。

②重铺工艺。在整形后的路面上再铺设一层新沥青混合料,然后用压路机同时压实整形层和新铺层的工艺方法。重铺工艺可以矫正25~50mm的缺陷,可以消除车辙、龟裂、收缩开裂等病害,适用于破损较严重的路面维修翻新和旧路面升级改造施工。

③复拌工艺。将旧沥青路面加热、铣刨,就地掺加一定数量的新沥青混合料(掺加的新沥青混合料比例一般控制在30%以内)、再生剂、新沥青,经热态拌和、摊铺、压实成型。此过程较重铺进行了更彻底的加热和拌和,适用于维修中等程度破损的路面,可以恢复沥青路面的原有性能。

图5.4-1和图5.4-2为重铺热再生和复拌热再生施工作业流程图。

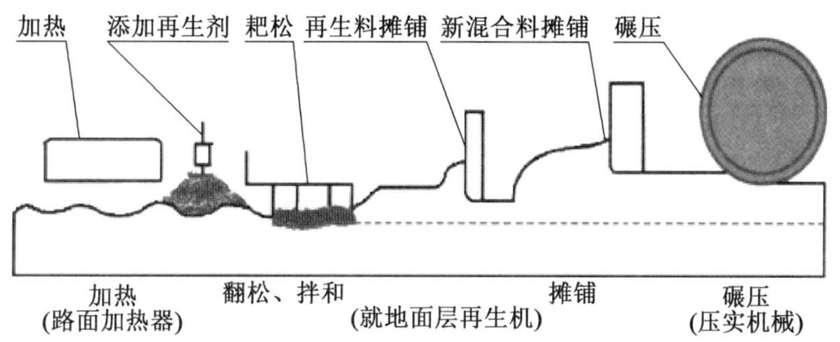

图5.4-1 就地重铺热再生工艺作业流程

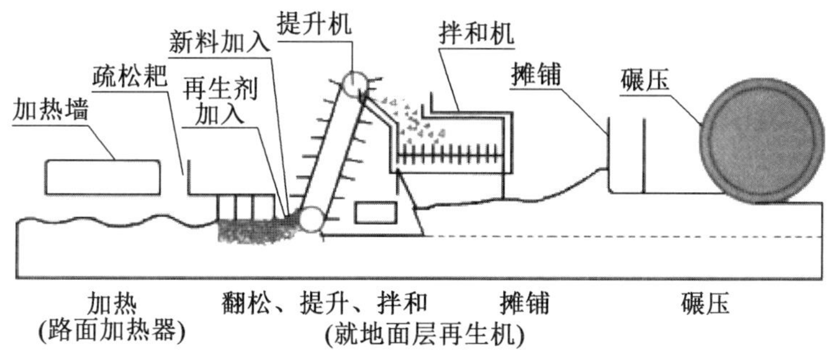

图5.4-2 就地复拌热再生工艺作业流程图

(2)施工技术要求。

①对原路面的要求:

a. 原路面整体强度要满足设计要求。

b. 原路面病害主要集中在表面层,通过再生施工可得到有效修复。

c. 原路面沥青的25℃针入度不低于20(0.1mm)。

d. 原路面上有稀浆封层、微表处、超薄罩面、碎石封层的,不宜直接进行就地热再生。就地热再生前,应先将其铣刨掉,或经充分试验分析后,做出针对性的材料设计和工艺设计。

e. 改性沥青路面的就地热再生,宜进行专门论证。

②施工前,必须对现场热再生无法修复的路面病害进行预处理。

a. 破损松散类病害:破损松散类病害的深度超过现场热再生施工深度时,应予以修补。

b. 变形类病害:根据再生设备的不同,变形深度为30~50mm时,再生前应进行铣刨处理。

c. 裂缝类病害:分析裂缝类病害成因,影响热再生工程质量的裂缝应予以处理。

③原路面特殊部位的预处理:

a. 施工前宜用铣刨机沿行车方向将伸缩缝和井盖后端铣刨2~5m,前端铣刨1~2m,深度30~50mm,再生施工时用新沥青混合料铺筑。

b. 原路面上的突起路标应清除。

c. 采用隔热板保护桥梁伸缩缝。

④就地热再生混合料配合比设计、材料用量及技术要求、混合料施工技术等其他要求应按照现行《公路沥青路面再生技术规范》(JTG/T 5521)的相关规定执行。

(3)施工程序。

①施工准备:

a. 施工前应进行现场周边环境调查,对可能受到影响的植物隔离带、加油站等采取隔离措施。

b. 对无法修复的路面病害进行预处理。

c. 根据施工工艺、质量控制等铺筑试验路段,试验路段长度一般不宜小于200m。

②再生。再生工序为:清扫路面—划导向线—路面加热—路面铣刨(温度应高于70℃)—再生剂喷洒—拌和。

③摊铺。摊铺应匀速行进,施工速度宜为1.5~5m/min;混合料摊铺应均匀,避免出现粗糙、拉毛、裂纹、离析等现象。摊铺温度宜控制在120~150℃。

④压实。应采用专门的压路机进行碾压,必须紧跟摊铺进行。

⑤开放交通。完成压实后,再生层路表温度低于50℃后方可开放交通。

(4)施工工艺流程图。

就地热再生施工工艺流程如图5.4-3所示。

3)施工质量控制与检查验收

(1)施工质量控制。

①施工过程材料质量检查及再生混合料的质量控制,应符合现行《公路沥青路面施工

技术规范》(JTG F40)对热拌沥青混合料的相关规定。

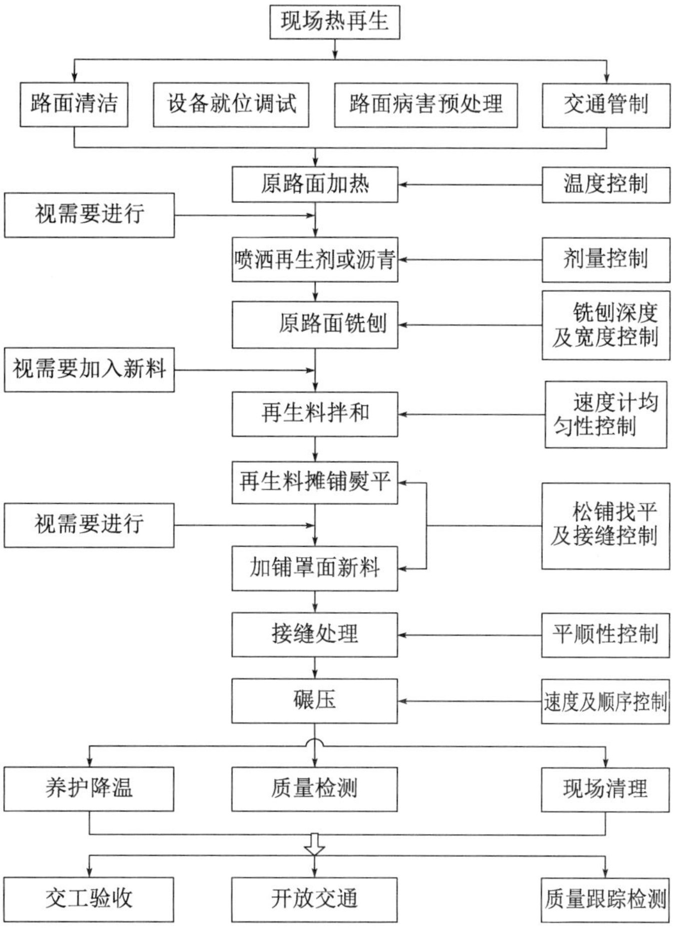

现场热再生
路面清洁　设备就位调试　路面病害预处理　交通管制
原路面加热 ← 温度控制
视需要进行 →
喷洒再生剂或沥青 ← 剂量控制
原路面铣刨 ← 铣刨深度及宽度控制
视需要加入新料 →
再生料拌和 ← 速度计均匀性控制
再生料摊铺熨平 ← 松铺找平及接缝控制
视需要进行 →
加铺罩面新料 ← 松铺找平及接缝控制
接缝处理 ← 平顺性控制
碾压 ← 速度及顺序控制
养护降温　质量检测　现场清理
交工验收　开放交通　质量跟踪检测

图5.4-3　就地热再生施工工艺流程图

②就地热再生施工过程中,工程质量控制标准、外观检查项目等规定见表5.4-1和表5.4-2。

表5.4-1　就地热再生混合料施工过程质量控制标准

检查项目	检查频度	质量要求或允许偏差	试验方法
再生剂用量	随时	适时调整,总量控制	每天计算
压实度均值	每天1~2次	最大理论密度的94%	T 0924, JTG F40—2004附录E
再生混合料摊铺温度	随时	>120℃	温度计测量

表5.4-2　就地热再生外形尺寸现场质量检查的项目与频度

检查项目	检查频度	质量要求或允许偏差	试验方法
宽度(mm)	每100m检测1次	大于设计宽度	T 0911
再生厚度(mm)	随时	±5	T 0912
加铺厚度(mm)	随时	±3	T 0912
平整度最大间隙(mm)	随时	<3.0	T 0931

续上表

检查项目	检查频度	质量要求或允许偏差	试验方法
横接缝高差(mm)	随时	<3.0,必须压实	3m 直尺间隙
纵接缝高差(mm)	随时	<3.0,必须压实	3m 直尺间隙
外观	随时	表面平整密实,无明显轮迹、裂痕、推挤、油包、离析等缺陷	目测

(2)检查验收。

就地热再生施工的检查与验收应符合表5.4-3的要求。

表5.4-3 就地热再生施工的检查和验收项目、频度

检查项目	检查频度	质量要求或允许偏差	试验方法
宽度(mm)	每1km检查20个断面	大于设计宽度	T 0911
再生厚度(mm)	每1km检查5个点	±5	T 0912
加铺厚度(mm)	每1km检查5个点	±3	T 0912
平整度IRI(m/km)	全线	<3.0	T 0933
外观	随时	表面平整密实,无明显轮迹、裂痕、推挤、油包、离析等缺陷	目测
压实度代表值	每1km检查5个点	最大理论密度的94%	T 0924

5.4.2 厂拌热再生

厂拌热再生是将回收沥青路面材料(RAP)运至沥青拌和厂(场、站),经破碎、筛分,以一定的比例与新集料、新沥青、再生剂(必要时)等拌制成热拌再生混合料铺筑路面的技术。

1)适用范围

(1)厂拌热再生适用于对各等级公路回收沥青路面材料(RAP)进行热拌再生利用,再生后的沥青混合料根据其性能和工程情况,可用于高速公路及各等级公路的沥青面层及柔性基层。这种再生方式属于结构性再生。

(2)可以用来修正原路面的设计问题,使其性能优化,且可以修复路表面绝大多数的破坏,如松散、泛油、集料磨光、车辙和裂缝等。

(3)通过添加新的集料、沥青或添加剂改善原混合料的级配和沥青问题,可以在厚度不变或变化较小的情况下改善路面结构。

2)施工工艺

(1)旧沥青路面材料的回收:

①不同的旧沥青路面材料应根据路面使用年限、路面结构、养护状况的不同,分别回收,分开堆放、不得混杂。旧沥青路面材料的回收可选用冷铣刨、机械开挖等方式,应尽量减少材料变异。

②旧沥青路面材料在回收和存放时不得混入基层废料、水泥混凝土废料、杂物、土等

杂质。

(2)旧沥青路面的预处理与堆放:

①使用推土机、装载机等机具将一个料堆的回收沥青路面材料充分混合,然后用破碎机或其他方式进行破碎,应使回收沥青路面材料的最大粒径小于再生沥青混合料最大公称粒径,不应有超粒径材料。

②根据再生混合料的最大公称粒径合理选择筛孔尺寸,将处理后的回收沥青路面材料筛分成不少于两档的材料。

③经过处理的旧沥青路面材料,可用装载机等将其转运到堆料场均匀堆放,转运和堆放过程中应避免旧沥青路面材料离析。

④回收的旧沥青路面材料避免长时间堆放,料仓中的旧料应及时使用。

⑤使用回收沥青路面材料时应从料堆的一端开始在全高范围内铲料。

⑥对于沥青老化严重的回收沥青路面材料[沥青针入度<10(0.01mm)],不推荐进行厂拌热再生。

(3)再生混合料配合比设计。

再生混合料配合比设计方法和步骤参照现行《公路沥青路面再生技术规范》(JTG/T 5521)进行设计。

(4)沥青混合料的拌制:

①选择拌和设备:厂拌热再生混合料的关键技术是旧沥青混合料的加热,所以要合理选择混合料的拌和设备,必要时需要进行改进。可根据表5.4-4选择合适的拌和设备。

表5.4-4 各种沥青混合料再生拌和设备评价表

评价项目	间歇式搅拌设备	连续式搅拌设备	三套筒连续式搅拌设备	双套筒连续式搅拌设备
旧沥青混合料加热方式	利用热的集料间接加热。 缺点:可利用的热量少,处理旧料能力有限(10% ~20%)	在筒内加热。 优点:可利用燃气对流热量,加热量较大,可处理的旧沥青混合料较多(20% ~30%)。 缺点:筒内高温易使沥青老化	在夹筒内加热。 优点:可利用燃烧室壁的辐射热,加热量更大,可处理的旧沥青更多(30% ~40%)。与燃气不接触,沥青不会老化	在内外筒的强制搅拌区加热。 优点:可利用燃烧室壁的辐射热,加热量更大,可处理的旧沥青更多(40% ~50%)。与燃气不接触,沥青不会老化
旧沥青混合料计量方式	第一种:旧料经过筛分,与新集料混合后同时称量。旧沥青被加热后使料流不畅,影响计算精确度。 第二种:旧料不经过筛分,独立称量,计量精确度较好	旧料在冷态计算,计量精确度高	旧料在冷态计算,计量精确度高	旧料在冷态计算,计量精确度高

续上表

评价项目	间歇式搅拌设备	连续式搅拌设备	三套筒连续式搅拌设备	双套筒连续式搅拌设备
搅拌方式	间歇强制式搅拌。 缺点:搅拌时间短,搅拌筒不加热,新旧料混合不良,旧沥青未能与新沥青及再生剂充分混合,旧沥青再生程度差	连续自落式搅拌。 优点:搅拌时间长,搅拌筒加热,新旧料混合较好,旧沥青与新沥青及再生剂的混合也较好,旧沥青再生程度较好。 缺点:自落式搅拌效果较差	连续自落式搅拌。 优点:搅拌时间更长,搅拌筒加热,新旧料混合好,旧沥青与新沥青及再生剂的混合好,旧沥青再生程度好。 缺点:自落式搅拌效果较差	连续强制式搅拌。 优点:搅拌时间最长,搅拌筒加热,新旧料混合最好,旧沥青与新沥青及再生剂的混合最好,旧沥青再生程度最好。强制式搅拌效果最好

②回收沥青路面材料料仓数量应不少于两个,料仓内的回收沥青路面材料含水率不应大于3%。

③厂拌热再生混合料的生产温度与拌和时间应根据拌和设备的加热干燥能力、回收沥青路面材料含水率、再生混合料的级配、新沥青的黏温曲线综合确定。

④使用间歇式拌和设备时,应适当提高新集料的加热温度,但最高不宜超过200℃。

⑤使用间歇式拌和设备时,干拌时间一般比普通热拌沥青混合料延长5~10s,总拌和时间比普通热拌沥青混合料延长15s。

⑥再生混合料出料温度应比普通热拌沥青混合料高5~15℃。

⑦回收沥青路面材料加热时不得直接与火焰接触。

⑧厂拌热再生混合料拌制过程中,应保证有充足的拌和时间,使新旧沥青可以充分融合。

⑨厂拌热再生混合料拌制的其他要求,应符合现行《公路沥青路面施工技术规范》(JTG F40)对热拌沥青混合料路面的规定。

⑩厂拌热再生沥青混合料一般流程如图5.4-4所示。

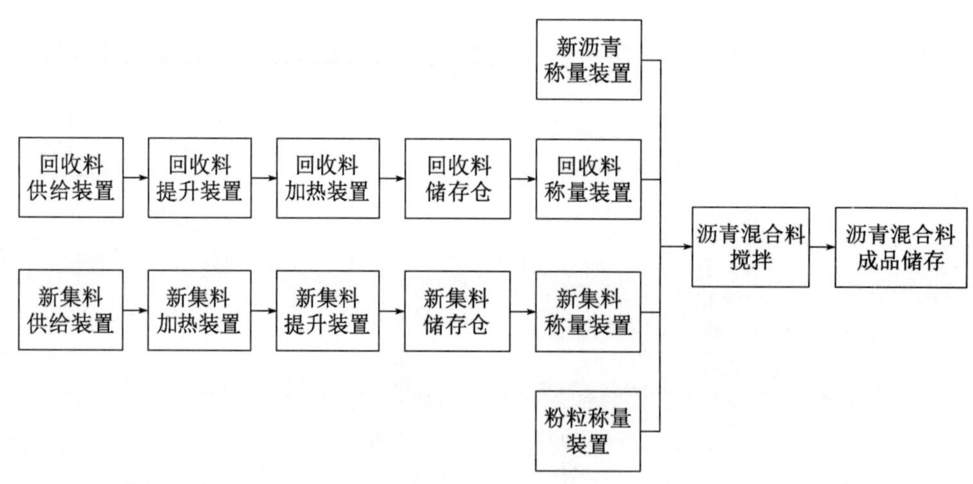

图5.4-4　厂拌热再生沥青混合料一般流程图

(5)摊铺和压实。

厂拌热再生混合料的摊铺温度和压实温度宜比热拌沥青混合料高5~15℃。

厂拌热再生混合料摊铺和压实应符合现行《公路沥青路面施工技术规范》(JTG F40)对热拌沥青混合料的相关规定。

3)施工质量控制与检查验收

(1)施工质量控制。

厂拌热再生混合料路面的施工质量控制,应符合现行《公路沥青路面施工技术规范》(JTG F40)对热拌沥青混合料路面的规定,在施工过程中需对回收沥青路面材料(RAP)按表5.4-5进行检查。

表5.4-5 施工过程中RAP质量检查

材料	检查项目	要求值	检查频率
RAP	RAP级配	符合设计要求	每天1次
	RAP的含水率(%)	<3	每天1次

(2)检查验收。

厂拌热再生混合料路面的检查验收应符合现行《公路沥青路面施工技术规范》(JTG F40)对热拌沥青混合料路面的相关规定。

5.4.3 厂拌冷再生

将回收沥青路面材料(RAP)运至拌和厂(场、站),经破碎、筛分,以一定的比例与新集料、沥青类再生结合料(乳化沥青、泡沫沥青等)、活性填料(水泥、石灰等)、水进行常温拌和,常温铺筑形成路面结构层的沥青路面再生技术。通常需要在厂拌冷再生路面上加铺一层热拌沥青混合料磨耗层。

1)适用范围

(1)厂拌冷再生适用于对各等级公路的回收沥青路面材料进行冷拌再生利用,再生后的沥青混合料根据其性能和工程情况,可用于高速公路和一、二级公路沥青路面的下面层及基层、底基层。

(2)厂拌冷再生可用于沥青路面结构性破坏时的重建,修复面层和基层的病害。

2)施工工艺

(1)旧路面材料的挖除、回收、预处理和堆放。

①厂拌冷再生旧路面的挖除可以采取以下三种方式:

第一种方法是全厚度破碎旧路面。破碎后的材料在工厂中破碎并筛分。其优点是可以有效控制再生料尺寸,避免大料的存在。

第二种方法是破碎和加工再生料都在现场完成,然后再将材料运往工厂。这种方法需要特殊的现场生产设备,交通管制时间长,且很难控制再生料的尺寸,会有大料出现。

第三种方法是路面冷铣刨。这种方法容易控制挖除的路面深度,而且生产效率也很高。

②旧路面材料的回收、预处理和堆放与厂拌热再生的要求一样。

(2)再生混合料配合比设计。

厂拌冷再生混合料配合比设计、材料技术要求(乳化沥青或泡沫沥青、集料、水泥、石灰、矿粉等)及回收沥青路面材料(RAP)的质量要求应符合现行《公路沥青路面再生技术规范》(JTG/T 5521)及《公路沥青路面施工技术规范》(JTG F40)的相关规定。

(3)混合料拌制。

①拌和设备的要求:厂拌冷再生宜采用专用拌和设备,拌和设备应设置乳化沥青和水的精确计量装置。使用泡沫沥青作为再生结合料时还必须配备泡沫沥青发生装置。

②拌和设备的生产能力应与摊铺设备的生产能力匹配。

③拌和时间应适宜,拌和后的冷再生混合料应均匀一致,无结团成块现象。

④厂拌冷再生混合料一般遵循“即拌即用”的原则,尽快将再生混合料用于路面施工。否则,水泥的水化反应、乳化沥青的破乳等都会影响再生混合料的性能。

(4)施工准备。

①下承层的准备:下承层应密实平整,强度符合设计要求。在摊铺冷再生混合料之前宜在下承层表面喷洒乳化沥青,喷洒量为0.2~0.3kg/m^2(纯沥青)。

②铺筑试验路段:铺筑长度不小于200m试验路段。从施工工艺、工程质量、施工管理、施工安全等方面验证施工配合比、施工方案和施工工艺的可行性,并为正常施工提供技术依据。

(5)摊铺。

厂拌冷再生混合料应采用摊铺机摊铺,熨平板不需要加热。

摊铺机必须缓慢、均匀、连续不断地摊铺,不得随意变换速度或者中途停顿。摊铺速度宜控制在2~4m/min。当发现摊铺后的混合料出现明显离析、波浪、裂缝、拖痕时应分析原因,予以消除。

(6)压实。

①根据再生层厚度、压实度等的需要,配备足够数量、吨位的钢轮压路机、轮胎压路机,按照试验段确定的压实工艺在混合料最佳含水率情况下进行碾压,保证压实后的再生层符合压实度和平整度的要求。

②直线和不设超高的平曲线,应由两侧路肩向路中心碾压;设超高的平曲线,应由内侧路肩向外侧路肩碾压。

③压路机应以缓慢而均匀的速度碾压,初压速度宜为1.5~3km/h,复压和终压速度宜为2~4km/h。

④再生混合料每层压实厚度不宜大于160mm,且不宜小于60mm。

⑤严禁压路机在刚完成碾压或正在碾压的路段上掉头、紧急制动及停放。

(7)养生及开放交通。

①冷再生层在加铺上层结构前必须进行养生,养生时间一般不宜少于7d。但是,当再生层可以取出完整的芯样或再生层含水率低于2%时,可以提前结束养生。

②养生方法:

a. 在封闭交通的情况下,可自然养生,一般无须采取措施。

b. 在开放交通条件下养生时,再生层在完成压实至少1d后方可开放交通,但应严格控制重型车辆通行，行车速度应控制在40km/h以内，并严禁车辆掉头、紧急制动。

c.为避免车轮对表层的破坏，可在再生层上均匀喷洒慢裂乳化沥青（稀释至30%左右的有效含量），喷洒量折合成纯沥青后宜为0.05～0.2kg/m²。

③养生完成后，在铺筑上层沥青层前应喷洒黏层。

(8)厂拌冷再生施工程序流程图。

厂拌冷再生一般施工工艺流程如图5.4-5所示。

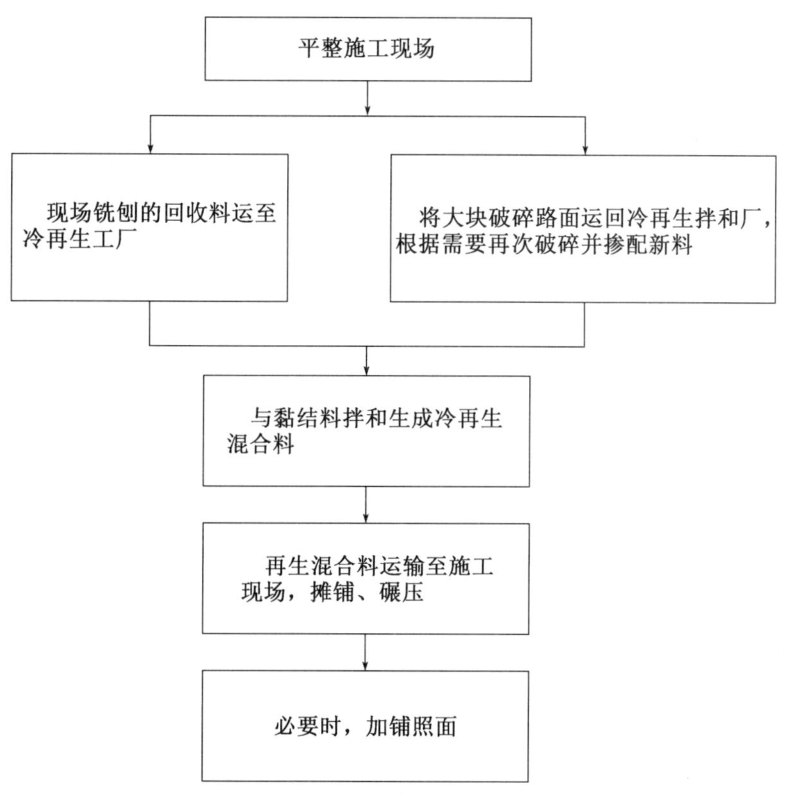

图5.4-5 厂拌冷再生一般施工工艺流程图

3)施工质量控制与检查验收

(1)施工质量控制。

施工过程中的材料质量控制和检查的项目、检查项目的质量要求、检查频度，以及路面外形尺寸检查应符合现行《公路沥青路面再生技术规范》（JTG/T 5521）的规定。

(2)检查验收。

厂拌冷再生工程完工后，应将全线以1～3km作为一个评定路段，按照表5.4-6的要求进行质量检查和验收。

表5.4-6 沥青路面厂拌冷再生质量检查验收项目、频度和要求

检查项目	质量要求	检查频率	检验方法
平整度最大间隙(mm)	8	每200m检查2处，每处连续10尺	T 0931
纵断面高程(mm)	±10	每200m检查4个点	T 0911

续上表

检查项目		质量要求	检查频率	检验方法
厚度(mm)	均值	-8	每200m每车道1个点	插入量测
	单个值	-15	每200m每车道1个点	
宽度(mm)		不小于设计宽度,边缘线整齐,顺适	每200m检查4个断面	T 0911
横坡度(%)		±0.3	每200m检查4个断面	T 0911
外观		表面平整密实,无浮石、弹簧现象,无明显压路机轮迹	随时	目测
压实度(%)	乳化沥青	≥90	每车道每公里检查1次	基于最大理论密度,T 0924或T 0921
	泡沫沥青	≥98	每车道每公里检查1次	基于重型击实标准密度,T 0924或T 0921

5.4.4 就地冷再生

采用专门的就地冷再生设备,对沥青路面进行现场铣刨、破碎和筛分(必要时),掺入一定数量的新集料、再生结合料(乳化沥青、泡沫沥青等)、活性填料(水泥、石灰等)、水,经过常温拌和、摊铺、碾压等工序,一次性实现旧沥青路面再生的技术,包括沥青层就地冷再生和全深式就地冷再生两种方式。

(1)仅对沥青材料层进行的就地冷再生称为沥青层就地冷再生,沥青层就地冷再生应使用乳化沥青、泡沫沥青作为再生结合料。

(2)再生层既包括沥青材料层又包括非沥青材料层的,称为全深式就地冷再生。全深式就地冷再生既可使用乳化沥青、泡沫沥青等沥青类结合料,也可使用水泥、石灰等无机结合料作为再生结合料。当使用水泥、石灰等作为无机结合料时,再生层只作为基层。

1)适用范围

沥青路面就地冷再生用于高速公路沥青路面的再生利用时应进行论证。就地冷再生可适用于恢复路面所需的线形、断面,消除原路面的车辙、不规则和不平整的区域,消除横向、纵向裂缝等多种情况。

2)施工工艺

(1)原路面准备。

①施工前,要保证再生层的下承层完好,并满足所处结构层的强度要求。对再生层下层出现病害(如翻浆)应进行处理,然后按设计要求修补完毕;对严重变形的路面,施工前要进行必要的处治。

②施工前应将旧路面垃圾、杂质等清扫干净;若路面两侧有路缘石,需将路缘石移出冷再生施工范围;对两侧路肩路面基层上的路肩土要清除干净。

(2)材料准备。

现场取样,进行相关试验分析,根据再生厚度、宽度、干密度、含水率等计算每平方米新集料、水泥等用量。

(3)就地冷再生机。

①工作装置的切削深度可精确控制。

②工作宽度不应小于2.0m。

③喷洒剂量精确可调,并与切削深度、施工速度、材料密度等联动;喷嘴在喷洒宽度范围内均匀分布,各喷嘴可独立开启与关闭。

④使用泡沫沥青时,还应具备泡沫沥青发生装置。

(4)铺筑试验路段。

铺筑长度一般不宜小于200m的试验路段。从施工工艺、工程质量、施工管理、施工安全等方面进行检验,确定工艺参数。

(5)新材料添加。

①根据设计方案,若需要添加新材料来调整冷再生混合料级配,应在冷再生机拌和前将新添材料均匀撒布在原路面上。

②若原路面需要预先整型,则将新材料撒布在整型后的材料层上面。

③集料撒布应尽量采用集料撒布车;水泥、石灰等的撒布尽量采用水泥浆车。

(6)再生。

①综合考虑施工季节、气候条件、再生作业段宽度、施工机械和运输车辆的效率和数量、操作熟练程度、水泥终凝时间等因素,确定每个作业段的长度。

②在施工起点处将各所需施工机具顺次首尾连接,并连接相应管路。冷再生设备一般包括水罐车、乳化沥青罐车(使用泡沫沥青时为热沥青罐车)、水泥浆车(有条件时)、冷再生机、摊铺机(必要时)、压路机。图5.4-6、图5.4-7为典型的水泥浆再生列车机组和典型的水泥浆与沥青再生列车机组。

图5.4-6 典型的水泥浆再生列车机组

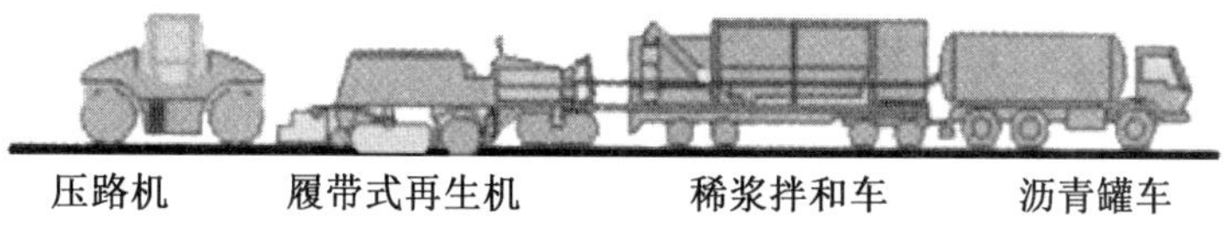

图5.4-7 典型的水泥浆与沥青再生列车机组

③启动施工设备,按照设定再生深度对路面进行铣刨、拌和。再生机组必须缓慢、均匀、连续地进行再生作业,不得随意变更速度或者中途停顿,再生施工速度宜为4～10m/min。

④单幅再生至一个作业段终点后,将再生机和罐车等倒至施工起点,进行第二幅施工,直至完成全幅作业面的再生。

⑤纵向接缝的位置应避开快、慢车道上车辆行驶的轮迹,纵向接缝处相邻两幅作业面

间的重叠量不宜小于100mm。

⑥使用水泥、石灰等无机结合料作为再生结合料时的全深式就地冷再生,沥青层厚度占再生厚度的比例不宜超过50%。

(7)摊铺。

①沥青层就地冷再生,摊铺出的混合料不能出现明显离析、波浪、裂缝、拖痕。

②采用摊铺机或者采用带有摊铺装置的再生机进行摊铺时,摊铺规定与厂拌冷再生相同。

③使用平地机进行摊铺时,应符合下列规定:

a.使用轻型钢轮压路机紧跟再生机组初压2~3遍。

b.完成一个作业段的初压后,用平地机整平。

c.再次用轻型钢轮压路机在初平的路段碾压1遍,对发现的局部轮迹、凹陷进行人工修补。

d.用平地机整形,达到规定的坡度和路拱,整形后的再生层表面应无明显的再生机轮迹和集料离析现象。

(8)压实。

①根据再生层厚度、压实度等的需要,配备足够数量、吨位的钢轮压路机、轮胎压路机,按照试验段确定的压实工艺进行碾压,保证压实后的再生层符合压实度和平整度的要求。

②沥青路面就地冷再生施工必须采用流水作业法,使各工序紧密衔接,尽量缩短从拌和到完成碾压之间的延迟时间。

③初压时混合料的含水率应比最佳含水率大1%~2%。碾压过程中,再生层表面应始终保持湿润,如水分蒸发过快,应及时洒水。

④碾压过程中出现弹簧、松散、起皮等现象时,应及时翻开重新拌和使其达到质量要求。

⑤可在碾压结束前用平地机再终平一次,使其纵向顺适,路拱和超高符合设计要求。

⑥就地冷再生的压实厚度,使用乳化沥青、泡沫沥青时不宜大于160mm,且不宜小于80mm;使用水泥、石灰时不宜大于220mm,且不宜小于150mm。

⑦碾压的其他要求按照厂拌冷再生要求执行。

(9)养生及开放交通。

①使用乳化沥青、泡沫沥青的就地冷再生,养生和开放交通按照厂拌冷再生的规定执行。

②使用无机结合料的全深式就地冷再生,养生和开放交通应符合下列要求:

a.碾压完成并经过压实度检查合格后的路段,应立即进行养生。养生可采用湿砂覆盖、塑料薄膜覆盖、洒乳化沥青、洒水等方法。

b.养生时间不宜少于7d,整个养生期内再生层表面应保持潮湿状态。养生期内禁止除洒水车辆以外的其他车辆通行。

c.后续施工前应将再生层清扫干净。如果再生层上为无机结合料稳定材料层,应洒少量水湿润表面;如果其上为沥青层,应立即实施透层和封层;如果其上是水泥混凝土层,应尽快铺设,避免再生层曝晒开裂。

(10)施工工艺流程图。

就地冷再生施工工艺一般流程如图5.4-8所示。

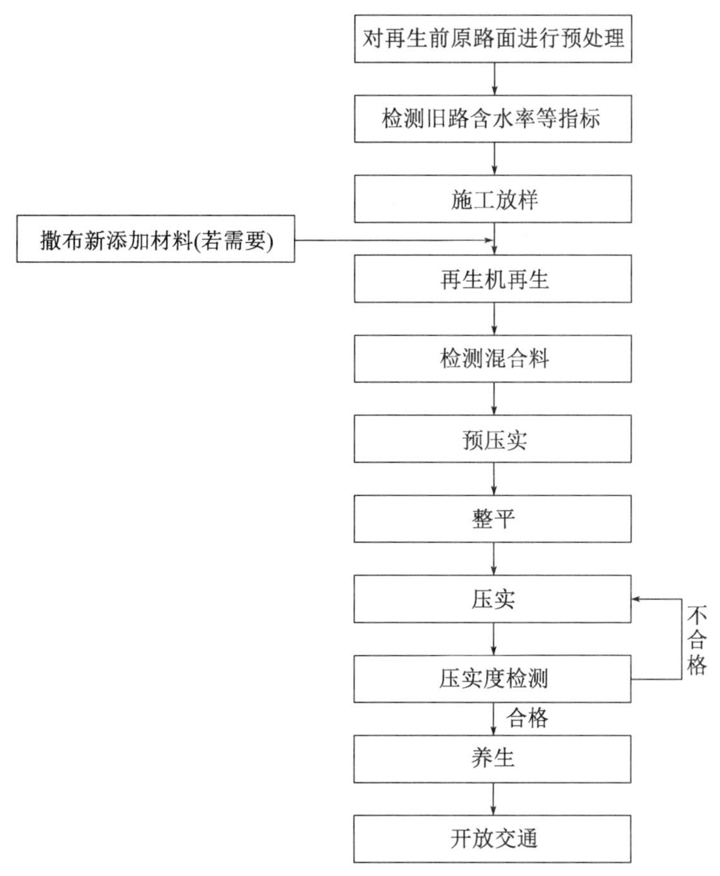

图5.4-8 沥青路面就地冷再生施工工艺一般流程图

3)施工质量控制与检查验收

(1)施工质量控制。

施工过程中的材料质量控制、检查的项目、检查项目的质量要求、检查频度,以及路面外形尺寸检查应符合现行《公路沥青路面再生技术规范》(JTG/T 5521)的规定。使用乳化沥青、泡沫沥青,施工质量控制项目、频度和质量标准应符合现行《公路沥青路面再生技术规范》(JTG/T 5521)的规定。

(2)检查验收。

就地冷再生工程完工后,应将全线以1~3km作为一个评定路段,按照表5.4-7的要求进行质量检查和验收。

表5.4-7 沥青路面就地冷再生质量检查验收、频度和要求

检查项目	质量要求	检查频率	检验方法
平整度最大间隙(mm)	10	每200延米2处,每处连续10尺	T 0931
纵断面高程(mm)	±10	每20延米1个点	T 0911

续上表

<table>
<tr><th colspan="2">检查项目</th><th>质量要求</th><th>检查频率</th><th>检验方法</th></tr>
<tr><td rowspan="2">厚度(mm)</td><td>均值</td><td>-10</td><td rowspan="2">每车道每 10m 检查 1 点</td><td rowspan="2">插入量测</td></tr>
<tr><td>单个值</td><td>-20</td></tr>
<tr><td colspan="2">宽度(mm)</td><td>不小于设计宽度,边缘线整齐,顺适</td><td>每 40 延米 1 处</td><td>T 0911</td></tr>
<tr><td colspan="2">横坡度(%)</td><td>±0.3</td><td>每 100 延米 3 处</td><td>T 0911</td></tr>
<tr><td colspan="2">外观</td><td>表面平整密实,无浮石、弹簧现象,无明显压路机轮迹</td><td>随时</td><td>目测</td></tr>
<tr><td rowspan="2">压实度(%)</td><td>乳化沥青</td><td>≥90</td><td>每车道每公里检查 1 次</td><td>基于最大理论密度,T 0924 或 T 0921</td></tr>
<tr><td>其他</td><td>≥98</td><td>每车道每公里检查 1 次</td><td>基于重型击实标准密度,T 0924 或 T 0921</td></tr>
</table>

5.4.5 沥青混凝土罩面

旧路面强度指标符合要求的情况下,在旧沥青路面面层上加铺的沥青混合料薄处理层,统称为沥青路面罩面。沥青路面罩面按其功能划分为普通型罩面(简称罩面)、防水型罩面(简称封层)和抗滑层罩面(简称抗滑层)三种。

1)适用范围

罩面主要适用于消除破损、恢复原有路面平整度、改善路面性能的修复工作;封层主要适用于提高原有路面的防水性能、平整度和抗滑性能的修复工作;抗滑层主要适用于提高原路面抗滑能力的修复工作。

2)施工工艺

(1)材料要求。

①罩面:

a. 罩面的结合料宜使用性能良好的黏稠型道路石油沥青、乳化石油沥青、改性乳化沥青、改性沥青。

b. 矿料的选择宜采用耐磨、强度高的石料。

c. 高速公路宜采用中粒式、细粒式密集配沥青混凝土或沥青玛琋脂(SMA)结构。

d. 采用的结合料、矿粉、沥青混合料的规格、各项技术指标要求符合现行《公路沥青路面施工技术规范》(JTG F40)和其他有关标准的规定。

②封层:

a. 封层的结合料宜采用乳化石油沥青、改性乳化石油沥青。

b. 矿料宜采用耐磨、强度高的石料。

c. 各种结合料、矿料、填料及乳化沥青混合料的各项技术指标应符合现行《公路沥青路面施工技术规范》(JTG F40)的规定。

d.高速公路可采用稀浆封层养护,但宜使用粗粒式改性乳化沥青混合料。

③抗滑层:

a.应选用适合铺筑抗滑表层的材料和沥青混合料。

b.高速公路宜选用重交通道路石油沥青、改性石油沥青、改性乳化沥青作为结合料。

c.应选用抗滑、耐磨的石料,磨光值应大于42。

d.采用的各种材料和沥青混合料的技术指标要求按现行《公路沥青路面施工技术规范》(JTG F40)的规定执行。

(2)厚度要求。

①罩面:

a.罩面厚度应根据路段的交通量、公路等级、路面状况、使用功能等综合确定。

b.当路面损坏状况指数、行驶质量指数在中、良等级,路面仅有轻度网裂时,可采用较薄的罩面层(厚10~30mm)。

c.当路面破损、平整度、抗滑三项指标都在中等以下,要求恢复到优、良等级时,应采用较厚的罩面层(厚30~50mm)。

d.一般情况下,高速公路罩面宜采用40~50mm的厚度,且罩面厚度不得小于最小施工层厚度。

②封层:

a.交通量较大、重型车较多的路段宜采用厚约10mm的封层。

b.在中等交通量路段宜采用厚约7mm的封层。

c.在交通量小、重型车少的路段宜采用厚3~4mm的封层。

③抗滑层:

用于高速公路的抗滑层厚度一般不小于40mm。

(3)施工技术要求。

①罩面:

a.对确定罩面的路段,在罩面前必须完成翻浆、坑槽、严重裂缝、沉陷、拥包、松散、车辙等病害的修复工作,并清除路面上的泥土、杂物。

b.根据施工气温、旧沥青路面状况等因素采取相应施工措施,罩面前必须喷洒黏层沥青,确保新老沥青层结合,沥青用量为0.3~0.5kg/m^2,裂缝及老化严重时宜为0.5~0.7kg/m^2。

c.罩面不应铺在逐年加厚的软沥青层上,也不应铺在和原沥青路面结合不好、即将脱皮的沥青罩面薄层上,应将其铲平后再进行罩面。

d.当气温低于10℃或路面潮湿时,不得摊铺沥青罩面层。

e.对罩面施工的其他要求按照现行《公路沥青路面施工技术规范》(JTG F40)的相关规定进行。

②封层:

a.采用稀浆封层时,必须有固定的专业人员、固定的专业乳液生产和施工(撒布、摊铺)设备、专职的检测试验人员,并按有关标准规定进行检测和质量控制。

b.稀浆封层撒布机在使用前,应根据稀浆混合料配合比设计,对集料、乳液、填料、加水量进行调试,调试稳定后,方可正式摊铺。

c.对封层施工的其他要求按照现行《公路沥青路面施工技术规范》(JTG F40)的相关规定进行。

③抗滑层:

抗滑层施工按照现行《公路沥青路面施工技术规范》(JTG F40)的相关规定进行。

3)施工质量控制与检查验收

沥青路面罩面的施工质量控制与检查验收,应按现行《公路沥青路面施工技术规范》(JTG F40)、《公路沥青路面养护技术规范》(JTG 5142)、《公路工程质量检验评定标准 第一册 土建工程》(JTG F80/1)的相关规定进行。

5.4.6 橡胶沥青混凝土

橡胶沥青混凝土是指用热拌方式将橡胶沥青或其他橡胶沥青黏结剂与级配集料拌和而成的材料。它可以是密级配的、断级配的或开级配的混凝土。采用橡胶粉干拌工艺生产的沥青混合料称为橡胶粉沥青混凝土,采用橡胶粉湿拌工艺生产的沥青混合料称为橡胶沥青混凝土。

1)适用范围

橡胶(粉)沥青混凝土适用于高速公路、各等级道路路面,以及新建和改建工程,尤其对降低城市道路的行车噪声有明显效果,可作为降噪路面使用。

橡胶(粉)沥青混凝土适用于沥青路面的各结构层位,根据混合料的性能特点,表面层推荐使用湿拌法的橡胶沥青混凝土;中下面层推荐使用干拌法的橡胶混凝土。

橡胶沥青混凝土也可作为路面结构中的应力吸收层使用。

2)施工工艺

(1)施工条件。

①橡胶(粉)沥青混凝土适宜在温暖、干燥的气候条件下施工,大气和路表面的温度应大于15℃。

②橡胶(粉)沥青混凝土不适宜在原路面存在较宽的裂缝(>12.5mm)和(或)弯沉大而承载能力不够的原路面上施工。对于此种原路面,应首先进行补强后再铺设橡胶沥青表层。

③橡胶(粉)沥青混凝土不适宜在需要大面积手工作业的条件下施工。

④橡胶(粉)沥青混凝土不适宜在运距长的条件下施工,容许运距的长短取决于气温、风力、自卸车的保温措施、现场的等待时间等因素,应根据实际情况确定。

(2)待铺路面的准备工作。

①彻底清扫待铺的表面,清除掉落的集料、杂物,去除泥土等污物。

②对于罩面施工,原路面的损坏部分必须清除修复;坑洞必须修补,裂缝必须充填。原路面高程、横向轮廓偏差较大或平整度过差时,应通过铣刨作业或加铺调平层进行修正。

③除了刚铺筑完成没有污染的新鲜路面,在混凝土摊铺前应喷洒黏层油。黏层油可以采用150~170℃的热沥青进行喷洒,也可以喷洒乳化沥青,且沥青的用量应控制在0.18~0.27L/m^2。乳化沥青黏层油必须等待完全破乳和水分完全蒸发后才能铺筑橡胶(粉)沥青混凝土。

(3)混合料的生产。

橡胶(粉)沥青混合料配合比设计、原材料技术要求、混合料拌和程序及技术要求,以及试验路铺筑应按照现行《北京市废胎胶粉沥青及混合料设计施工技术指南》中对橡胶(粉)沥青混凝土的相关规定执行。

(4)混合料的运输。

①橡胶(粉)沥青混合料宜采用较大吨位的运料车运输,但不得超载运输,或紧急制动、急弯掉头。施工过程中摊铺机前方应有运料车等候。对高速公路,待等候的运料车多于5辆后开始摊铺。

②运料车每次使用后必须清洗干净,在车厢板上涂一薄层防止沥青黏结的隔离剂或防黏剂,但不得有余液积聚在车厢底部。从拌和机向运料车上装料时,应多次挪动汽车位置,平衡装料,以减少混合料离析。运料车运输混合料宜用篷布或棉被覆盖,以保温、防雨、防污染,直到摊铺前方可将覆盖物打开。

③摊铺过程中运料车应在摊铺机前1~3m处停止,空挡等候。由摊铺机推顶运料车,运料车边前进边缓慢卸料。运料车每次卸完料必须倒干净,若有剩余,应及时清除,防止硬结。

④摊铺机的摊铺速度应与拌和机的正常生产能力(每小时的产量)相匹配。

⑤现场应设专人指挥运料车就位,并使其配合摊铺机卸料。

(5)混合料的摊铺。

①橡胶(粉)沥青混合料的摊铺宜使用履带式摊铺机。在开始摊铺沥青混合料前1h,应加热摊铺机的分料器和熨平板等有关位置。

②运料车向摊铺机受料斗中卸料时,要根据受料斗的容量,尽可能一次性快速将受料斗装满,以减少集料的离析。但不宜过多,以免溢出。

③应将散落在下承层上的沥青混合料用铁锹铲出放到受料斗内,若散落的混合料较少应铲起甩出路外。

④受料斗中的沥青混合料要及时送到后面分料室中。分料室中的螺旋分料器要及时将料分向两侧,直到混合料的高度要超过螺旋分离器的转轴并将上部分分料器掩埋1/2,然后开始摊铺。摊铺过程中,以上过程要不间断连续进行。

⑤运料车卸完料后指挥人员应指挥卸完料的运料车尽快离开摊铺机,并指挥待卸料的摊铺机尽快后退到摊铺机受料斗前,准备卸料。

⑥在料斗中间混合料较少时,摊铺人员习惯上将两侧翼板内的离析混合料向中间翻倒。此时,指挥人员要指挥已到受料斗前待卸料的运料车在受料斗中部离析料还没有向后面分料室输送前,及时向受料斗中卸入新混合料,以减少集料的离析。另外,摊铺人员也可以不将两侧离析混合料向中间翻倒。在中间料不足时,运料车及时向受料斗内卸料。

在中断摊铺时,将两侧离析料废弃不用。

⑦摊铺机必须缓慢、均匀、连续不间断地摊铺,不得随意变换速度或中途停顿。摊铺速度宜控制在1~3m/min。当发现混合料出现明显的离析、波浪、裂缝、拖痕时,应分析原因,予以消除。

⑧摊铺机应采用自动找平方式,下面层或基层采用钢丝绳引导的高程控制方式,上面层宜采用平衡梁或雪橇式摊铺厚度控制方式,中面层根据情况选用找平方式。

⑨橡胶(粉)沥青混合料的最低摊铺温度不得低于表5.4-8的要求。每天施工开始阶段宜采用较高温度的混合料。

⑩为了减少摊铺过程中的离析问题,提高摊铺质量,宜采用运料转输车配合使用。

⑪对高等级道路,橡胶(粉)沥青混合料的松铺系数应通过试验路段的试铺、试压确定。

表5.4-8 橡胶(粉)沥青混合料的最低摊铺温度

下卧层表面温度(℃)	相应于下列不同摊铺层厚度的最低摊铺温度(℃)		
	<50mm	50~80mm	80~100mm
10~15	172	165	160
15~20	167	160	155
20~25	160	155	150
>25	155	155	150

(6)混合料的压实。

①橡胶(粉)沥青混凝土的压实层最大厚度不宜大于100mm。

②橡胶(粉)沥青路面施工应配备足够数量的压路机,选择合适的压路机组合方式及初压、复压、终压(包括成型)的碾压步骤,以达到最佳碾压效果。铺筑高等级道路双车道沥青路面的压路机数量不宜少于5台。施工气温低、风大、碾压层薄时,压路机数量应适当增加。

③压路机轮上的淋水喷头应疏通、调试好,应能够有效控制喷水量。给压路机添水的水车,应随时跟在压路机后面,停放在已碾压好路段的旁边,便于压路机及时添水。

④在整个碾压过程中,应有专人指挥,负责碾压各个阶段的衔接。

⑤压路机应以缓慢而均匀的速度碾压,压路机的碾压速度应符合表5.4-9的规定。压路机的碾压路线及碾压方向不应突然改变而导致混合料推移。

表5.4-9 压路机碾压速度(km/h)

压路机类型	初压		复压		终压	
	适宜	最大	适宜	最大	适宜	最大
钢筒式压路机	2~3	4	3~5	6	3~6	6
轮胎压路机	2~3	4	3~5	6	3~6	8
振动压路机	2~3 (静压或振动)	3 (静压或振动)	3~4.5 (振动)	5 (振动)	3~6 (静压)	6 (静压)

⑥橡胶(粉)沥青混凝土碾压温度的高低与橡胶沥青的黏度有关,黏度越大,碾压温度越高。橡胶(粉)沥青混凝土的初压温度一般不低于155℃,复压温度不宜低于135℃,终压温度不低于90℃。当混合料的摊铺厚度大于80mm时,初压温度不宜低于150℃。

⑦橡胶(粉)沥青混凝土的初压应符合以下要求:

a. 初压应紧跟摊铺机进行,并保持较短的初压区长度。

b. 宜采用重型轮胎压路机(吨位不小于25t)进行2~3遍初压。

c. 当采用振动压路机初压时,可直接采用"高频、低振"的模式进行1~2遍碾压。在碾压过程中应控制钢轮上的洒水量,以刚好不黏轮的洒水量为宜。

d. 初压后应检查平整度、路拱,有严重缺陷时进行修整以至返工。

⑧橡胶(粉)沥青混凝土的复压应符合以下要求:

a. 复压紧跟在初压后,不得随意停顿。压路机碾压段总长度一般不超过50m。

b. 宜优先采用振动压路机复压。钢轮压路机的静压力应不低于11t。相邻碾压带重叠宽度为100~200mm。

c. 当采用三轮钢筒式压路机时,总质量不宜小于12t,相邻碾压带宜重叠后轮的1/2宽度,并不少于200mm。

d. 对路面边缘、加宽及港湾式停车带等大型压路机难于碾压的部位,宜采用小型振动压路机或振动夯板做补充碾压。

⑨橡胶(粉)沥青混凝土的终压可选用双轮式压路机或关闭振动的振动压路机碾压,碾压不宜少于2遍,至无明显轮迹为止。

⑩在复压结束后,应由施工人员用3m直尺检测路面的纵向平整度,结合终压及时修补,以保证良好的平整度水平。

(7)施工接缝的处理。

①沥青路面的施工必须接缝紧密、连接平顺,不得形成明显的接缝离析。

②上、下层的纵缝均应错开150mm(热接缝)或300~400mm(冷接缝)以上。

③相邻两幅或上、下层的横向接缝均应错位1m以上。

④接缝施工应用3m直尺检查,确保平整度符合规范要求。

(8)开放交通。

橡胶(粉)沥青混凝土摊铺结束后,应在24h后或路面温度低于50℃后开放交通。

3)施工质量控制与检查验收

(1)施工质量控制。

①橡胶(粉)沥青混凝土的粗集料、细集料、矿粉、橡胶沥青(湿拌工艺和干拌工艺)应按照现行《公路沥青路面施工技术规范》(JTG F40)规定的抽检项目和频度进行检查。

②橡胶(粉)沥青混凝土生产的质量控制应按照现行《北京市废胎胶粉沥青及混合料设计施工技术指南》的相关规定进行。

(2)检查验收。

①橡胶(粉)沥青混凝土每2000m^2检测一组压实水平。采用压实度和现场空隙率双指标控制,控制标准见表5.4-10。

表 5.4-10 混合料压实水平的控制标准

层位	上面层		中、下面层	计算标准
混合料类型	密实型	开级配	密实型	
压实度(%),≥	98	98	97	试验室标准密度
现场空隙率(%),≤	7(8*)	—	7	混合料最大理论密度

②橡胶(粉)沥青混凝土路面的外观、接缝、厚度、平整度、宽度、纵断面高程、横坡等验收标准参照现行《公路沥青路面施工技术规范》(JTG F40)的规定进行。

5.4.7 温拌沥青混合料

温拌沥青混合料是一种环保型材料,与相同类型热拌沥青混合料相比,在基本不改变沥青混合料配合比和施工工艺的前提下,通过技术手段,使沥青混合料的拌和温度相应降低30℃以上,性能达到热拌沥青混合料要求的新型沥青混合料。

目前温拌沥青主要有以下四类不同的实现方式,即沥青-矿物法、泡沫沥青法、有机添加剂法和表面活性剂法。北京市温拌沥青混合料技术的研究主要集中于表面活性剂法,对其他三类技术的研究还没有成功的应用经验。本节参照现行《北京市温拌沥青混合料路面技术指南》对表面活性法生产的温拌沥青混合料的施工方法进行介绍。

1)适用范围

温拌沥青混合料适用于路面工程的各沥青结构层,适用于高速公路、各等级公路和城市道路的新建、改扩建及维修养护工程。温拌沥青混合料尤其适用于环保要求较高的道路建设和维修工程,以及较低环境温度条件下施工的工程。

2)施工工艺

(1)一般规定。

①与热拌沥青混合料一样,温拌沥青混合料所使用的各种材料在运至现场后,必须取样进行质量检验,经评定合格方可使用,不得以供应商提供的检测报告或商检报告代替现场检测。

②与热拌沥青混合料一样,温拌沥青混合料的原材料技术要求以及混合料配合比设计应符合相关规范的规定。具体可参照《北京市温拌沥青混合料路面技术指南》。

③用于各结构层的温拌沥青混合料,应满足所在层位的功能要求,便于施工,不易离析。各层宜连续施工并连接成一个整体,以保证沥青路面的使用性能。

④温拌沥青混合料按集料公称最大粒径、矿料级配、空隙率等进行分类,不同类型温拌沥青混合料应用于不同的场合。

⑤温拌沥青混合料铺筑前,应检查下卧层的质量,不符合要求的不得铺筑。当下卧层已被污染时,必须清洗或经铣刨处理后方可铺筑温拌沥青混合料。

⑥温拌沥青混合料施工温度应根据沥青标号、气候条件、铺装层厚度等综合确定。温拌沥青混合料的施工温度见表 5.4-11 ~ 表 5.4-13。

表5.4-11 温拌沥青混合料的施工温度(℃)

施工工序		沥青标号		
		50号	70号	90号
沥青加热温度		140~160	135~155	130~150
集料加热温度		120~145		
出料温度		115~135	110~130	105~125
运至现场温度		110~125	105~120	100~115
摊铺温度,不低于	正常施工	110	105	100
	低温施工	120	115	110
初压温度,不低于	正常施工	105	100	95
	低温施工	115	110	105
终压温度,不低于		70	70	70
开放交通温度,不高于		50	50	50

注:1. 施工时,气温高于10℃称为正常施工。大风降温天气对混合料的温度损失较大,不宜施工;必须施工时,应适当提高混合料温度。表5.4-12、表5.4-13同。

2. 施工时,气温为5~10℃(高速公路、城市主干道)称为低温施工,大风降温天气不宜施工;必须施工时,应适当提高混合料的温度。表5.4-12、表5.4-13同。

表5.4-12 温拌SBS改性沥青混合料的施工温度(℃)

施工工序		SBS I-C	SBS I-D
沥青加热温度		155~170	155~170
集料加热温度		135~145	
出料温度		120~140	125~145
运至现场温度		115~135	120~140
摊铺温度,不低于	正常施工	110	115
	低温施工	125	130
初压温度,不低于	正常施工	105	110
	低温施工	120	125
终压温度,不低于		70	70
开放交通温度,不高于		50	50

表5.4-13 温拌橡胶沥青混合料的施工温度(℃)

施工工序		温度
沥青加热温度		180~190
集料加热温度		130~150
出料温度		140~160
运至现场温度		130~150
摊铺温度,不低于	正常施工	125
	低温施工	140

续上表

施工工序		温度
初压温度,不低于	正常施工	120
	低温施工	135
终压温度,不低于		70
开放交通温度,不高于		50

⑦高速公路的温拌沥青混合料路面,在施工前应铺筑试验路段。试验路段的长度宜为100~200m。试验分试拌和试铺两个阶段,通过试拌确定拌和工艺和参数,通过试铺确定摊铺、碾压工艺和参数等,并验证温拌沥青混合料配合比设计,为正确施工提供技术依据。

⑧温拌沥青混合料不宜在气温低于5℃条件下施工,不得在雨天、路面潮湿的情况下施工。

⑨温拌沥青混合料的设计、施工除应符合本节规定外,其他要求和热拌沥青混合料一样,仍应按现行《公路沥青路面施工技术规范》(JTG F40)的有关规定执行,同时还应符合国家和行业现行有关标准、法规的规定。

(2)混合料的拌制和运输。

①拌和设备要求:

a.温拌沥青混合料必须在沥青拌和厂(场、站)采用拌和机械拌制。

b.温拌沥青混合料可采用间歇式拌和机或连续式拌和机拌制。拌制高速公路和城市快速路、主干路用温拌沥青混合料时,宜采用间歇式拌和机。采用连续式拌和机时,使用的集料必须稳定。

c.拌制温拌沥青混合料时,根据需要可在普通沥青混合料拌和设备上安装温拌添加剂的添加装置。添加装置计量应准确,精度满足温拌添加剂添加量的允许误差要求。温拌添加剂的添加情况宜在拌和设备的控制台上在线显示。

d.根据需要,宜在沥青混合料拌和设备的拌和缸上设置排气口,及时将可能产生的水蒸气排除。

②拌和工艺:

a.温拌沥青混合料的拌制,应按照现行《公路沥青路面施工技术规范》(JTG F40)对热拌沥青混合料的相关规定执行。

b.当温拌添加剂为水溶液状时,拌制过程中温拌添加剂宜在沥青喷洒1~3s后开始添加,并在沥青喷洒完前添加完毕。矿粉的添加宜适当延后,尽量减少可能产生的能带走矿粉的水蒸气。

③混合料的运输:

温拌沥青混合料的运输,应按照现行《公路沥青路面施工技术规范》(JTG F40)对热拌沥青混合料的相关规定执行。

(3)混合料的摊铺及压实成型。

①摊铺:

温拌沥青混合料的摊铺,应按照现行《公路沥青路面施工技术规范》(JTG F40)对热拌沥青混合料的相关规定执行。

②压实:

a.应配备数量足够、吨位适宜的压路机。为达到良好的压实效果,必须使用大吨位的双钢轮振动压路机和大吨位的轮胎压路机。一般单幅摊铺(不超过6m)需要配置1台初压双钢轮振动压路机(11~18t)、1台复压轮胎压路机(25~35t)、1台终压双钢轮振动压路机(10~15t)。如果采用双机梯队或者一次性摊铺宽度超过6m的摊铺作业时,至少需要配置2台初压双钢轮振动压路机(11~18t)、2台复压轮胎压路机(25~35t)、1台终压双钢轮振动压路机(10~15t)。

b.在不产生严重推移和裂缝的前提下,初压、复压、终压都应紧跟摊铺机,在尽可能高的温度下进行。同时不得在过低温度状况下反复碾压。

c.根据混合料的级配类型、天气情况,选择合理的碾压工艺。

d.为保证压实过程中不出现黏轮现象,振动压路机水箱中可加入少量的表面活性剂,并尽可能减少洒水量。轮胎压路机不得洒水,压实过程中应适量喷洒或涂抹隔离剂,并以不黏轮为原则。

e.温拌沥青混合料压实的其他要求,应按照现行《公路沥青路面施工技术规范》(JTG F40)对热拌沥青混合料的相关规定执行。

(4)开放交通及其他。

温拌沥青混合料路面的开放交通及其他要求,应按照现行《公路沥青路面施工技术规范》(JTG F40)对热拌沥青混合料的相关规定执行。

3)施工质量管理与检查验收

温拌沥青混合料路面施工质量管理与检查验收,应按照现行《公路沥青路面施工技术规范》(JTG F40)对热拌沥青混合料的相关规定执行。

5.5 路基维修技术

5.5.1 路基沉陷

1)换土复填法

(1)适用条件。

适用于填筑土质不符合要求,路基出现下沉但面积不大且深度不深时。

(2)施工工艺。

①将原路面路基出现病害部分的土挖去,更换新的且符合规范要求的土。一般采用级配较好的砂砾土,或塑性指数满足规范要求的亚黏土。

②回填时挖补面积要扩大,且逐层挖成台阶状,由下往上,逐层填筑,碾压密实,压实度要求高出原路压实度1~2个百分点。

③若需要时,可结合土工合成材料进行施工。

2)固化剂法

(1)适用条件。

在处理高填土路基的下层时,如果更换路基填料受到限制,且填料数量不大时,可在原填料中渗入一定量的固化剂处理路基病害。

(2)施工工艺。

①路用材料固化剂从形态上看,可分为固态和液态两大类;从化学构成上看,可分为主固化剂和助固化剂两大类。

②固体粉状固化剂中主固化剂以石灰、石膏、水泥为主,助固化剂采用高聚物如聚丙烯酸铵、聚丙烯酸或含有活性基因的有机化合物。

③液态固化剂中主固化剂多采用水玻璃,助固化剂则采用各种无机盐,如碳酸镁、碳酸钙等。

④固体粉状固化剂与土混合加压,适用于表层或浅层土的固化;液态固化剂使用时采用特殊工艺将浆液注入土中使土固结,适合于深层土的固结。

3)粉喷桩法

(1)适用条件。

适用于处理10m以内路基下沉病害和需要提高地基承载力的软土地基。

(2)施工工艺。

①该方法是利用专门的机械将粉状固化剂喷出后在地基深处就地与软土强制搅拌,利用固化剂和软土之间发生的一系列物理、化学反应,在原地基中形成强度、刚度较大的桩体。

②使用粉喷桩法加固路基,应认真调查路基病害的情况,认真做好粉喷桩施工的设计(桩径、桩距、固化剂掺入量、桩身强度等),施工中要严格掌握固化剂掺入量、粉喷桩龄期、土样含水率、混合料搅拌的均匀性。

③严格按粉喷桩施工规范施工,严格掌握钻机的就位、钻进、提升、停喷、重复的工艺流程。

④做好粉喷桩的质量控制。粉喷桩处理软基属于隐蔽工程,通常是昼夜施工,必须做好粉喷桩的质量控制,内容包括桩距、桩位检查,逐桩控制喷粉量、桩长等。

4)灌浆法

灌浆法是利用液压、气压或电化学原理,通过将浆液均匀地注入地层中,浆液充填、渗透和挤密等方式占据土粒间或岩石裂缝中的空间,经人工控制一定时间后,浆液将原来松散的土粒或裂隙胶结成一个整体,形成一个结构新、强度大、防水性能高和化学稳定性良好的“结石体”。灌浆法又分为渗流注浆和劈裂式或胀裂式注浆。

(1)适用条件。

渗流注浆法适用于碎石等填筑的路基,灌注压力可由小到大,压力控制在0.5~1.5MPa。

劈裂式注浆法适用于黏性土类路基,常用注浆压力范围为1.0~4.0MPa。

(2)施工工艺。

①布孔原则及方法:

a. 布孔原则:布孔时遵循既要充分发挥灌浆孔的效率,又能保证浆液留在路基有效范围以内的原则,布孔时还应视路基实际情况而定。

b. 布孔方法:若全幅灌浆,应采取等距离梅花形方格网布孔,中间孔浅,边缘孔深,孔间距以 2.0m 为宜。

②成孔钻进选型:成孔必须是干法钻进,钻进时不允许加水。因此,应尽量选用小型潜孔钻,成孔较好。

③注浆花管:注浆花管应根据钻机钻孔的孔径与孔深而定,并根据简单易行的方法选用。注浆花管作为非预应力锚杆留在路基内,可以起到管架的作用,对于提高路基强度有很大的好处。

④灌浆施工的方法:

a. 灌浆施工主要包括控制灌浆的压力、浆液浓度、灌浆量、灌浆次序等内容。在大范围注浆前,应先做试验,根据注浆段的路基类型,结合单孔注浆量选择合适的注浆压力。浆液浓度通常用水灰比 1∶1 较合适。在密实较好的黏土路基中,可适当增大水量,使稀浆更容易充分进入黏土路基中。

b. 灌浆次序是指灌孔的受注顺序。一般采用 3 次序灌注,应事先根据灌浆孔平面图,设计好灌浆次序。第 1、第 2 次序孔以单孔注浆量为控制标准,第 3 次序为加压灌注。灌浆结束应以设计的终孔压力和平均单孔注浆量为双重控制标准。

c. 单孔灌注量 = 排距 × 孔距 × 孔深 × 路基孔隙率。路基孔隙率根据路基压实度确定。

5.5.2 桥头跳车

桥头跳车是指公路桥头由于桥涵构造物两侧与路堤填料衔接处的差异沉降而使路面出现显著的纵坡变化,从而导致车辆通过时产生跳跃的现象。

1) 桥头跳车的原因

(1) 填筑材料的压缩。

(2) 路堤下天然地基的沉降。

(3) 排水不畅及填土流失。

(4) 桥台与台后填土连接处的刚度差异。

(5) 设计因素对桥头跳车的影响。

2) 防治技术

(1) 对桥涵与通道两端路堤进行强夯处理。

桥头两端路堤填土往往有局部难以达到规定压实度,为解决这一问题,对台后填土应进行强夯处理,以保证填土密实,尽快完成压缩变形。

(2) 采用砂砾料填筑台背路堤。

由于砂砾料填筑材料在碾压后能快速沉降变形,工程中采取换填砂砾料,可起到改善台背土密实性能及减少工后沉降的作用。

(3)设置桥头搭板。

①对桥涵、通道的两端,由于其与土路堤的沉降差异,设置一定长度的搭板,可避免突然的纵坡转折。

②设计中设置钢筋混凝土搭板,依据实际沉降差的大小来确定搭板总长,横向分块与路面混凝土宽度一致。

③搭板的两端,一端支承在台背牛腿上,另一端支承在现浇的钢筋混凝土枕梁上,枕梁为矩形断面,宽80cm,厚40cm。搭板设计对一般桥台与路线方向呈正交时,均采用矩形。

(4)枕梁处路堤局部范围内设置碎石桩或水泥石屑桩。

在枕梁处路堤局部范围设置碎石桩或水泥石屑桩,以形成局部复合路堤,改善枕梁及其下部路基土承载能力,减小该处沉降。碎石桩或水泥石屑桩均采用普通碎石桩成桩机械施工,桩径为35cm,桩长一般为5m,桩距1.5m。

(5)桥面铺装混凝土与桥两端路面混凝土一次浇筑完成。

在施工中,将桥面铺装混凝土与路桥过渡段的路面混凝土施工设计为一次性浇筑完成,这样线形与高程均易于调整,使其连接顺适。

(6)桥头搭板设置纵向反坡。

①全过程观测分析软基路段沉降规律,路基、路面层预留一定的沉降值,桥头搭板两端预设反向坡度(图5.5-1)。

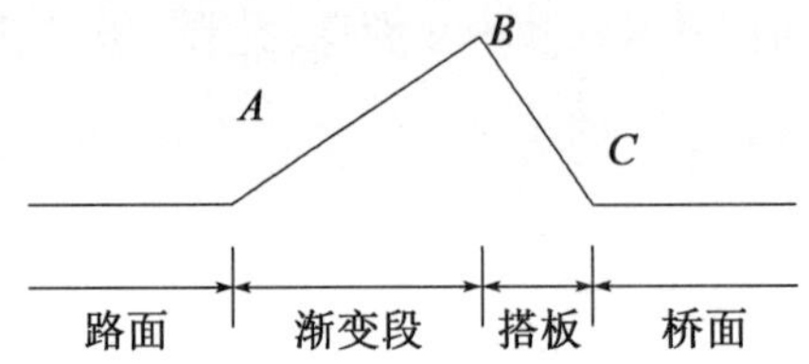

图5.5-1　桥头搭板设置纵向反坡示意图

②根据观测所得的沉降-时间-填土高度关系曲线推求各阶段沉降量,对各路段在路槽、垫层、混凝土面层等各施工层次,根据施工时间安排分别确定相应的预留沉降量。

(7)优化软基段桥涵与路基设计方案。

①在全封闭的高速公路上,有相当数量的通道及分离式立交和涵洞,如在平原湖区地基承载力偏低的情况下,通道、分离式立交及部分涵洞以采用箱形截面、筏式基础或为浅埋式为宜。

②在纵坡设计中,对小跨径的构造物应尽可能设计为浅埋式,保证其顶面有不小于35cm的填料厚度,在构造物及相邻路过渡段一定范围内按长搭板设计,并配置通长钢筋,满足受力要求。

③在软土地基路堤设计时,应尽可能采用低路堤方案,必要时选择特殊材料填筑路堤。

④对高填方路段的桥梁设计,应在理论计算及试验分析的基础上,合理进行桥跨布置,适当加长桥梁长度,确定合理的台背填土高度。

⑤桥头采用可起吊的双搭板。某些特殊条件下,如在通车一段时间桥头出现较大沉降后,通过起吊搭板,重新调整高程的途径来解决桥头跳车问题。

⑥使用土工格栅加固地基。

⑦设置完善的排水设施。在设计及施工时,应保证施工中的排水坡度,设置必要的地下排水设施。台背填筑前,在地基处理后的土拱上须设置泄水管或盲沟。

5.5.3 桥头跳车(沥青面层处理)

跳车产生的垂直冲力会对路面、路基和桥梁结构物产生进一步损坏,增加了养护维修费用和管理的难度,并降低了公路使用性能和服务水平。在已经建成通车的高速公路上,此类病害主要以沥青面层反射型病害为主。

1)沥青面层桥头跳车病害产生的原因

沥青面层桥头跳车主要是基层病害在沥青面层的反射。即桥台与其后路基沉降不均匀形成桥头跳车,当沉降差超过2cm以上时,将使此处的路面断裂凹陷,从而使行车产生明显的颠簸和不适,严重影响行车的安全性和舒适性。

2)适用范围

适用于高速公路桥头跳车、路面沉陷、凹槽等病害处理。

3)施工工艺

施工准备→根据交管局批复、依照地方交通支队要求进行交通导改→施工人员、车辆、机械设备有序入场→根据计划进行施工区域划定、完成相应测量工作→铣刨作业→清扫作业→乳化沥青黏层洒布作业→摊铺作业→碾压作业→新筑路面降温,施工人员、车辆、机械设备离场→结束交通导改,当日施工完毕。

4)沥青面层桥头跳车病害的处理

当出现桥头跳车病害时,主要采取铣刨后重新铺筑沥青混合料面层的方式对沉降差进行修复。具体方式为:

(1)现场测量踏勘。

桥头跳车施工区域应按照路面病害调查时制定的计划,在保证桥头跳车病害彻底处理的前提下,本着节约成本、精细化、高效施工的原则划定。

(2)确定实施方案。

依据施工图或相关方案设计,结合现场实际情况确定实施方案,最深处沉陷超过5cm高差的,理论上应为两层处理;最深处沉陷为5cm以内的,理论上采取一层处理。

(3)病害处理。

对现场进行测量放线后,利用大型路面施工机械进行沥青面层的铣刨、铺筑施工。

①桥头跳车修复时,采用大型路面施工机械,包括铣刨机、清扫机、吸尘车、摊铺机、压路机等,必要时配备破碎镐、动力站、切割锯等其他小型机具。

②铣刨施工前,需对现场做好测量放线工作,如图5.5-2所示。

③为提高工作效率,减少对车辆通行的影响,施工时,安排好流水节奏,由铣刨机配合路面清扫机、吸尘车、吹风机,完成铣刨清扫工序。施工中注意严格按测量放线结果做好

施工控制。

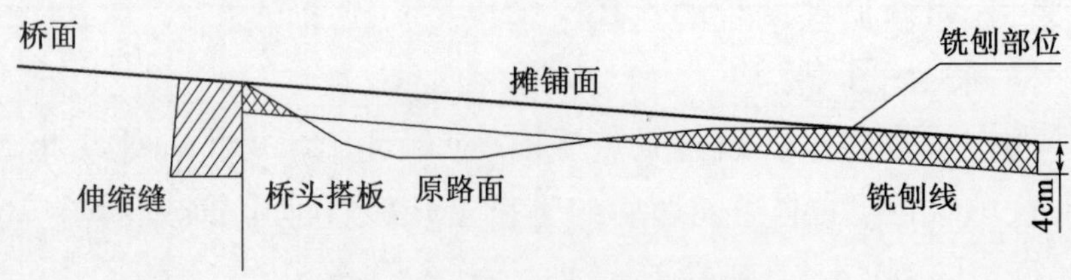

图5.5-2　铣刨摊铺线示意图

④对铣刨机难以铣刨的地点,使用动力站配镐头和空压机带风镐进行清除,必要时可采用切割锯切割边角。

⑤为保证新筑路面的稳定性,对一次整体铣刨后联结层仍存在龟裂、松散现象的,可以进行二次铣刨,如果面积不大也可采用人工进行处理,直至出现稳定层。

⑥铣刨后,及时清理铣刨槽侧壁,避免尘土依附影响黏层质量,保证清扫后工作面干燥无灰尘。

⑦按设计量洒布乳化沥青,大面积乳化沥青黏层采用沥青洒布车洒布,局部小范围坑槽不利于机械作业的可以采用人工处理的方式。所有与新铺沥青混合料接触的侧面,如纵、横施工缝的侧面均应刷乳化沥青。

⑧待乳化沥青破乳后,即可进行沥青面层的铺筑。

⑨摊铺过程中,注意接缝处理。横向冷接缝,应将熨平板搭在冷接缝上对原沥青路面进行加热,通过此方法可以使接缝质量接近于热接缝。纵向冷接缝时,接缝处摊铺宽度可比原铣刨面宽1cm。施工过程中及时修补横、纵向接缝,保证平顺。

⑩依据施工规范要求,沥青混凝土碾压必须紧接摊铺后进行。严格控制初压、复压、终压的施工温度和碾压遍数,保证压实度及压实后路面平整,无明显轮迹。

⑪大型压路机压实后,采用小型压路机进行边角处理,不便于压实的部分,使用手扶式振动碾补充压实。

5)施工质量控制与检查验收

沥青路面的施工质量控制与检查验收,应按现行《公路沥青路面施工技术规范》(JTG F40)、《公路沥青路面养护技术规范》(JTG 5142)、《公路工程质量检验评定标准　第一册　土建工程》(JTG F80/1)的相关规定进行。

桥头跳车修复后,沥青路面的压实度满足不低于试验室标准密度的96%(SMA路面为98%),平整度等其他各项检测均应满足现行《公路工程质量检验评定标准　第一册　土建工程》(JTG F80/1)的要求。

5.5.4　路基翻浆

1)翻浆的分类与分级

路基翻浆主要发生在季节性冰冻地区的春融时节,以及盐渍土、泥沼、水洼、软土等地区。路基翻浆根据导致其发生的水类来源和翻浆时路面的变形破坏程度,可分为五种类型和三个等级,见表5.5-1、表5.5-2。

表5.5-1 路基翻浆分类

序号	翻浆类型	导致翻浆的水类来源
1	①地下水类	受地下水的影响,土基经常潮湿,导致翻浆。地下水包括上层滞水、潜水、层间水、裂隙水、泉水、管道漏水等。潜水多见于平原区,层间水、裂隙水、泉水多见于山区
2	②地面水类	受地面水的影响,使土基潮湿,导致翻浆。地面水主要指季节性积水,也包括路基、路面排水不良而造成路旁积水和路面渗水
3	③土体水类	因施工遇雨或过湿的土填筑路堤,造成土基原始含水率过大,在负温度作用下使上部含水率增加,导致翻浆
4	④气态水类	在冬季强烈的温差作用下,土基中水主要以气态形式向上运动聚集于土基顶部和路面结构层内,导致翻浆
5	⑤混合水类	地下水、地面水、土体水或气态水等两种以上水类综合作用产生的翻浆。此类翻浆需要根据水源主次定名

表5.5-2 路基工程翻浆分级

翻浆等级	路面变形破坏程度
轻型	路面龟裂、湿润、车辆行驶有轻微弹簧
中型	大片裂纹、路面松散、局部鼓包、车辙较浅
重型	严重变形、翻浆冒泥、车辙很深

2)翻浆的防治措施

路基发生翻浆病害时,应根据翻浆的类型和级别(翻浆程度)采取相应的防治措施。各种防治措施见表5.5-3。

表5.5-3 各种翻浆防治措施

编号	措施种类	适用翻浆类型	翻浆等级	适用地区或条件	使用说明
1	路基排水	①②⑤	轻、中、重	平原区、丘陵区、山区	适用于一切新、旧道路
2	加高路基	①②⑤	轻、中、重	平原、洼地、平地	新、旧路均可使用,必要时也可与3、4、5、6、7、9任何一类组合应用
3	砂桩、砂砾、垫层	①②③⑤	中、重	产砂、砾地区	新、旧路均可用,主要做垫层或与2、4类组合应用
4	石灰土结构层	①②③④⑤	轻、中、重	缺少砂、石地区	新、旧路均可用,主要做基层或垫层,或与3、5类措施组合应用
5	煤渣、石灰土结构层	①②③④⑤	中、重	缺少砂、石地区,煤渣供应有保证	新、旧路均可用,主要做基层或垫层,或与4类措施组合应用
6	透水性隔离层	①⑤	中、重	产砂、石地区	适用于新路
7	不透水隔离层	①②④⑤	中、重	沥青、油毡、塑料薄膜供应有保证	多用于新路
8	盲沟	①⑤	轻、中、重	坡腰或横向地下水出露地段、地下水位高的地段	新、旧路均可使用
9	换土	①②③⑤	中、重	产砂砾或水稳定性好的材料的地区	适用于新、旧路

3)翻浆路段的季节性养护

翻浆破坏是全年都可能发生的损坏现象,也与全年的使用环境、使用条件、使用情况紧密相关。因此,在不同季节里,应根据各自不同的现象,采取适当的养护措施,加强预防性养护工作,以防止或减轻翻浆病害。

(1)秋季养护。

秋季养护的中心内容是排水,尽可能防止水分进入路基,保持路基处于干燥状态。秋季养护要做好下列工作:

①随时整修路面、路肩、边坡。路面应维护好路拱和平整度,如有裂纹、松散、车辙等病害,都应及时处理,避免积水;路肩应保持规定的排水横坡,边坡要保持规定的坡度,要拍压密实,防止冲刷和坍塌阻塞边沟,造成积水。

②修整地面排水设施,保证路面排水畅通。

③检查地下排水设施,保证地下水能及时排出。

(2)冬季养护。

冬季养护的中心内容是采取措施减轻路基水分在温差作用下向路基上层聚积的程度,同时要防止水分渗入路基。冬季养护工作内容包括:

①应及时清除翻浆路段的积雪。

②经常上路检查,发现路面出现裂缝、坑槽等要及时修补,融化雪水要及时排除。

③在往年发现有翻浆而尚未根治的路段以及发现翻浆苗头的路段,应在翻浆前做好准备工作,包括准备好处治翻浆的用料。

(3)春季养护。

春季养护工作的重点是对出现的翻浆进行及时处治。对鼓包、车辙或大片裂缝,行车颠簸路基发软等现象,应采取以下处治措施:

①路面坑洼严重的路段,除横向外,还应顺路面边缘加修纵向小盲沟或渗水井。

②渗水井的大小不超过40cm为宜,间距应根据实际情况确定,沟或渗井的深度应至路面底层以下。

(4)夏季养护。

夏季是翻浆的恢复期,这时养护的中心内容是修复翻浆破坏的路基、路面,采取根治翻浆的措施。要查明翻浆的原因,对损坏路段的长度、起始时间、气温变化、表面特征、养护情况等进行调查分析,作出记录,确定治理方法和措施。

5.5.5 边坡病害

1)崩塌

(1)崩塌的分类。

崩塌是岩体突然而猛烈地从陡峻的斜坡上崩离翻滚跳跃而下的现象。公路路堑开挖过深、边坡过陡,或由于切坡使软弱结构面暴露,都会使边坡上的岩体失去支撑,在水流冲刷或地震作用下引起崩塌。崩塌按形成机理可分为三类:

①滑移式崩塌:崩塌首先沿已有的层面或其他结构面产生滑移,一旦崩塌体重心超出

坡外,这类崩塌就会发生。

②倾倒式崩塌:这类崩塌多是网状和板状岩体,其形成机理是岩体在失稳时绕根部一点发生转动性倾斜。一旦崩塌体重心超出坡外,这类崩塌就会发生。此类崩塌在强烈振动下或者遇上长时间暴雨,很容易发生。

③错断式崩塌:这类崩塌多为直柱状或板状岩体,不稳定岩体在自重力作用下的最大剪应力大于岩石的容许抗剪强度时发生。长期风化作用、强烈的振动以及特大暴风雨的动静水压力都会促使和诱发这类崩塌的发生。

(2)崩塌的处治措施。

①路基上方的危岩及危石应及时检查清除,特别在雨季前要细致检查。若有危及行车安全的路段,可根据地形和岩层情况,采取嵌补、支顶的方法予以加固。

②在小型崩塌或落石地段,应尽量采取全部清除的办法。如由于基岩破坏严重,崩塌、落石的物质来源丰富,则宜修建落石平台、落石槽等拦截结构物。

③由于存在软弱结构面而易引起崩塌的高边坡,可根据情况采用支挡墙或支护墙等措施以支撑边坡,并防止软弱结构面的张开或扩大。

④对边坡坡脚,因受河水冲刷而易形成崩塌者,河岸要做防护工程。

⑤在可能发生崩塌的地段,必须做好地面排水设施。

⑥采用柔性防护网进行防护。

2)落石

路堑边坡坡度较陡(>45°),岩石破碎和风化严重,在振动及水的侵蚀和冲刷下,块状碎屑沿坡面向下滚动而产生落石。防治落石的传统方法主要是护面墙、衬砌拱、挡墙等。目前,一般采用SNS(Safety Netting System)柔性防护系统进行落石的防护。

(1)SNS柔性防护系统的构成和分类。

SNS柔性防护系统是一种能拦截和堆存落石的柔性金属栅栏,可分为主动防护系统和被动防护系统两大类。

①主动防护系统是通过锚杆和支撑绳固定方式,将以钢丝绳网为主的各类柔性网覆盖或包裹在需防护的斜坡或危石上,以限制坡面岩土体的风化剥落或破坏,以及危岩崩塌,或者将落石控制在一定范围内运动。按其防护功能和结构形式的不同分为4类9种形式(表5.5-4)。

表5.5-4 SNS主动防护系统分类

分类	网型	固定方式	防护功能
GAR1	钢绳网	边沿锚固+支撑绳+缝合绳	主-被动系统,围护作用,部分抑制崩塌的发生,限制大块落石运动范围
GAR2	钢绳网	系统锚固+纵横向支撑绳+缝合绳,孔口凹坑+张拉	坡面加固,抑制大块崩塌和风化剥落、溜坍、溜滑的发生,限制局部或少量大块落石运动范围
GPS1	钢绳网+格栅	同GAR1	同GAR1,有小块落石时选用

续上表

分　类	网　型	固定方式	防护功能
GPS2	钢绳网+格栅	同GAR2	同GAR2,有较小危块体时选用
GPS3	钢绳网+格栅+喷种草籽	同GPS2	同GPS2+抑制水土流失+坡面绿化
GER1	格栅	同GAR1,但用铁线缝合	同GAR1(落石块体较小时选用)
GER2	格栅	同GAR2,但用铁线缝合	同GER1,但防护能力略强
GES1	格栅+喷种草籽	同GER1	同GER1+抑制水土流失+坡面绿化
GES2	格栅+喷种草籽	同GER2	同GER2+抑制水土流失+坡面绿化

②被动防护系统是将以钢丝绳网为主的格栅式柔性系统设置于斜坡上一定位置处,用于拦截斜坡上的落石以避免其破坏保护对象,有时也称为拦石网。整个系统由钢丝绳网(需拦截小块落石时附加一层铁丝格栅)、固定系统(锚杆、拉锚绳、基座和支撑绳)、减压环和钢柱4个主要部分构成。

(2)SNS柔性防护系统主要设计参数。

①防护区域:向既有或潜在破坏区外延伸2m。

②锚杆间距:2~4m,标准间距为3.5m。

③预应力P:304kN。

④锚杆长L:2m,锚入滑动边界以下1m以上。

⑤锚杆倾角:一般宜垂直于坡面,当格栅有悬空时,宜使锚杆与张紧后的格栅表面垂直。

⑥锚杆孔:干钻,孔径应比锚杆直径大20mm以上。

⑦格栅:需用材料面积为(1.05~1.08)×拟防护面积,就近取为整数张格栅的面积,现场可根据需要进行纵向分割。

⑧缝合钢丝:与格栅编织用同型号钢丝,长度为缝合路径长度的1.3倍。

⑨锚定板:数量与锚杆根数相同,并带专用螺母。

(3)SNS柔性防护系统施工顺序。

①设置锚杆后铺设格栅。其优点是孔径不受限制,钻孔工作不受格栅影响,格栅不受砂浆污染等。

②铺设格栅后设置锚杆。其优点是铺设格栅时无外露锚杆头的干扰,易于确定锚杆的最佳位置,格栅为后续作业提供了落石防护,无须临时安全防护。

3)滑坡

防治滑坡的措施应以排水疏导为主,再配合抗滑支撑措施,或上部减重,维持边坡平衡。主要方法有以下几种:

(1)地面排水。

各种地面排水措施的适用条件及布置、设计与施工原则见表5.5-5。

表 5.5-5 滑坡地面排水措施

名 称	适用条件	布置、设计与施工原则
环形截水沟	滑体外	截水沟应设在滑坡可能发展的边界5m以外,根据需要可以设置数条,分段拦截地表水,向一侧或两侧的自然沟系排出。在坡度陡于1:1的山坡上,常采用陡坡排水槽来拦截山坡上方的坡面径流。沟槽断面以满足排泄坡面径流为准,如土质渗水性强,应采用黏性土、石灰三合土或浆砌片石铺砌防渗层
树枝状排水系统	滑体内	结合地形条件,充分利用自然沟系作为排水渠道,汇集并旁引坡面径流于坡体外排出,排水沟布置应尽量避免横切滑体,主沟宜与滑移方向一致。支沟与主沟斜交30°~45°。如土质松软,可就土夯成沟形,上铺黏性土或石灰三合土加固。通过裂缝处,可采用搭叠石木质水槽或陶管、混凝土槽、钢筋混凝土槽,以防山坡变形拉断水沟,使坡面水集中下渗
明沟与渗沟相配合的引水工程	滑体内的泉水或湿地	排除山坡上层滞水和疏干边坡土体含水,埋入地下部分类似集水渗沟,露出地面部分是排水明沟
平整夯实自然山坡坡面	滑体内	如山坡土质疏松,坡面水易于阻滞下渗,应对坡面整平夯实。填塞裂缝,防止坡面径流汇集下渗
绿化工程(植树、铺种草皮)	滑体内	绿化工程是配合表面排水的一项有效措施,特别对渗水严重的黏性土滑坡和浅层滑坡,效果显著。在滑坡面种植灌木及阔叶果树,可疏干滑体水分,根系起加固坡面土层的作用。铺种草皮可滞缓坡面径流流速,防止冲刷,减少下渗,避免坡面泥土淤塞沟槽

(2)地下排水。

排除滑坡地下水的工程措施,应用较多的包括下列几种渗沟:

①支撑渗沟。用于支撑不稳定的滑坡体,兼起排除和疏干滑坡体内地下水的作用,适用深度(高度)为2~10m。支撑渗沟有主干和分支两种。主干平行于滑动方向,布置在地下水露头处或由土中水形成坍塌的地方,分支应根据坡面汇水情况合理布置,可与滑坡移动方向成30°~45°交角。

②边坡渗沟。当滑坡前缘的路基边坡有地下水均匀分布或坡面大片潮湿时,可修建边坡渗沟,以疏干和支撑边坡,同时,也能起到截阻坡面径流和减轻坡面冲刷的作用。

③截水渗沟。当有丰富的深层地下水进入滑坡体时,可在垂直于地下水流的方向设置截水渗沟,以拦截地下水,并排出坡体外。

(3)减重。

减重就是在滑坡体后缘挖除一定数量滑坡体,使滑坡稳定下来。这种措施适用于推动式滑坡,一般滑动面不深,滑床上陡下缓,滑坡后壁或两侧有岩层外露或土体稳定不可能再发展的滑坡。一般与其他措施配合使用。

(4)支挡工程。

支挡工程可分为以下几种:

①抗滑垛。一般用于滑体不大,自然坡度平缓,滑动面位于路基附近或坡脚下部较浅处的滑坡。片石垛可用片石干砌或石笼堆成。

②抗滑挡土墙。对于大型滑坡,常作为排水减重等综合措施的一部分;对中、小型滑坡,常与支撑渗沟联合使用。抗滑挡土墙一般多采用重力式结构,其尺寸应经计算确定。

③抗滑桩。一般适用于非塑性体层和中厚度滑坡前缘,以及使用重力式支撑建筑物圬工量过大、施工困难的场合。抗滑桩按制作材料分,有混凝土桩、钢筋混凝土桩;按施工方法分,有打入法、钻孔法、挖孔法等。

4)剥落

剥落是指边坡表层或风化岩表面,在温热的作用下,表面发生胀缩现象,从而引起零碎薄层从边坡上脱下来。其处理方法包括:

(1)做好排水,不使地表水或地下水侵蚀路基边坡。

(2)加固边坡,如种草、铺草或植树。

(3)对于风化的软质岩层,可修建干砌或浆砌片石护墙。

(4)整修边坡,及时清除可能滑坍的土石方。

(5)对裂缝较多的岩层,可用喷浆法防止岩石剥落及风化。

5)泥石流

泥石流对路基的危害主要是通过堵塞、淤埋、冲刷、撞击等方式造成的。公路防止泥石流应预防为主,采用综合治理的方法来减轻泥石流的危害。防治泥石流的工程措施包括:

(1)对流泥、流石的山坡,在春秋两季,应大量进行植树造林、铺植草皮。

(2)在泥石流形成区的上侧修筑截水沟、排水沟,把水引出去,以减小或消除洪水冲击。

(3)在泥石流形成区,采用平整山坡、填实勾缝,修筑阶梯、土埂或和支撑挡墙,加固沟头和沟底等方法,控制水土流失,防止滑坡发展。

(4)对于小量的泥石流,可在路肩外缘修建拦挡墙,并在每次雨后及时清理淤积的泥石,勿使挡墙失去作用。

(5)泥石流形成区的地质、地形条件较好时,可分级修建砌石或混凝土拦挡坝。

(6)可采用排洪道、急流槽、导流堤等措施使泥石流顺利排走,以防止掩埋道路、堵塞桥涵。

(7)实施滞流及拦截措施。滞流措施是在泥石流沟中修筑一系列低矮的拦挡坝。拦截措施主要是修建拦渣坝或停淤场,将泥石流中的固体物质全部拦淤,只许余水过坝。

(8)对泥石流严重地点,养护单位应做到:加强巡视检查,观察其动态,尽力采取防治措施,发生泥石流后,要集中人力、机械尽快清除堆积物,维护交通安全,根据掌握的资料,提出整治办法,及时报请上级处理。

5.5.6 植物防护

植物防护主要有种草、铺草皮、植树,采用植物覆盖层对坡面进行防护,可以减缓地面水流速度,调节表层水流状况,植物根系深入土层,在一定程度上对表层土起到固结作用。植物防护适用于具有适宜植物生长的土质边坡。

1)种草

(1)适用条件。

①路堑有利于草类生长的边坡,或河面较宽、水流固定、流速小、路线与水流方向接近平行、路堤边坡段受季节性浸水或冲刷轻微、土质适于草类生长的区域,均可种草。

②坡面上的土质不宜于种草时,坡面较缓时可直接铺一层 50 ~ 100mm 厚的种草土,然后种草;坡面较陡时,可先将坡面分隔成(2 ~ 3)m × (2 ~ 4)m 的方格,然后用塑料格栅或混凝土块将坡面隔成网格,在网格内铺土,最后种草;也可将坡面做成葵花拱式浆砌边坡,在拱圈内种草。

(2)草籽的选用。

①应根据当地的土壤和气候条件,选用易于生长、根系发达、茎杆低矮、枝叶旺盛或有匍匐茎的多年生的草种。

②可选用几种草籽混合播种,以利于植物中的优胜劣汰,促使草的生长。

③种草还应注意选择合适的季节,并注意检查补种和适当施肥。

2)铺草皮

(1)适用条件。

坡度不陡于1:1.5,且浸水时水流速度在0.6m/s以下,可用平铺草皮护坡;坡度陡于1:1.5,且浸水时水流速度在1.5m/s以下,可用叠铺草皮护坡。

(2)施工要求。

①铺草皮前,应将边坡表层土挖松整平。

②在不适于草类生长的土质边坡上,应铺一层60 ~ 100mm 厚的种植土。

③铺草皮工作宜在春、秋季或雨季进行,不宜在冬季施工。在气候干燥季节铺草皮,铺后应及时浇水至草皮扎根为止。

④当边坡地下水出露时,应注意防止铺设的草皮阻塞地下水的出口,影响边坡稳定。

3)植树

(1)植树可以是带状或条形的,也可以是连续的,即将树植满整个防护区域。植树间距与树的种类及种植方法有关,可参考表5.5-6。

(2)植树应选择适合当地土质、气候,生长迅速、根系发达、枝叶茂盛、成活率较高的乔木类或不怕水淹的灌木类。植树宜在春、秋季或雨季进行。对种植的树应适时浇水、施肥、除虫、修剪、整形。树中缺珠时应及时进行补植。

(3)由于水流作用,植物根部被冲空,坡面及坡顶裂缝、隆起,坡面局部冲沟时,应针对病害进行维护或改变防护形式。

表5.5-6 植树间距参考值

种植方法	种植种类	行距(m)	株距(m)
单株种植	柳树类	1.5~2.0	1.0~2.0
	杨树类	1.0~2.0	1.0~1.5
	灌木类	0.8~1.5	0.5~1.0
片状种植	乔木类	1.0~1.1	1.0~2.0
	灌木类	0.5~1.5	0.5~1.0

5.5.7 挡土墙养护

1)路基浆砌石挡土墙常见病害防治

(1)泄水孔堵塞。

①现象:挡土墙背后潮湿,含水率大,但泄水管却长期不出水,周围块石表面干燥无水迹。

②原因:

a.泄水孔进水口处反滤材料堵塞,因反滤层碎石含泥量大或反滤层外未包滤布,填土进入反滤层。

b.反滤层位置设置不当,起不到排水作用。

c.泄水孔被杂物堵塞。

③处治方法:

a.如条件允许,可挖开墙后填土,重新填筑反滤材料。

b.如泄水孔堵塞,则清除孔内堵塞物。

(2)沉降缝不垂直。

①现象:沉降缝不垂直或上下错位,缝宽不一致;有时表面虽垂直,但墙身内部块石相互交叉重叠,形成假缝。

②原因:

a.砌筑时,沉降缝处未设样架,或样架不垂直,位置不正确。

b.块石规格不符合要求,转角石两个面不垂直,表面不平整。

c.砌筑时,上、下块石没有对直,相互错位或者边线不垂直。

d.压顶混凝土浇筑时,沉降缝处模板胀模或走动。

③处治方法:

a.视现场挡土墙沉降情况,将影响沉降的块石拆除重砌。

b.条件允许或质量另有要求时,应全部拆除重砌。

(3)勾缝砂浆脱落。

①现象:勾缝砂浆出现裂缝,然后起壳成块状或条状脱落。

②原因:

a.勾缝前砌体没有洒水润湿,勾缝后浆体中水分被干燥的块石吸收,导致砂浆因水化反应不充分强度下降,碎裂脱落。

b. 砂浆配合比不准，强度不够，在外力作用下，碎裂脱落；或水泥含量过大，收缩裂缝增多，造成碎裂脱落。

c. 块石砌筑时，砂浆填缝不明显、空隙太大，块石松动，造成表面勾缝砂浆脱落。

d. 砂浆勾缝养生不充分，造成收缩裂缝或强度减小，导致砂浆松缩脱落。

③处治方法：将脱落的砂浆铲除，并将黏附在块石表面的砂浆清理干净，重新按施工规范要求勾缝。

(4)表面不平整。

①现象：砌体表面凹凸不平，块石之间出现错台，用3m直尺检查，平整度超过验收标准。

②原因：

a. 块石表面未经加工，表面平整度不够。

b. 砌筑时没有挂样线，凭肉眼找平，或样架走动，样线松弛失准。

c. 砌筑时，相邻块石没有对齐，没有按样线砌筑，或者坐浆不饱满，填缝不密实，引起块石松动。

d. 砌体砂浆没有达到强度时就进行墙后回填，引起砌体走动。

③处治方法：

a. 将影响平整度的块石挖出、重筑，或将个别突出的表面进行加工。

b. 当外观质量有特殊要求或影响验收时，应将不平部分拆除重砌。

(5)挡土墙滑移。

①现象：挡土墙整体外移，与相邻挡土墙产生错位，且上、下位移大致相等。

②原因：

a. 基底碎石垫层未夯实，碎石没有嵌入土基内，使基底摩擦系数没有达到设计要求。

b. 挡土墙基础两侧填土没有同时回填，被动土压力减少，导致滑移。

c. 挡土墙墙身后回填土采用推土机或挖掘机回填时，没有按要求做到分层填筑，分层压实，而是将大量土推向墙身或推靠在墙身上，由于推土机引起的主动土压力和未压实土主动土压力增加，形成很大的水平推力。

d. 采用淤泥或过湿土回填，减低了填土的摩擦力，增大了土压力，如挡土墙排水不畅，还会引起静水压力和膨胀压力。

e. 基础埋深不够，被动土压力减小。

③处治方法：

a. 可将墙身后填土挖除，按规范要求分层填筑，分层压实，必要时应采用稳定土或渗水材料作为回填材料。

b. 如条件许可，可增加墙前填土的高度，以增加挡土墙的被动土压力。

(6)挡土墙倾斜。

①现象：挡土墙整体前倾，与相邻挡土墙产生位移，且位移上大下小成楔形状。

②原因：

a. 墙身后填土未分层压实或填土含水率过大，没有达到设计要求的压实度，使填土内摩擦角减小,土压力增大。

b. 挡土墙地基不均匀或地基超挖后用素土回填未夯实,或淤泥等不良土质没有清除干净,导致地基承载能力下降,使受力最大处前墙趾下沉,挡土墙随之前倾。

c. 设计上墙身断面不合理,如墙趾较短,力臂小,抗倾覆能力差,或墙背倾覆过大,形成较大的土压力。

d. 排水不良或采用含水率过大的黏土回填,引起静水压力和膨胀压力。

③处治方法:

a. 挖开墙后填土,重新按规范要求回填。

b. 改用稳定土或渗水材料回填。

c. 套墙加固法。在原墙外侧加宽基础,加厚墙身。施工时,应挖除一部分墙后填土,减小土压力。同时注意新旧基础和墙身的结合。墙后回填土必须分层填筑并夯实。

d. 增建支撑墙加固法。在挡土墙外侧,每隔一定的间距,增建支撑墙。支撑墙的基础埋置深度、尺寸和间距应通过计算确定。

e. 锚固法。采用直径在 25mm 以上的高强螺纹钢筋做成锚杆,穿入预先钻就的孔内,用水泥砂浆灌满钢筋插入(扩孔后的)岩体部分并固定锚杆,待砂浆达到一定强度后,对锚杆实施张拉,然后用锚头固紧。必要时,在加固前可先在挡土墙外侧设置锚杆的断面处现浇水泥混凝土条,以供埋置锚头用。

(7)砌体断裂或坍塌。

①现象:砌体产生较大的裂缝,整体倾斜或下沉,严重时砌体发生倒塌或墙身断裂。

②原因:

a. 地基处理不当,例如:淤泥、软土、垃圾等没有清理干净;地基超挖后用素土回填未经夯实;地基土质不均匀,又未按规定设置沉降缝,或地基应力超限。

b. 砌筑质量低下,例如:砂浆填筑不饱满,捣固不密实;砂浆强度等级不够;采用强度低的风化石砌筑;块石竖向没有错缝,形成通缝;小石块过分集中等,都将影响砌体质量。

c. 沉降缝不垂直,或者块石间相互交叉重叠,甚至不设沉降缝导致地基不均匀下降时,挡土墙相互牵制拉裂。

d. 挡土墙一次砌筑高度过高或者砌筑砂浆强度未达到要求时,过早进行墙后填土,导致砌体断裂或倒塌。

e. 墙身断面过小,拉应力超限或基础底面过小,应力超限导致挡土墙破坏。

③处治方法:

a. 沉陷、倒塌的砌体应查明原因后,拆除重建。

b. 如系基础原因,可挖开墙前基础填筑,加宽基础或打入基桩,但新基础必须与原基础连成一体。

c. 较小的裂缝可采用墙体注浆进行处理。

2)加筋土挡土墙病害防治

(1)挡土墙鼓凸。

①现象:挡土墙面板向外鼓凸和面板之间出现错缝,导致表面不平整。

②原因：

a. 挡土墙背面填料不密实，使筋带与填料的摩擦力降低，拉力减小。

b. 筋带长度不够或者筋带安装时未拉紧，相互重叠、卷曲、折叠影响长度。

c. 面板的拉环脱落（拉出）或断裂，插销破裂或变形。

d. 大型机具碾压填料时离面板过近挤压面板，或碾压机具在未覆盖填料的筋带上行驶，压裂或压断筋带。

e. 下层面板没有完成填料时，在其上安装上一层面板，引起下层面板移动。

f. 安装面板放样不准确或未挂样线调整。

③处治方法：如在施工过程中发现面板鼓凸时，应查明原因重新安装。

（2）挡土墙倾斜。

①挡土墙前倾，与相邻挡土墙产生错位，且位移上大下小成楔形。

②原因：

a. 填料不密实，导致填料内摩擦角减小，土压力增大。

b. 地基强度不够或未按设计要求进行清基，引起地基不均匀下降造成倾斜。

c. 面板安装时，倾斜误差没有逐层调整，造成误差积累过大，无法调整。

d. 排水不良或采用含水率过大的黏土材料作填料，引起静水压力和膨胀压力。

③处治方法：施工时如发现挡土墙倾斜，应立即停止施工，查明原因，采取纠正措施和拆除重砌；如系填料原因，应挖除填料，纠正面板位置后，重新填筑。

（3）挡土墙沉陷。

①现象：挡土墙下陷或者局部沉陷，面板出现错位、开裂等现象。

②原因：

a. 基槽处理不当，如基槽清理不彻底、槽面不平、地基未经夯实，或者排水不畅，基槽被水浸泡等，均影响地基的承载能力。

b. 设计上面板过厚过重，超过地基承载能力。

c. 地基沉降导致盆状沉降，影响挡土墙稳定。

d. 基础埋置深度不够，易受浸水损坏或冻胀影响。

③处治方法：

a. 如发现挡土墙沉陷应查明原因，如属地基不良，可将墙前基础填土挖开，加宽基础，减少地基应力，防止继续沉陷。

b. 如系防水原因，可封闭渗水部分裂缝，设置地表散水坡等措施，以堵截水源，改善防水。

（4）挡土墙漏土。

①现象：面板接缝处或沉降缝缝隙渗出细粒填料或浆水，严重时加筋体顶面出现沉陷，路面开裂等。

②原因：

a. 面板接缝不密切，接缝过大或板面掉角，出现空洞。

b. 面板后未设置透水土工织物或者土工织物在摊铺填料过程中移动、错位，接缝重叠部分脱开。

c. 沉降缝未按规定设置防水填塞物或者填塞物深度不够,填塞不严密。

d. 沉降缝不垂直或错缝,因挡土墙沉陷不均匀,拉开裂缝,出现漏土。

③处治方法:出现漏土的部位,先将漏土清理干净,将面板缝隙晒干,用沥青麻絮、沥青甘蔗板等填塞材料嵌塞缝隙内。

3)挡土墙质量检验评定

(1)砌体挡土墙。

①基本要求:

a. 石料或混凝土预制块的强度、规格和质量应符合有关规范和设计的要求。

b. 砂浆所用的水泥、砂、水的质量应符合有关规范的要求,按规定的配合比施工。

c. 地基承载力必须满足设计的要求。

d. 砌缝应分层错缝,浆砌时坐浆挤紧,嵌填饱满密实,不得有空洞。

e. 沉降缝、泄水孔、反滤层的设置位置、质量和数量应符合设计要求。

②实测项目见表5.5-7。

③外观检查:

a. 砌体表面平整,砌缝完好、无开裂现象,勾缝平顺、无脱落现象。

b. 沉降缝整齐垂直,上下贯通。

表5.5-7　砌体挡土墙实测项目

项次	检查项目		规定值或允许偏差	检查方法和频率
1	砂浆强度(MPa)		在合格标准内	按有关标准规定的方法
2	平面位置(mm)		50	经纬仪:每20m检查墙顶外边线3点
3	顶面高程(mm)		±20	水准仪:每20m检查1个点
4	竖直度或坡度(%)		0.5	吊垂线:每20m检查2个点
5	断面尺寸(mm)		不小于设计	尺量:每20m测量2个断面
6	底面高程(mm)		±50	水准仪:每20m检查1个点
7	表面平整度(mm)	块石	20	2m直尺:每20m检查3处,每处检查竖直和墙长两个方向
		片石	30	
		混凝土块、料石	10	

(2)加筋土挡土墙。

①基本要求:

a. 地基强度应符合设计要求。

b. 预制面板的强度和质量,应符合设计要求,经检验合格后才可安装。

c. 拉筋的强度和质量规格,应满足设计和相关规范的要求,根数不得少于设计数量。

d. 拉筋需理顺,放平拉直,拉筋与面板、拉筋与拉筋应牢固连接。钢拉筋必须按设计要求做好防护处理。

e. 填料的规格和压实度,应满足相关规范的要求。

②实测项目见表5.5-8。

③外观检查:

a. 墙面板表面应平整光洁,线条顺直美观,不得有破损翘曲、掉角啃边等现象。

b. 蜂窝、麻面面积不得超过该面面积的0.5%。

表5.5-8 加筋土挡土墙实测项目

项次	检查项目		规定值或允许偏差	检查方法和频率
1	墙顶平面位置(mm)	路堤式	+50,-100	经纬仪:每20m检查3处
		路肩式	±50	
2	平面位置(mm)	路堤式	±50	水准仪:每20m检查3点
		路肩式	±50	
3	墙面倾斜度(mm)		+0.5%*H*且不大于+50,-1%*H*且不小于-100	吊垂线或坡度板:每20m测2处
4	面板缝宽(mm)		10	尺量:每20m至少检查5处
5	墙面平整度(mm)		不大于15	2m直尺:每20m测3处

5.5.8 排水设施养护

排水设施分为三种:

①地表排水设施(如边沟、截水沟、排水沟、跌水与截流槽、拦水带、蒸发池等)。

②地下排水设施(如暗沟、渗沟、检查井等)。

③路面排水设施(路肩排水设施、中央分隔带排水设施)。

对各种排水设施,在春融之前,特别是汛期前,应进行全面检查疏浚,发现病害及时修复加固。

1)增设排水设施

(1)增设边沟。

①边沟应按图纸规定施工,并符合现场的地质、地形条件,边沟和涵洞结合处应与涵洞建筑配合,以便水流通畅进入涵洞。

②平曲线处边沟施工时,沟底纵坡应与曲线前后沟底纵坡平顺衔接,不允许曲线内侧有积水或外溢现象发生。曲线外侧边沟应适当加深,其增加值等于超高值,但曲线在坡顶时可不加深边沟。

③边沟的尺寸应符合规定。对于土质地段,当沟底纵坡大于3%时,边沟必须采取加固措施。采用干砌片石对边沟进行铺砌时,应选用有平整面的片石,各砌缝要用小石子嵌紧;采用浆砌片石铺筑时,砌缝砂浆应饱满,沟身不漏水;若沟底采用抹面时,抹面应平整压光。

(2)增设截水沟。

①截水沟应按规定施工。在无弃土的情况下,截水沟的边缘离挖方路基坡顶的距离视土质而定,以不影响边坡稳定为原则。如系一般土质,至少应离坡顶5m。截水沟挖出的土,应及时平整夯实,使沟两侧形成平顺的斜面。路基上方有弃土时,截水沟应离弃土堆坡脚1~5m,弃土堆坡脚离路基挖方坡顶不应小于10m,弃土堆顶部应设2%倾向截水

沟的横坡。

②山坡上路堤的截水沟距离路堤坡脚至少2m,并用挖截水沟的土填于路堤与截水沟之间,修筑向沟倾斜坡度为2%的护坡道或土台,使路堤内侧地面水流入截水沟排出。

③截水沟长度超过250m时,应选择适当地点设出水口,将水引至山坡侧的自然沟中或桥涵进水口;截水沟必须有牢固的出水口,必要时需设置排水沟、跌水或急流槽;截水沟的出水口必须与其他排水设施平顺衔接。

④为防止水流下渗或冲刷,截水沟应进行严密的防渗和加固处理。地质不良地段和土质松软、透水性较大或裂隙较多的岩石路段以及沟底纵坡较大的土质截水沟和截水沟的出水口等,均应采取加固措施防止渗漏和冲刷沟底及沟壁。

(3)增设排水沟。

①排水沟的线形要求平顺,尽可能采用直线形,转弯处宜做成弧形,其半径不宜小于10m。排水沟长度根据实际需要而定,通常不宜超过500m。

②排水沟沿路线布设时,应离路基尽可能远一些,距路基坡脚不宜小于3~4m。

③当排水沟、截水沟、边沟因纵坡过大导致水流速度大于沟底、沟壁土的容许冲刷流速时,应采取边沟表面加固措施。

(4)增设跌水与急流槽。

①跌水与急流槽必须采取浆砌圬工结构。跌水的台阶高度可根据地形、地质等条件决定,多级台阶的各级高度可以不同,其高度与长度之比应与原地面坡度相适应。

②急流槽的纵坡应按规定进行施工,一般不宜超过1:1.5,同时应与天然地面坡度相配合。较长的急流槽,槽底可设几个纵坡,一般是上段较陡,向下逐渐放缓。

③当急流槽较长时,应分段砌筑,每段不宜超过10m,接头用防水材料填塞,密实无空隙。

④急流槽的砌筑应使自然水流与涵洞进、出口之间形成一个过渡段,基础应嵌入地面以下,其底部应按图纸要求砌筑抗滑平台并设置端护墙。

⑤边沟、急流槽接入涵洞进口处,应加设消力池,当急流槽水流大且流速较大时,为防止溅水上路基,宜在急流槽下部槽口上加设盖板。

2)排水设施的加固

(1)土沟表面夯实。

①适用范围:

a. 一般适用于土质边沟和排水沟,不适用于堑顶截水沟或堑顶排水沟。

b. 沟内平均流速不大于0.8m/s。

c. 沟底纵坡不大于表5.5-9所列数值。

表5.5-9 沟底纵坡

边坡坡率	1:1		
断面(m×m)	0.4×0.4	0.4×0.6	0.6×0.6
纵坡(%)	1.5	0.7	0.6

②施工:

a. 开挖水沟时,沟底及沟壁部分均少挖0.05m。

b. 将沟底、沟壁夯拍密实，使土的干密度不小于1.66t/m^3，土层厚度不小于0.05m。

c. 沟渠开挖时应随开挖随夯实，以免土中水分消失，不易夯拍坚实。

d. 施工中如发现沟底、沟壁有洞穴，应用原土补填夯实。

(2)用混合土捶面加固。

①适用范围：

a. 一般适用于无冻害及无地下水的水沟。

b. 沟底平均流速1.0~2.5m/s。

c. 在长流水的水沟加固表面，可抹1cm厚的M7.5水泥砂浆。

d. 混合土厚0.1~0.25m，视沟内平均流速或沟底纵坡大小而定。

②施工：

a. 施工前两周将石灰消化，使用前1~3d将黄土或炉渣掺入拌匀，使用前将卵(砾)石、水泥及砂，反复拌和均匀。

b. 沟渠开挖后趁土质潮湿时立即加固。如土质干燥，则宜洒水湿润后再加固。

c. 沟渠铺混合土前，应将沟底及沟壁表面夯拍平整，然后安装模板，以保证加固厚度的一致。

d. 沟渠铺混合土后，应拍打提浆，然后再抹水泥砂浆护层。待稍干后，用大卵石将表面压紧磨光。最后用麻袋或草席覆盖，并洒水养生3~5d。

e. 施工季节以春、秋季为宜，不宜在冬季，以免混合土尚未干燥即发生冻胀。

f. 养护时如发现裂缝或表面剥落，应及时修补。

(3)单层干砌片石加固。

①适用范围：

a. 一般用于无防渗要求的沟渠加固地段。

b. 一般土夹砂卵石、软石、风化严重的岩石沟渠纵坡在5%以上，流速在2m/s以上时，必须加固。对于砂土质地段，纵坡在1%以上即必须加固。

c. 沟内平均流速在2.0~3.5m/s时，干砌片石尺寸可采用0.15~0.25m。流速在4m/s以上时，应采取急流槽或加设跌水。

d. 当沟壁、沟底为细粒土时，应加设卵石、(碎)砾石垫层，其厚度按平均流速大小及土质情况，在0.10~0.15m范围内选用。

②施工：

a. 垫层石料以粒径为5~50mm者占90%(质量比)以上为宜。

b. 片石间空隙应用碎石填塞紧密，片石大面应砌向表面，减少面部粗糙程度。

(4)单层浆砌卵石加固。

①适用范围：

a. 一般用于无严格防渗要求，且容许流速在2.0~2.5m/s以内的防冲沟渠加固地段。

b. 所用卵石的尺寸与容许流速的大致关系，参见表5.5-10。

c. 当沟壁、沟底为细颗粒时，需加设砾石垫层。其厚度视容许流速及土质情况而定，见表5.5-11。

表5.5-10　卵石尺寸与容许流速关系

卵石直径(m)	0.15	0.20
v(m/s)	2.0	2.5

表5.5-11　砾石垫层厚度(m)

v(m/s)	土　质	
	一般细粒土	黏土
小于2.5	0.10	0.10
2.5~3.0	0.15	0.10

②施工:

a. 垫层可采用平均粒径2~4mm的干净砂砾,其含土量应在5%以下。

b. 一般应先砌沟底,后砌沟壁。

c. 所有卵石均应浆砌,大头朝下,每行卵石须大小均匀,两排之间保持错缝。

d. 卵石下部及卵石之间的空隙,均应用小石子填塞紧密。

(5)浆砌片石加固。

①适用范围:

a. 一般用于沟内水流速度较大且防渗要求较高的地方。

b. 在有地下水及冻害地段,沟壁、沟底外侧应加设反滤层(或垫层),并在沟壁上预留泄水孔。

②施工:

a. 沟渠开挖后应整平夯拍,如土质干燥应洒水湿润,遇有洞穴应堵塞夯实。

b. 水泥砂浆随砌随拌,砌筑完后注意养生。

(6)混凝土预制板加固。

①适用范围:一般用于缺乏砂、石地段。

②施工:

a. 垫层可采用砂砾材料,或用8%石灰剂量的石灰土,拍打坚实平整。

b. 混凝土预制板的板厚为5~10cm,无冻胀破坏地区可采用4~8cm。

c. 混凝土预制板一般采用C15混凝土制成。

d. 流量与衬砌厚度的关系见表5.5-12。

表5.5-12　流量与衬砌厚度关系

基础及其他条件	流量(m^3/s)	板厚(cm)	备　注
砂砾石、砾石、风化石,无浮托石	<2	5~6	3~4cm厚的混凝土衬砌渠道,一般采用压力喷射施工
	>2	4~10	
密实的砂砾土,砂土挖方渠道,无浮托石	<2	4~8	需要砾石垫层
	>2	6~12	
黄土、普通土、冲积土、细砂粒的填方渠道	<2	6~10	需要垫层和排水设备,黏性土地段需采取防冻胀措施。无冻胀,不加垫层
	>2	8~12	

③伸缩缝：

a. 由于温度变化会引起混凝土板的伸缩，以及基础的不均匀沉陷等原因，需设置伸缩缝，纵向缝一般设在边坡与沟底连接处；当沟底宽度超过6~8m时，可在渠底中部设置纵缝。

b. 混凝土预制板采用M5水泥砂浆砌缝时，横向缝间距与现浇混凝土板相同。

c. 采用预制板加固时，沟底与边坡的伸缩缝间距须一致。

d. 伸缩缝宽取决于伸缩缝间距、湿度变幅、干缩系数、线膨胀系数、填料伸缩性能、黏结力、施工要求等，一般采用1~4cm。

e. 伸缩缝填料的性能是决定衬砌效果和寿命的主要因素，要求高温不流淌，低温不冻裂、剥落，伸胀时不挤出，收缩时不开裂，黏结力强；负温下仍能黏着不脱离，耐久性好。

④防冻胀措施：在地下水位高、天气寒冷、有冻胀影响的地区，冻胀能影响沟渠混凝土板的平整度，砂砾垫层的厚度可按最大冻深的70%考虑。

⑤养护注意事项：

a. 加固板的接缝除按照操作规程选料和施工外，在沟渠的使用中应密切注意接缝料，如有脱落或裂隙，应随时修补，修补时应将原接缝料清理干净。

b. 混凝土板损坏后，应及时更换。

3）排水设施质量检验评定

（1）浆砌排水沟。

①基本要求：

a. 砌体砂浆配合比准确，砌缝内砂浆均匀饱满，勾缝密实。

b. 浆砌片（块）石、混凝土预制块的质量和规格应符合设计要求。

c. 基础中缩缝应与墙身缩缝对齐。

d. 砌体抹面应平整、压光、直顺，不得有裂缝、空鼓现象。

②实测项目见表5.5-13。

表5.5-13 浆砌排水沟实测项目

项次	检查项目	规定值或允许偏差	检查方法和频率
1	砂浆强度（MPa）	在合格标准内	按有关标准规定的方法
2	轴线偏位（mm）	50	经纬仪或尺量：每200m测5处
3	沟底高程（mm）	±15	水准仪：每200m测5处
4	墙面直顺度（mm）或坡度（%）	30或符合设计要求	20m拉线、坡度尺：每200m测2处
5	断面尺寸（mm）	±30	尺量：每200m测2处
6	铺砌厚度（mm）	不小于设计	尺量：每200m测2处
7	基础垫层宽、厚（mm）	不小于设计	尺量：每200m测2处

（2）盲沟。

①基本要求：

a. 盲沟的设计及材料规格、质量等应符合设计要求和施工规范的规定。

b.反滤层应用筛选过的中砂、粗砂、砾石等渗水性材料分层填筑。

c.排水层应采用石质坚硬的较大粒料填筑,以保证排水。

②实测项目见表5.5-14。

表5.5-14　盲沟实测项目

项　次	检查项目	规定值或允许偏差	检查方法和频率
1	沟底高程(mm)	±15	水准仪:每10~20m测1处
2	断面尺寸(mm)	不小于设计	尺量:每20m测1处

5.6　交通安全设施维修技术

5.6.1　一般规定

(1)各种安全设施应加强养护,及时维修和更换损坏部件。设施不全或设施设置不合理的,应有计划、有步骤地补充和完善。

(2)安全设施的检查包括经常性检查、定期检查、特殊检查和专项检查。经常性检查的频率不少于1次/月;定期检查的频率不少以1次/年;遭遇自然灾害、发生交通事故或出现其他异常情况时,应及时进行附加的特殊检查;设施更新改造之后,应进行全面的专项检查。专项检查应按照现行《公路工程质量检验评定标准　第一册　土建工程》(JTG F80/1)的相关规定进行。

(3)应结合设施特点,及时对交通安全设施进行各项必要的检查测试、保养维修和更新改造。检查结果应予以记录并进行判定。检查结果的判定应按表5.6-1执行。

表5.6-1　检查结果判定分类

判定分类	损坏程度	判定结果
A	无	无异常情况,只需进行规定的日常清洁保养
B	轻	存在轻微损坏,需要根据损坏情况进行必要的维护修理
C	重	损坏严重,无法维修,需进行更新改造

(4)更新改造是对设施主要部件的整体更换或设施的补设、新增,其特点更接近于新建公路工程,应依据现行《公路工程质量检验评定标准　第一册　土建工程》(JTG F80/1),对其工程安装质量和有关产品技术性能进行全面检测。

(5)交通安全设施的质量检查和评定方法应按照现行《公路技术状况评定标准》(JTG 5210)执行。

(6)交通安全设施的养护应满足设施完整和外观质量、安装质量、技术性能等各项指标的要求。

(7)对事故多发路段和一些特殊路段,应结合公路安全保障工程的技术内容,及时改造完善各种交通安全设施。

(8)采用绿篱和绿色植物进行隔离防眩时,参照绿化的相关规定进行。

(9)交通安全设施的养护应符合现行《公路交通安全设施设计细则》(JTG/T D81)、《高速公路交通工程及沿线设施设计通用规范》(JTG D80)和《公路养护技术规范》(JTG H10)的相关规定。

5.6.2　交通标志的修复与更换

1)养护工作内容

(1)公路交通标志主要由标志板、支柱、连接件、基础等部件组成。交通标志的养护质量应包括:标志的设置合理、结构安全,版面内容整洁、清晰;标志部件完整、无缺损且功能正常;标志无明显歪斜、变形,钢构件无明显剥落、锈蚀;标志面平整,无明显褪色、污损、气泡等;基础、底座结构稳定。

(2)支座变形及损坏严重时,应及时修复、更换。

(3)反光膜破损严重、缺失,反光效果不好时,应及时更换、补充。

(4)对基础或底座损坏无法修复的,宜在原处附近重新设置基础或底座。

(5)连接紧固件如有缺失、损坏,应及时更换或补充。

(6)标志设置或版面内容存在误差时,应进行必要的更换。

(7)对事故多发路段或特殊路段的交通标志,应进行必要的增补、更换。

2)施工要求

(1)反光膜的材料要求应符合现行《道路交通反光膜》(GB/T 18833)的规定。

(2)标志板设计及材料要求应符合现行《道路交通标志和标线　第2部分:道路交通标志》(GB 5768.2)的相关规定。

(3)交通标志的结构设计,包括上部结构(标志面板)、立柱、横梁、连接等的设计,以及地基基础的设计,应分别进行应力计算,验算其强度、变形和稳定性。

(4)交通标志的制作应符合现行《道路交通标志和标线　第2部分:道路交通标志》(GB 5768.2)的相关规定。

(5)交通标志在运输、安装过程中不应损伤标志面及金属构件的镀层。

(6)标志的位置、数量及安装角度应符合设计要求。

(7)大型标志的地基承载力应符合设计要求。大型标志柱、梁的焊接部分应符合钢结构焊接规范的质量要求,无裂缝、未熔合、夹渣等缺陷。

(8)标志面应平整完好,无起皱、开裂、缺损或凹凸变形,标志面任一处面积为500mm × 500mm 表面上,不得存在总面积大于10mm^{2}的一个或一个以上气泡。

(9)反光膜应尽可能减少拼接,任何标志的字符不允许拼接,当标志板的长度或宽度、圆形标志的直径小于反光膜产品的最大宽度时,底膜不应有拼接缝。当粘贴反光膜不可避免出现接缝时,应按反光膜产品的最大宽度进行拼接。

3)质量检查验收

(1)实测项目见表5.6-2。

(2)外观鉴定。

①标志板安装后应平整,夜间在车灯照射下,标志板底色和字符应清晰明亮,颜色均匀,不应出现明暗不均的现象,不能影响标志的认读。

②标志板在粘贴底膜时,横向不宜有拼接,竖向拼接时,上膜须压接下膜,压接宽度不应小于5mm。当采用平接时,其间隙不应超过1mm。距标志板边缘50mm之内,不得有接缝。

③标志金属构件镀层应均匀、颜色一致,不允许有流挂、滴瘤或多余结块,镀件表面应无漏镀、露铁等缺陷。

表5.6-2　交通标志实测项目

项次	检 查 项 目	规定值或允许偏差	检查方法和频率
1	标志板外形尺寸(mm)	±5; 当边长尺寸大于1.2m时允许偏差为边长的±0.5%;三角形内角应为60°±5°	钢卷尺、万能角尺、卡尺:检查100%
	标志底板厚度	不小于设计	
2	标志汉字、数字、拉丁文字的字体及尺寸(mm)	应符合规定字体要求,基本字高不小于设计	字体与标准字体对照,字高用钢卷尺:10%
3	标志面板反光膜等级及逆反射系数($cd \cdot lx^{-1} \cdot m^{-2}$)	反光膜等级符合设计要求	反光膜等级用目测初定,便携式测定仪:检查100%
4	标志板下缘至路面净空高度及标志板内缘距路边缘距离(mm)	+100,0	用直尺、水平尺或经纬仪:检查100%
5	立柱竖直度(mm/m)	±3	垂线、直尺:检查100%
6	标志金属构件镀层厚度(μm)	标志柱、横梁≥78,紧固件≥50	测厚仪:检查100%
7	标志基础尺寸(mm)	-50,+100	钢尺、直尺:检查100%
8	基础混凝土强度	在合格标准内	基础施工同时做试件,每处1组(3件):检查100%

5.6.3　交通标线的划设

1)养护工作内容

(1)路面标线的局部补划及重划;事故多发路段及特殊路段标线的变更、增补。

(2)补装、更换缺损的突起路标;修复更换太阳能突起路标;对事故多发路段及特殊路段增设或更换突起路标。

(3)更换破损的轮廓标;对事故多发路段及特殊路段增设或更换轮廓标。

2)施工要求

(1)路面标线颜色、线形应符合现行《道路交通标线质量要求和检测方法》(GB/T 16311)及相关设计要求;路面标线所用的涂料应符合现行《路面标线涂料》(JT/T 280)的要求;重新划设标线时,应使新标线与旧标线重合;若无法重合,应将旧标线清除干净。

(2)突起路标的质量应符合现行《突起路标》(GB/T 24725)的要求;太阳能突起路标的质量应符合现行《太阳能突起路标》(GB/T 19813)的要求。突起路标与路面的黏结应牢固、耐久,能经受汽车轮胎的冲击而不会脱落。

(3)轮廓标分为附着式和柱式两种。当路边有护栏等设施时,使用附着式轮廓标,轮廓标附着在设施上;当路边无相关设施时,使用柱式轮廓标,轮廓标单独立于路侧。柱式轮廓标的基础混凝土强度、基础尺寸应符合设计要求;柱式轮廓标安装牢固,逆反射材料表面与行车方向垂直,色度性能和光度性能应与设计相符。

(4)路面标线、突起路标、轮廓标喷涂前,应仔细清洁路面,表面干燥,无起灰现象。

(5)标线涂料应具有快干的特性,涂敷作业尽量减少对交通的干扰。

(6)标线涂料应具有良好的施工性能,划出的标线边缘整齐、表面平整、不流淌,不产生沟槽、气泡等缺陷。

(7)标线施工过程中按规定控制厚度。

(8)严格控制施工温度,常温涂料施工温度为4℃以上,加热型涂料施工温度为50~80℃,热熔型涂料施工温度为180~230℃,气温低于4℃时及雨、雪天不能施工。

3)质量检查验收

(1)路面标线。

①实测项目见表5.6-3。

②外观鉴定:

a. 标线施工污染路面应及时清理,每处污染面积不超过1000mm^2。

b. 标线线形应流畅,与道路线形相协调,曲线圆滑,不允许出现折线。

c. 反光标线玻璃珠应撒布均匀,附着牢固,反光均匀。

d. 标线表面不应出现网状裂缝、断裂裂缝、起泡现象。

表5.6-3 路面标线实测项目

<table>
<tr><th>项次</th><th colspan="2">检查项目</th><th>规定值或允许偏差</th><th>检查方法和频率</th></tr>
<tr><td rowspan="4">1</td><td rowspan="4">标线长度(mm)</td><td>6000</td><td>±50</td><td rowspan="4">钢卷尺:抽检10%</td></tr>
<tr><td>4000</td><td>±40</td></tr>
<tr><td>3000</td><td>±30</td></tr>
<tr><td>1000~2000</td><td>±20</td></tr>
<tr><td rowspan="3">2</td><td rowspan="3">标线宽度(mm)</td><td>400~450</td><td>+15,0</td><td rowspan="3">钢尺:抽检10%</td></tr>
<tr><td>150~200</td><td>+8,0</td></tr>
<tr><td>100</td><td>+5,0</td></tr>
<tr><td rowspan="3">3</td><td rowspan="3">标线厚度(mm)</td><td>常温型(0.12~0.20)</td><td>-0.03,+0.10</td><td rowspan="3">湿膜厚度计,干膜用水平尺、塞尺或卡尺:抽检10%</td></tr>
<tr><td>加热型(0.20~0.40)</td><td>-0.05,+0.15</td></tr>
<tr><td>热熔型(1.00~4.50)</td><td>-0.10,+0.50</td></tr>
<tr><td>4</td><td colspan="2">标线横向偏位(mm)</td><td>±30</td><td>钢卷尺:抽检10%</td></tr>
<tr><td rowspan="4">5</td><td rowspan="4">标线纵向间距(mm)</td><td>9000</td><td>±45</td><td rowspan="4">钢卷尺:抽检10%</td></tr>
<tr><td>6000</td><td>±30</td></tr>
<tr><td>4000</td><td>±20</td></tr>
<tr><td>3000</td><td>±15</td></tr>
</table>

续上表

项次	检 查 项 目	规定值或允许偏差	检查方法和频率
6	标线剥落面积	检查总面积的0~3%	4倍放大镜:目测检查
7	反光标线逆反射系数 ($cd \cdot lx^{-1} \cdot m^{-2}$)	白色标线≥150 黄色标线≥100	反光标线逆反射系数测量仪:抽样10%

(2)突起路标。

①实测项目见表5.6-4。

②外观鉴定:

a.突起路标外观应美观,尺寸符合有关规范要求,表面光滑,不得有尖角、毛刺存在,表面无明显的划伤、裂纹。

b.突起路标纵向安装应呈直线,不得出现折线。曲线段的突起路标应与道路曲线相吻合,线形圆滑、顺畅。

c.突起路标黏结剂不得造成路面污染。

表5.6-4 突起路标实测项目

项次	检 查 项 目	规定值或允许偏差	检查方法和频率
1	安装角(°)	±5	角尺:抽检10%
2	纵向间距(mm)	±50	钢卷尺:抽检10%
3	损坏及脱落个数	<0.5%	检查损坏及脱落个数:抽检30%
4	横向偏位(mm)	±50	钢卷尺:抽检10%
5	承受压力(kN)	>160	检查测试记录
6	光度性能	在规定范围内	检查测试报告

(3)轮廓标。

①实测项目见表5.6-5。

②外观鉴定:

a.轮廓标不应有明显的划伤、裂纹、损边、掉角等缺陷。表面应平整光滑,无明显凹痕或变形。

b.轮廓标安装牢固,线形顺畅。

c.柱式轮廓标的垂直度不超过±8mm/m。

表5.6-5 轮廓标实测项目

项次	检 查 项 目	规定值或允许偏差	检查方法和频率
1	柱式轮廓标尺寸 (mm)	三角形断面底边允许偏差为±5,高允许偏差为±5; 柱式轮廓标总长允许偏差为±10	钢尺:抽检10%
2	安装角度(°)	0~5	花杆、十字架,卷尺、万能角尺:抽检10%
3	反射器中心高度(mm)	±20	直尺:抽检10%
4	反射器外形尺寸(mm)	±5	卡尺、直尺:抽检10%
5	光度性能	在合格标准内	检查检测报告

5.6.4 护栏的修复与更换

1)养护工作内容

(1)波形梁钢护栏:补充、更换缺损的波形梁钢护栏部件;对破损的防腐涂层进行部分或全部重新防腐除锈处理;矫正、修复或更换损毁的波形梁板、立柱等部件;对事故多发路段及特殊路段的波形梁护栏进行相应的调整、加固或更换。

(2)水泥混凝土护栏:修复破损严重的水泥混凝土护栏;对事故多发路段及特殊路段的水泥混凝土护栏进行相应的调整、加固或更换。

(3)缆索护栏:补充、更换缺损的缆索护栏部件;对锈蚀的缆索、立柱、锚具等进行更换或重新进行防腐处理;对事故多发路段及特殊路段的缆索护栏进行相应的调整、加固或更换。

2)施工要求

(1)波形梁钢护栏。

①波形梁钢护栏质量应符合现行《波形梁钢护栏》(GB/T 31439)的规定及设计要求。

②护栏立柱、波形梁、防阻块及托架的安装应符合设计和施工的要求。

③为保证护栏的整体强度,路肩和中央分隔带的土基压实度不应小于设计值。达不到压实度要求的路段不应进行护栏立柱打入施工。石方路段和挡土墙上的护栏立柱的埋深及基础处理应符合设计要求。

④波形梁钢护栏的端头处理及与桥梁护栏过渡段的处理应满足设计要求。

(2)混凝土护栏。

①混凝土所用的水泥、砂、石、水及外掺剂的质量和规格必须符合有关规范的要求,按规定的配合比施工。

②混凝土护栏预制块件在吊装、运输、安装过程中,不得断裂。

③各混凝土护栏块件之间、护栏与基础之间的连接应符合设计要求。

④混凝土护栏块件标准段、混凝土护栏起终点及其他开口处的混凝土护栏块件的几何尺寸应符合设计要求。

⑤混凝土护栏的地基强度、埋入深度应符合设计要求。

⑥混凝土护栏块件的损边、掉角长度每处不得超过20mm,否则应予及时修补。

(3)缆索护栏。

①缆索性能、缆索直径、单丝直径、构造、锚具及其镀锌质量应符合设计与施工的要求,缆索抗拉强度、镀锌质量须经抽检,合格后方可使用。

②张拉前应标定拉力测定计。

③立柱埋深不得小于设计值。采用挖埋法施工,立柱埋入土中时,回填土应分层夯实。立柱埋入混凝土中时,基础混凝土的几何尺寸、强度等应符合设计要求。

④立柱壁厚、外径、长度不小于设计要求。

⑤采用打入法施工时,立柱顶部不应出现明显变形、倾斜、扭曲或卷边等现象。

3)质量检查验收

(1)波形梁钢护栏。

①实测项目见表5.6-6。

②外观鉴定:

a.焊接钢管的焊缝应平整,无焊渣、突起。构件镀锌层表面应均匀完整、颜色一致,表面应光滑,不得有流挂、滴瘤或多余结块。镀件表面应无漏镀、露铁、擦痕等缺陷。构件镀铝层表面应连续,不得有明显影响外观质量的熔渣、色泽暗淡及假浸、漏浸等缺陷。构件涂塑层应均匀光滑、连续,无肉眼可分辨的小孔、裂缝、脱皮及其他有害缺陷。

b.直线段护栏不得有明显的凹凸、起伏现象,曲线段护栏应圆滑顺畅,与线形协调一致,中央分隔带开口端头护栏的抛物线形应与设计图相符。

c.波形梁板搭接方向正确,搭接平顺,垫圈齐备,螺栓紧固。

d.防阻块、托架、端头的安装应与设计图相符,安装到位,不得有明显变形、扭转、倾斜。

e.波形梁板和立柱不得现场焊割和钻孔。

f.立柱及柱帽安装牢固,其顶部应无明显塌边、变形、开裂等缺陷。

表5.6-6 波形梁钢护栏实测项目

项次	检查项目	规定值或允许偏差	检查方法和频率
1	波形梁板基底金属厚度(mm)	±0.16	板厚千分尺:抽检5%
2	立柱壁厚(mm)	4.5±0.25	测厚仪、千分尺:抽检5%
3	镀(涂)层厚度(μm)	符合设计要求	测厚仪:抽检10%
4	拼接螺栓(45号钢)抗拉强度(MPa)	≥600	抽样做拉力试验:每批3组
5	立柱埋入深度	符合设计要求	过程检查,直尺:抽检10%
6	立柱外边缘距路肩边线距离(mm)	±20	直尺:抽检10%
7	立柱中距(mm)	±50	钢卷尺:抽检10%
8	立柱竖直度(mm/m)	±10	垂线、直尺:抽检10%
9	横梁中心高度(mm)	±20	直尺:抽检10%
10	护栏顺直度(mm/m)	±5	拉线、直尺:抽检10%

(2)混凝土护栏。

①实测项目见表5.6-7。

②外观鉴定:

a.混凝土护栏块件之间的错位不大于5mm。

b.混凝土护栏外观、色泽均匀一致,表面的蜂窝、麻面、裂缝、脱皮等缺陷面积不超过该面面积的0.5%。

c. 护栏线形顺适,直线段不允许有明显的凹凸现象,曲线段护栏应圆滑顺畅,与线形协调一致。中央分隔带开口端头护栏尺寸应与设计图相符。

表5.6-7 混凝土护栏实测项目

项次	检查项目		规定值或允许偏差	检查方法和频率
1	护栏混凝土强度(MPa)		在合格标准内	按有关标准的规定检验
2	地基压实度(%)		符合设计要求	现场检查
3	护栏断面尺寸(mm)	高度	±10	直尺、钢卷尺:抽检10%
		顶宽	±5	
		底宽	±5	
4	基础平整度(mm)		10	水平尺:检查100%
5	轴向、横向偏位(mm)		±20或符合设计要求	直尺、钢卷:抽检10%
6	基础厚度(mm)		设计厚度±10%	过程检查,直尺:检查100%

(3)缆索护栏。

①实测项目见表5.6-8。

②外观鉴定:

a. 金属构件表面不得有气泡、剥落、漏镀及划痕等缺陷。

b. 直线段护栏没有明显的凹凸现象,曲线段护栏圆滑顺畅。

c. 索端锚具、托架、索夹螺栓应安装到位、固定牢固;托架编号和组合应与缆索护栏的类别相适应;上、下托架位置正确,中央分隔带缆索护栏的托架应两边对称。

表5.6-8 缆索护栏实测项目

项次	检查项目	规定值或允许偏差	检查方法和频率
1	缆索直径(mm)	18±0.5	卡尺:抽检10%
	单丝直径(mm)	2.86+0.10,-0.02	
2	初张力(kN)	±5%	过程检查,张拉计:抽检10%
3	最下一根缆索的高度(mm)	±20	直尺:抽检10%
4	立柱壁厚(mm)	±0.10	千分尺:抽检10%
5	立柱埋入深度	符合设计要求	过程检查:抽检10%
6	立柱竖直度(mm/m)	±10	垂线、直尺:抽检10%
7	立柱中距(mm)	±50	直尺:抽检10%
8	镀锌层厚度(μm)	立柱 ≥85 索端锚具 ≥50 紧固件 ≥50 镀锌钢丝 ≥33	测厚仪:抽检10%
9	混凝土基础尺寸	符合设计要求	过程检查,直尺:检查100%
10	混凝土强度	在合格标准内	按有关标准的规定检验,抽检100%

5.6.5 防眩设施的修复与更换

1)养护工作内容

防眩设施养护工作的重点是补装、修复或更换缺损的防眩设施,保持设施的完整和正常的防眩功能。

2)施工要求

(1)目前,高速公路上的防眩设施主要是防眩板,防眩板结构设计应符合表5.6-9的规定。条件适宜时,也可采用植物防眩,其设置条件可参照防眩板的相关规定。

(2)防眩设施的材质、镀锌量应符合现行有关标准及设计和施工的要求。

(3)防眩设施整体应与道路线形相一致,美观大方,结构合理。

(4)防眩设施的几何尺寸及遮光角应符合设计要求。

(5)防眩板的平面弯曲度不得超过板长的0.3%。

(6)防眩设施应安装牢固。

表5.6-9 防眩板结构设计参数

设计要素	直线路段	平纵线形组合路段
遮光角(°)	8	8~15
防眩高度(cm)	160~170	120~180
板宽(cm)	8~25	
间距(cm)	50~100	

3)质量检查验收

(1)实测项目见表5.6-10。

(2)外观鉴定:

①防眩板表面不得有气泡、裂纹、疤痕、端面分层等缺陷。

②防眩设施色泽均匀。

表5.6-10 防眩设施实测项目

项次	检查项目	规定值或允许偏差	检查方法和频率
1	安装高度(mm)	±10	钢卷尺:抽检5%
2	镀(涂)层厚度	符合设计要求	涂层测厚仪:抽检5%
3	防眩板宽度(mm)	±5	直尺:抽检5%
4	防眩板设置间距(mm)	±10	钢卷尺:抽检10%
5	竖直度(mm/m)	±5	垂线、直尺:抽检10%
6	顺直度(mm/m)	±8	拉线、直尺:抽检10%

5.6.6 隔离栅的修复与更换

1)养护工作内容

(1)隔离栅主要由金属网片、立柱、斜撑、连接件、基础等部件组成。隔离栅的养护质量应侧重于保护隔离栅各部件完好,保证隔离栅完整无缺。

(2)修复破损的隔离栅金属网片。

(3)补装缺失或严重损坏的连接件。

(4)修补立柱或基础。

(5)对严重锈蚀的隔离栅部件进行除锈、防腐处理或更换。

2)施工要求

(1)隔离栅可选用焊接网、编织网、钢板网、刺铁网等。在靠近城镇的路段宜采用焊接网、编织网;采用铁丝网隔离栅时,宜结合当地情况配合常青灌木或荆棘植物以构成绿篱。

(2)隔离栅用的材料规格及防腐处理应符合现行《隔离栅》(GB/T 26941)及设计和施工的规定。

(3)用金属网制作的隔离栅和防落网,安装后要求网面平整,无明显翘曲现象。刺铁丝的中心垂度小于15mm。

(4)防落网应网孔均匀,结构牢固,围封严实。

(5)金属立柱弯曲度超过8mm/m,有明显变形、卷边、划痕等缺陷时,以及混凝土立柱折断时,均不得使用。

(6)立柱埋深应符合设计要求。立柱与基础、立柱与网之间的连接应稳固。混凝土基础强度不小于设计要求。

(7)隔离栅起终点应符合端头围封设计的要求。

3)质量检查验收

(1)实测项目见表5.6-11。

表5.6-11 隔离栅实测项目

项次	检查项目	规定值或允许偏差	检查方法和频率
1	高度(mm)	±15	钢卷尺:每100根测2根
2	镀(涂)层厚度	符合设计要求	测厚仪:抽检5%
3	网面平整度(mm/m)	±2	直尺、塞尺:抽检5%
4	立柱埋深	符合设计要求	过程检查,直尺:抽检10%
5	立柱中距(mm/m)	±30	钢卷尺:每100根测2根
6	混凝土强度(MPa)	在合格标准内	按有关标准的规定检验,抽检10%
7	立柱竖直度(mm/m)	±8	直尺、垂线:每100根测2根

(2)外观鉴定:

①电焊网不得脱焊、虚焊。

②镀锌层表面应具有均匀完整的锌层,颜色一致,表面光滑,不允许有流挂、滴瘤或多余结块。镀件表面应无漏镀、露铁等缺陷。涂塑层应均匀、光滑、连续,无肉眼可分辨的小孔、裂缝、脱皮及其他有害缺陷。

③混凝土立柱应密实平整,无裂缝、翘曲、蜂窝、麻面等缺陷。

④有框架的隔离栅,网片应与框架焊牢,网片拉紧。整网铺设的隔离栅,端柱与网连接牢固,网面平整绷紧。刺铁丝间距符合设计要求,刺线平直、绷紧。

⑤隔离栅安装位置应符合设计规定。安装线形整体顺畅并与地形相协调。围封严实,安装牢固。

5.7 环境保护

本节对养护作业环境保护的规定和要求同样适用于本手册(养护篇)第4章的日常养护。

5.7.1 公路及沿线设施周围环境的保护

(1)公路环境保护应与公路建设和养护相结合,互相促进。公路环境保护应体现经济效益、社会效益的有效统一。

(2)公路养护工程应以维护生态、降低污染、保护沿线环境为目标,对施工与营运期产生的污染应采取相应的处治措施。

(3)位于自然保护区、水资源保护地、森林、草原、湿地和野生生物及其栖息地的公路,养护作业时应妥善处理施工废料、废水。废方弃置应注意保护自然水流形态,避免阻塞河道水流或造成水土流失。废水不得直接排入饮用水体和养殖水体。

(4)增强生态保护和水土保持意识,保护生态资源,少占土(耕)地,做好公路用地范围内的水土保持工作。对公路用地范围内环境脆弱、地质灾害易发路段,应采取生物、工程等综合措施,做好防护工作;对边坡、荒地的水土流失,应做好治理工作。

(5)公路养护工程及养护作业应注意保护公路沿线文物古迹。

5.7.2 防止公路养护对生活环境的污染

养护工程中,应防止产生下列对生活环境产生严重影响的污染。

(1)养护施工作业噪声对声环境的污染。

(2)搅拌站(场)的烟尘、施工扬尘、路面清扫扬尘对环境空气的污染。

(3)公路服务区等的生活污水、路面径流、施工污水和废渣对环境水体和空气的污染。

(4)养护施工中的废弃物对环境的污染。

5.7.3 公路养护中的环境污染防治措施

(1)积极试验和采用无污染或少污染环境的新工艺、新技术、新产品。在路面养护措施中,应积极推广再生、快速修补等环保工艺,减少工程废料。

(2)环境空气污染防治应结合景观绿化,选择有吸附性或净化能力,适宜当地气候、土壤条件的花草、灌木和乔木。当用地许可时,宜种植多层次的绿化林带。

(3)沥青混合料应集中场站搅拌,其设备污染物排放应符合现行有关标准的规定。

(4)石灰、粉煤灰等路用粉状材料运输和堆放应有遮盖,有条件时其混合料应集中拌和,减轻对空气、农田的污染。

(5)养护作业时,应考虑对施工路段及便道实时洒水,减轻扬尘污染。

(6)公路服务区、停车区等产生的废水排放等应符合现行《污水综合排放标准》(GB 8978)的有关规定。

第6章 检测与评定

6.1 公路技术状况评定标准

(1)公路技术状况用公路技术状况指数MQI(Maintenance Quality Indicator)和相应分项指标表示,MQI和相应分项指标的值域为0~100。

公路技术状况分为优、良、中、次、差五个等级。公路技术状况等级按表6.1-1规定的标准确定。

表6.1-1 公路技术状况评定标准

评价等级	优	良	中	次	差
MQI及各级分项指标	≥90	≥80,<90	≥70,<80	≥60,<70	<60

公路技术状况评价包含路面、路基、桥隧构造物和沿线设施四部分内容。评价指标见图6.1-1,各指标值域均为0~100。

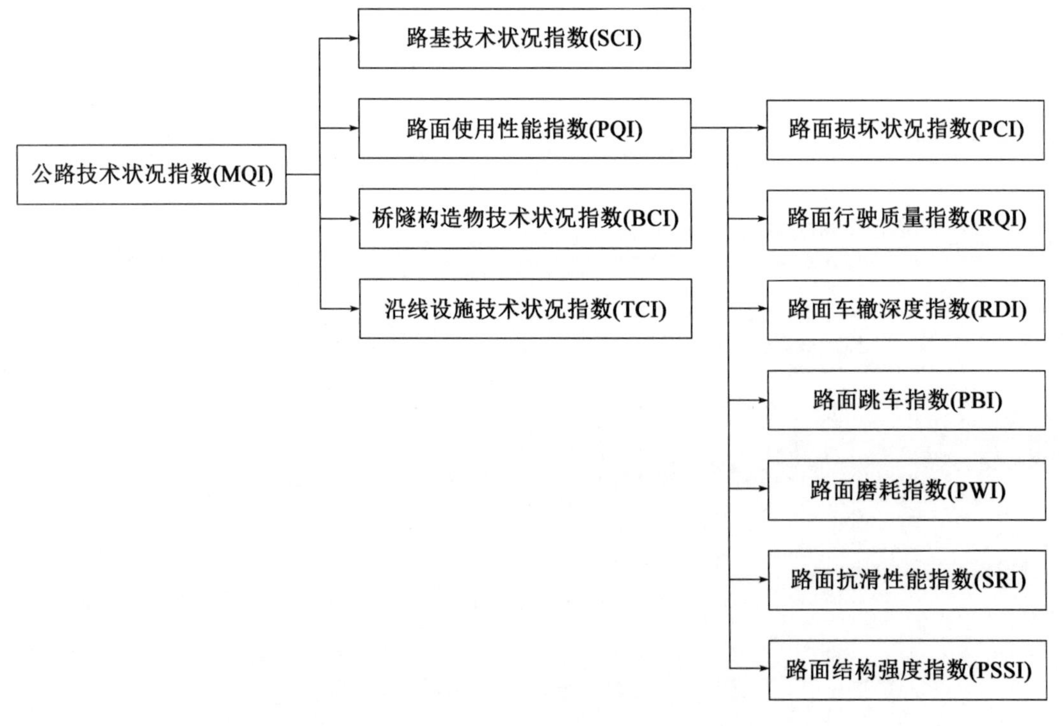

图6.1-1 公路技术状况评价指标

图中：

MQI——公路技术状况指数(Maintenance Quality Indicator)；

SCI——路基技术状况指数(Subgrade Condition Index)；

PQI——路面使用性能指数(Pavement Quality or Performance Index)；

BCI——桥隧构造物技术状况指数(Bridge, Tunnel and Culvert Condition Index)；

TCI——沿线设施技术状况指数(Traffic-facility Condition Index)；

PCI——路面损坏状况指数(Pavement Surface Condition Index)；

RQI——路面行驶质量指数(Riding Quality Index)；

RDI——路面车辙深度指数(Rutting Depth Index)；

PBI——路面跳车指数(Pavement Bumping Index)；

PWI——路面磨耗指数(Pavement Surface Wearing Index)；

SRI——路面抗滑性能指数(Skidding Resistance Index)；

PSSI——路面结构强度指数(Pavement Structure Strength Index)。

(2)公路技术状况检测与调查的频率按表 6.1-2 的规定执行。

表 6.1-2　公路技术状况检测与调查频率

检测与调查内容		沥青公路		水泥混凝土路面	
		高速公路、一级公路	二、三、四级公路	高速公路、一级公路	二、三、四级公路
PQI	路面损坏	1 年 1 次	1 年 1 次	1 年 1 次	1 年 1 次
	路面平整度	1 年 1 次	1 年 1 次	1 年 1 次	1 年 1 次
	路面车辙	1 年 1 次			
	路面跳车	1 年 1 次		1 年 1 次	
	路面磨耗	1 年 1 次		1 年 1 次	
	路面抗滑性能	2 年 1 次		2 年 1 次	
	路面结构强度	抽样检测	抽样检测		
SCI		1 年 1 次			
BCI		按现行标准规范的有关规定执行			
TCI		1 年 1 次			

注：路面结构强度为抽样检测指标，抽样检测的路线或路段应按路面养护管理需要确定，最低抽样比例不得低于公路网列养里程的 20%。

6.1.1　公路技术状况指数 MQI 的确定

公路技术状况指数 MQI 按式(6.1-1)计算。

$$MQI = \omega_{PQI}PQI + \omega_{SCI}SCI + \omega_{BCI}BCI + \omega_{TCI}TCI \qquad (6.1\text{-}1)$$

式中：ω_{PQI}——PQI 在 MQI 中的权重，取值为 0.70；

ω_{SCI}——SCI 在 MQI 中的权重，取值为 0.08；

ω_{BCI}——BCI 在 MQI 中的权重，取值为 0.12；

ω_{TCI}——TCI 在 MQI 中的权重,取值为 0.10。

1)路面使用性能(PQI)

沥青路面使用性能评价包括路面损坏、路面平整度、路面车辙、路面跳车、路面磨耗、路面抗滑性能和路面结构强度七项内容。其中,路面结构强度为抽样评定指标,单独计算与评定,评定范围根据路面大中修养护需求、路基的地质条件等自行确定。

路面使用性能指数 PQI 按式(6.1-2)计算。

$$PQI = \omega_{PCI}PCI + \omega_{RQI}RQI + \omega_{RDI}RDI + \omega_{PBI}PBI + \omega_{PWI}PWI + \omega_{SRI}SRI + \omega_{SSI}SSI \tag{6.1-2}$$

式中:ω_{PCI}——PCI 在 PQI 中的权重,取值为 0.35;

ω_{RQI}——RQI 在 PQI 中的权重,取值为 0.30;

ω_{RDI}——RDI 在 PQI 中的权重,取值为 0.15;

ω_{PBI}——PBI 在 PQI 中的权重,取值为 0.10;

ω_{SRI}——SRI 在 PQI 中的权重,取值为 0.10。

注:1. 计算时,路面抗滑性能指数 SRI 和路面磨耗指数 PWI 应二选一。

2. 路面结构强度指数 PSSI 不参与 PQI 评定。

(1)路面损坏(PCI)。

路面损坏用路面损坏状况指数 PCI 评价,PCI 按式(6.1-3)、式(6.1-4)计算。

$$PCI = 100 - a_0 DR^{a_1} \tag{6.1-3}$$

$$DR = 100 \times \frac{\sum_{i=1}^{i_0} \omega_i A_i}{A} \tag{6.1-4}$$

式中:DR——路面破损率,为各种损坏的折合损坏面积之和与路面调查面积之比(%);

A_i——第 i 类路面损坏的面积(m^2);

A——调查的路面面积(调查长度与有效路面宽度的乘积)(m^2);

ω_i——第 i 类路面损坏的权重,按表 6.1-3 取值;

a_0——参数,沥青路面取值为 15.00;

a_1——参数,沥青路面取值为 0.412;

i——考虑损坏程度(轻、中、重)的第 i 项路面损坏类型;

i_0——包含损坏程度(轻、中、重)的损坏类型总数,沥青路面取值为 21。

表 6.1-3 沥青路面损坏类型和权重

类型 i	损坏名称	损坏程度	权重 ω_i	计量单位
1	龟裂	轻	0.6	面积:m^2
2		中	0.8	
3		重	1.0	
4	块状裂缝	轻	0.6	面积:m^2
5		重	0.8	

续上表

类型 i	损坏名称	损坏程度	权重 ω_i	计量单位
6	纵向裂缝	轻	0.6	长度:m（影响宽度:0.2m）
7		重	1.0	
8	横向裂缝	轻	0.6	长度:m（影响宽度:0.2m）
9		重	1.0	
10	坑槽	轻	0.8	面积:m^2
11		重	1.0	
12	松散	轻	0.6	面积:m^2
13		重	1.0	
14	沉陷	轻	0.6	面积:m^2
15		重	1.0	
16	车辙	轻	0.6	长度:m（影响宽度:0.4m）
17		重	1.0	
18	波浪、拥包	轻	0.6	面积:m^2
19		重	1.0	
20	泛油		0.2	面积:m^2
21	修补		0.1	面积:m^2

(2)路面行驶质量(RQI)。

路面平整度用路面行驶质量指数RQI评价,RQI按式(6.1-5)计算。

$$\mathrm{RQI}=\frac{100}{1+a_0 e^{a_1 \mathrm{IRI}}} \tag{6.1-5}$$

式中:IRI——国际平整度指数(m/km);

a_0——参数,高速公路取值为0.026;

a_1——参数,高速公路取值为0.65。

(3)路面车辙(RDI)。

路面车辙采用路面车辙深度指数RDI评价,RDI按式(6.1-6)计算。

$$\mathrm{RDI}=\begin{cases}100-a_0\mathrm{RD} & (\mathrm{RD}\leqslant \mathrm{RD_a})\\ 60-a_1(\mathrm{RD}-\mathrm{RD_a}) & (\mathrm{RD_a}<\mathrm{RD}\leqslant \mathrm{RD_b})\\ 0 & (\mathrm{RD}>\mathrm{RD_b})\end{cases} \tag{6.1-6}$$

式中:RD——车辙深度(mm);

$\mathrm{RD_a}$——车辙深度参数,采用10mm;

$\mathrm{RD_b}$——车辙深度限值,采用40mm;

a_0——模型参数,采用1.0;

a_1——模型参数,采用3.0。

(4)路面跳车指数(PBI)。

路面跳车指数PBI应按式(6.1-7)计算。

$$\mathrm{PBI} = 100 - \sum_{i=1}^{i_0} a_i \mathrm{PB}_i \tag{6.1-7}$$

式中:PB_i——第 i 类程度的路面跳车数,路面跳车扣分标准见表 6.1-4;

a_i—— 第 i 类程度的路面跳车单位扣分;

i——路面跳车程度(mm);

i_0——路面跳车程度总数,取 3。

表 6.1-4 路面跳车扣分标准

类 别 i	跳 车 程 度	计 量 单 位	单 位 扣 分
1	轻度	处	0
2	中度		25
3	难度		50

(5)路面磨耗指数(PWI)。

路面磨耗指数 PWI 应按式(6.1-8)、式(6.1-9)计算。

$$\mathrm{PWI} = 100 - a_0 \mathrm{WR}^{a_1} \tag{6.1-8}$$

$$\mathrm{WR} = 100 \times \frac{\mathrm{MPD_C} - \min\{\mathrm{MPD_L}, \mathrm{MPD_R}\}}{\mathrm{MPD_C}} \tag{6.1-9}$$

式中:WR——路面磨耗率(%);

a_0 ——模型参数,采用 1.696;

a_1 ——模型参数,采用 0.785;

$\mathrm{MPD_C}$——路面构造深度基准值,采用无磨损的车道中线路面构造深度(mm);

$\mathrm{MPD_L}$——左轮迹带的路面构造深度(mm);

$\mathrm{MPD_R}$——右轮迹带的路面构造深度(mm)。

(6)路面抗滑性能(SRI)。

路面抗滑性能用路面抗滑性能指数 SRI 评价,SRI 按式(6.1-10)计算。

$$\mathrm{SRI} = \frac{100 - \mathrm{SRI_{min}}}{1 + a_0 e^{a_1 \mathrm{SFC}}} + \mathrm{SRI_{min}} \tag{6.1-10}$$

式中:SFC——横向力系数;

$\mathrm{SRI_{min}}$——标定参数,采用 35.0;

a_0 ——模型参数,采用 28.6;

a_1 ——模型参数,采用 -0.105。

(7)路面结构强度(PSSI)。

路面结构强度用路面结构强度指数 PSSI 评价,PSSI 按式(6.1-11)和式(6.1-12)计算。

$$\mathrm{PSSI} = \frac{100}{1 + a_0 e^{a_1 \mathrm{SSI}}} \tag{6.1-11}$$

$$\mathrm{SSI} = \frac{l_d}{l_0} \tag{6.1-12}$$

式中：SSI——路面结构强度系数，为路面设计弯沉与实测代表弯沉之比；

l_d——路面设计弯沉(mm)；

l_0——实测代表弯沉(mm)；

a_0——模型参数，采用15.71；

a_1——模型参数，采用-5.19。

2)桥隧构造物技术状况(BCI)

桥梁、隧道和涵洞技术状况用桥隧构造物技术状况指数BCI评价，BCI按式(6.1-13)计算。

$$BCI = \sum (100 - GD_{iBCI}) \tag{6.1-13}$$

式中：GD_{iBCI}——第i类构造物损坏的总扣分，最高分值为100，按表6.1-5的规定计算。

表6.1-5 桥隧构造物扣分标准

类型 i	项目	技术状况评定等级	计量单位	单位扣分	备注
1	桥梁	一	座	0	采用现行《公路桥梁技术状况评定标准》(JTG/T H21)的评定方法，五类桥梁所属评定单元的MQI值应取0
		二		10	
		三		40	
		四		70	
		五		100	
2	隧道	一	座	0	采用现行《公路隧道养护技术规范》(JTG H12)的评定方法，五类隧道所属评定单元的MQI值应取0
		二		10	
		三		40	
		四		70	
		五		100	
3	涵洞	好	道	0	采用现行《公路桥涵养护规范》(JTG 5120)的评定方法，危险涵洞所属评定单元的MQI值应取0
		较好		10	
		较差		40	
		差		70	
		危险		100	

3)沿线设施技术状况(TCI)

沿线设施技术状况用沿线设施技术状况指数TCI评价，TCI按式(6.1-14)计算。

$$TCI = \sum_{i=1}^{i_0} \omega_i (100 - GD_{iTCI}) \tag{6.1-14}$$

式中：GD_{iTCI}——第i类设施损坏的总扣分，最高分值为100，按表6.1-6的规定计算；

ω_i——第i类设施损坏的权重，按表6.1-6取值；

i——设施损坏类型；

i_0——沿线设施损坏类型总数，取5。

表 6.1-6 沿线设施扣分标准

类型 i	损坏名称	损坏程度	计量单位	单位扣分	权重 ω_i	备注
1	防护设施缺损	轻	处	10	0.25	
		重		30		
2	隔离栅损坏		处	20	0.10	
3	标志缺损		处	20	0.25	
4	标线缺损		m	0.1	0.20	每10m扣1分，不足10m以10m计
5	绿化管护不善		m	0.1	0.20	

4)路基技术状况(SCI)

路基技术状况用路基技术状况指数SCI评价,SCI按式(6.1-15)计算。

$$SCI = \sum_{i=1}^{i_0} \omega_i (100 - GD_{iSCI}) \tag{6.1-15}$$

式中:GD_{iSCI}——第 i 类路基损坏的总扣分,最高分值为100,按表6.1-7的规定计算;

ω_i——第 i 类路基损坏的权重,按表6.1-7取值;

i——路基损坏类型;

i_0——路基损坏类型总数,取7。

表 6.1-7 路基损坏扣分标准

类型 i	损坏名称	损坏程度	计量单位	单位扣分	权重 ω_i
1	路肩损坏	轻	m^2	1	0.10
		重		2	
2	边坡坍塌	轻	处	20	0.25
		中		50	
		重		100	
3	水毁冲沟	轻	处	20	0.15
		中		30	
		重		50	
4	路基构造物损坏	轻	处	20	0.10
		中		50	
		重		100	
5	路缘石缺损		m	4	0.05
6	路肩沉降	轻	处	20	0.25
		中		30	
		重		50	
7	排水不畅	轻	m	20	0.10
		中	m	50	
		重	处	100	

6.1.2 综合评定

1)路段 MQI

路段 MQI 按式(6.1-1)计算。对非整公里的路段,除 PQI 外,SCI、BCI 和 TCI 三项指标的实际扣分均应换算成整公里值(扣分×基本评定单元长度/实际路段长度)。桥隧构造物评价结果(BCI)计入桥隧构造物所属路段。

存在五类桥梁、五类隧道、危险涵洞的路段,MQI=0。

2)路线 MQI

路线技术状况评定时,应采用路线所包含的所有路段 MQI 算术平均值作为该路线的 MQI 值。

3)等级评定

按表6.1-1 的规定确定公路技术状况等级。按表6.1-8 统计 MQI 及分项指标的优、良、中、次、差的长度及比例。

表6.1-8 公路技术状况评定汇总表

年 月 日

基本信息						
所属省市						
路线名称(编码)						
技术等级						
路面类型						
评定长度(km)						
养管单位						
主管单位						
平均 MQI			评定等级			
平均 MQI(上行)			评定等级(上行)			
平均 MQI(下行)			评定等级(下行)			
上行评定长度(km)			下行评定长度(km)			
统计信息						
	上下行		上行		下行	
	长度(km)	比例(%)	长度(km)	比例(%)	长度(km)	比例(%)
MQI(优、良)						
MQI(中)						
MQI(次、差)						
PQI(优、良)						
PQI(中)						
PQI(次、差)						
SCI(优、良)						
SCI(中)						

续上表

	上下行		上行		下行	
	长度(km)	比例(%)	长度(km)	比例(%)	长度(km)	比例(%)
SCI(次、差)						
BCI(优、良)						
BCI(中)						
BCI(次、差)						
TCI(优、良)						
TCI(中)						
TCI(次、差)						

6.2 公路损坏类型

公路技术状况包含路面、路基、桥隧构造物和沿线设施四部分评价内容。

6.2.1 沥青路面

沥青路面损坏分 11 类 21 项,见表 6.2-1。

表 6.2-1 沥青路面损坏分类分级

类型	损坏类型	分级	分级描述	分级指标
裂缝	纵向裂缝	轻	缝细,缝壁无散落或轻微散落,无或少支缝	缝宽≤3mm
		重	缝宽,缝壁散落重,有支缝	缝宽 >3mm
	横向裂缝	轻	缝细,裂缝壁无散落或轻微散落	缝宽≤3mm
		重	缝宽,贯通整个路面,缝壁有散落和支缝	缝宽 >3mm
	龟裂	轻	裂区无变形、无散落,缝细	块度 20 ~ 50cm
		中	龟裂明显,裂缝区有轻度散落或轻度变形	缝宽 2 ~ 5mm
		重	龟裂显著,裂块较小,变形明显、散落严重	缝宽 >5mm
	块状裂缝	轻	缝细、裂缝区无散落	缝宽≤3mm
		重	缝宽、裂缝壁有散落、有支缝	缝宽 >3mm
变形	车辙	轻	变形较浅	深度 10 ~ 15mm
		重	变形较深	深度 >15mm
	波浪、拥包	轻	波峰、波谷高差小	高差 10 ~ 25mm
		重	波峰、波谷高差大	高差 >25mm
	沉陷	轻	深度浅,行车无明显不适感	深度 10 ~ 25mm
		重	深度深,行车明显颠簸不适	深度 >25mm
表面损坏	泛油	路表呈现沥青膜,发亮,镜面,有轮迹		
	松散	轻	细集料散失、脱皮、麻面等表面损坏	
		重	粗集料散失、脱皮、麻面、露骨,表面剥落、有小坑洞	
	坑槽	轻	坑浅,有效坑槽面积较小	面积≤0.1 m^2
		重	坑深,有效坑槽面积较大	面积 >0.1 m^2
	修补	龟裂、坑槽、松散、沉陷、车辙等的修补面积或修补影响面积		

6.2.2 路基

路基损坏分八类。

(1)路肩边沟不洁。

路肩(包括土路肩、硬路肩和紧急停车带)和边沟(包括边坡)有杂物、油渍、垃圾及堆积物。按行车方向的长度计算,每1m扣0.5分。

(2)路肩损坏。

路肩上出现的各种损坏。

轻:路肩轻度损坏包括所有轻、中度损坏。所有损坏均按损坏的实际面积计算,每$1m^2$扣1分,累计面积不足$1m^2$按$1m^2$计算。

重:路肩重度损坏包括所有重度损坏。所有重度损坏均按损坏的实际面积计算,每$1m^2$扣1分,累计面积不足$1m^2$按$1m^2$计算。

(3)边坡坍塌。

挖方路段边坡坍塌。损坏按处和行车方向的长度计算。长度小于或等于5m为轻度损坏,5~10m为中度损坏,大于10m为重度损坏。

(4)水毁冲沟。

填方路段边坡由于雨水冲刷形成的冲沟。损坏按处和冲刷深度计算。深度小于或等于0.2m为轻度损坏,0.2~0.5m为中度损坏,大于0.5m为重度损坏。

(5)路基构造物损坏。

包括挡墙等圬工体断裂、沉陷、倾斜、局部坍塌、松动和较大面积勾缝脱落。损坏按处和长度计算,长度小于或等于5m为轻度损坏,5~10m为中度损坏,大于10m为重度损坏。

(6)路缘石缺损。

路缘石丢失或损坏。按行车方向的长度计算,每1m扣1分。

(7)路基沉降。

深度大于30mm的沉降。损坏按处和长度计算。长度小于5m为轻度损坏,5~10m为中度损坏,大于10m为重度损坏。

(8)排水系统淤塞。

轻:边沟、排水沟、截水沟等排水系统淤积。按长度计算,每1m扣1分,累计长度不足1m按1m计算。

重:边沟、排水沟和截水沟等排水系统全截面堵塞,损坏按处计算,每处扣20分。

6.2.3 桥隧构造物

桥隧构造物包括桥梁、隧道和涵洞三类。

(1)桥梁技术等级。

桥梁技术等级采用现行《公路桥涵养护规范》(JTG 5120)规定的等级评定方法。规定一、二类桥梁不扣分,三类桥梁每处扣40分,四类桥梁每处扣70分,五类桥梁每处扣

100 分、同时直接将 MQI 设为最低值。

(2)隧道技术等级。

隧道技术等级采用现行《公路隧道养护技术规范》(JTG H12)规定的等级评定方法。规定一、二类隧道不扣分,三类隧道每处扣 40 分,四类隧道每处扣 70 分,五类隧道每处扣 100 分、同时直接将 MQI 设为最低值。

(3)涵洞技术等级。

涵洞技术等级采用现行《公路桥涵养护规范》(JTG 5120)规定的等级评定方法。规定好、较好类涵洞不扣分,较差类涵洞每处扣 40 分,差类涵洞每处扣 70 分,危险类涵洞每处扣 100 分、同时直接将 MQI 设为最低值。

6.2.4 沿线设施

沿线设施损坏分五类。

(1)防护设施缺损。

防护设施(防撞护栏、防落网、声屏障、中央分隔带活动护栏和防眩板等)缺少、损坏或损坏修复后部件尺寸和安装质量达不到规范的技术要求。损坏按处和长度计算。

轻:长度小于或等于 4m,每缺损 1 处扣 10 分。

重:长度大于 4m,每缺损 1 处扣 30 分。

(2)隔离栅损坏。

隔离栅损坏后修复不及时或修复质量达不到规范的技术要求,损坏按处计算,每缺损一处扣 20 分。

(3)标志缺损。

各种交通标志(指示标志、警告标志、禁令标志、里程碑、轮廓标、百米栏等)残缺、位置不当或尺寸不规范、颜色不鲜明、污染,可变信息标志故障等。损坏按处计算,其中,轮廓标和百米栏每 3 个损坏算 1 处,累计损坏不足 3 个按 1 处计算,每处扣 20 分。

(4)标线缺损。

标线(含凸起路标)缺少或损坏,损坏按长度计算,每缺损 10m 扣 1 分,累计长度不足 10m 按 10m 计算,评定时不考虑车道数量的影响。

(5)绿化管护不善。

树木、花草枯萎或缺树,虫害未及时防治,绿化带未及时修剪或有杂物,路段应绿化而未绿化。损坏按长度计算,每 10m 扣 1 分,累计长度不足 10m 按 10m 计算。

6.3 公路技术状况检测与调查

6.3.1 检测与调查内容

高速公路技术状况检测与调查包括路面、路基、桥隧构造物和沿线设施四部分内容。路面检测包括路面损坏、平整度、车辙、抗滑性能和结构强度五项指标。其中,路面结构强度为抽样检测指标。桥隧构造物调查包括桥梁、隧道和涵洞三类构造物。

6.3.2 检测与调查单元

(1)高速公路技术状况检测以1000m路段为基本检测或调查单元。

(2)高速公路技术状况数据按上行方向(桩号递增方向)和下行方向(桩号递减方向)分别检测。

(3)采用快速检测方法检测路面使用性能评定所需数据时,每个检测方向至少检测一个主要行车道。

6.3.3 检测与调查方法

(1)路面损坏状况检测。

路面损坏状况检测,宜采用自动化的快速检测方法,条件不具备时,可人工检测。

采用快速检测设备检测路面损坏时,应纵向连续检测,横向检测宽度不得小于车道宽度的70%。检测设备应能分辨1mm以上的路面裂缝,检测结果宜采用计算机自动识别,识别准确率应达到90%以上。

采用人工方法调查时,调查范围应包含所有行车道,按表6.1-3规定的损坏类型实地调查。调查及汇总表的式样见表6.3-1、表6.3-2,公路技术状况评定汇总表见表6.1-8。有条件的地区,可借助便携式路况数据采集仪进行现场调查、汇总、计算与评定。紧急停车带按路肩处理。

路面损坏检测数据应以100m(人工检测)或10m(快速检测)为单位长期保存。

表6.3-1 沥青路面损坏调查表

<table>
<tr><td>路线名称:</td><td colspan="3">调查方向:</td><td colspan="11">调查时间: 调查人员:</td></tr>
<tr><td rowspan="2">调查内容</td><td rowspan="2">程度</td><td rowspan="2">权重
ω_i</td><td rowspan="2">单位</td><td colspan="10">起点桩号: 终点桩号:
路段长度: 路面宽度:</td><td rowspan="2">累计损坏</td></tr>
<tr><td>1</td><td>2</td><td>3</td><td>4</td><td>5</td><td>6</td><td>7</td><td>8</td><td>9</td><td>10</td></tr>
<tr><td rowspan="3">龟裂</td><td>轻</td><td>0.6</td><td rowspan="3">m^2</td><td></td><td></td><td></td><td></td><td></td><td></td><td></td><td></td><td></td><td></td><td></td></tr>
<tr><td>中</td><td>0.8</td><td></td><td></td><td></td><td></td><td></td><td></td><td></td><td></td><td></td><td></td><td></td></tr>
<tr><td>重</td><td>1.0</td><td></td><td></td><td></td><td></td><td></td><td></td><td></td><td></td><td></td><td></td><td></td></tr>
<tr><td rowspan="2">块状裂缝</td><td>轻</td><td>0.6</td><td rowspan="2">m^2</td><td></td><td></td><td></td><td></td><td></td><td></td><td></td><td></td><td></td><td></td><td></td></tr>
<tr><td>重</td><td>0.8</td><td></td><td></td><td></td><td></td><td></td><td></td><td></td><td></td><td></td><td></td><td></td></tr>
<tr><td rowspan="2">纵向裂缝</td><td>轻</td><td>0.6</td><td rowspan="2">m</td><td></td><td></td><td></td><td></td><td></td><td></td><td></td><td></td><td></td><td></td><td></td></tr>
<tr><td>重</td><td>1.0</td><td></td><td></td><td></td><td></td><td></td><td></td><td></td><td></td><td></td><td></td><td></td></tr>
<tr><td rowspan="2">横向裂缝</td><td>轻</td><td>0.6</td><td rowspan="2">m</td><td></td><td></td><td></td><td></td><td></td><td></td><td></td><td></td><td></td><td></td><td></td></tr>
<tr><td>重</td><td>1.0</td><td></td><td></td><td></td><td></td><td></td><td></td><td></td><td></td><td></td><td></td><td></td></tr>
<tr><td rowspan="2">坑槽</td><td>轻</td><td>0.8</td><td rowspan="2">m^2</td><td></td><td></td><td></td><td></td><td></td><td></td><td></td><td></td><td></td><td></td><td></td></tr>
<tr><td>重</td><td>1.0</td><td></td><td></td><td></td><td></td><td></td><td></td><td></td><td></td><td></td><td></td><td></td></tr>
</table>

续上表

<table>
<tr><td>路线名称：</td><td colspan="3">调查方向：</td><td colspan="5">调查时间：</td><td colspan="6">调查人员：</td></tr>
<tr><td rowspan="2">调查内容</td><td rowspan="2">程度</td><td rowspan="2">权重
ω_i</td><td rowspan="2">单位</td><td colspan="5">起点桩号：
路段长度：</td><td colspan="5">终点桩号：
路面宽度：</td><td rowspan="2">累计
损坏</td></tr>
<tr><td>1</td><td>2</td><td>3</td><td>4</td><td>5</td><td>6</td><td>7</td><td>8</td><td>9</td><td>10</td></tr>
<tr><td rowspan="2">松散</td><td>轻</td><td>0.6</td><td rowspan="2">m^2</td><td></td><td></td><td></td><td></td><td></td><td></td><td></td><td></td><td></td><td></td><td></td></tr>
<tr><td>重</td><td>1.0</td><td></td><td></td><td></td><td></td><td></td><td></td><td></td><td></td><td></td><td></td><td></td></tr>
<tr><td rowspan="2">沉陷</td><td>轻</td><td>0.6</td><td rowspan="2">m^2</td><td></td><td></td><td></td><td></td><td></td><td></td><td></td><td></td><td></td><td></td><td></td></tr>
<tr><td>重</td><td>1.0</td><td></td><td></td><td></td><td></td><td></td><td></td><td></td><td></td><td></td><td></td><td></td></tr>
<tr><td rowspan="2">车辙</td><td>轻</td><td>0.6</td><td rowspan="2">m</td><td></td><td></td><td></td><td></td><td></td><td></td><td></td><td></td><td></td><td></td><td></td></tr>
<tr><td>重</td><td>1.0</td><td></td><td></td><td></td><td></td><td></td><td></td><td></td><td></td><td></td><td></td><td></td></tr>
<tr><td rowspan="2">波浪、拥包</td><td>轻</td><td>0.6</td><td rowspan="2">m^2</td><td></td><td></td><td></td><td></td><td></td><td></td><td></td><td></td><td></td><td></td><td></td></tr>
<tr><td>重</td><td>1.0</td><td></td><td></td><td></td><td></td><td></td><td></td><td></td><td></td><td></td><td></td><td></td></tr>
<tr><td>泛油</td><td>—</td><td>0.2</td><td>m^2</td><td></td><td></td><td></td><td></td><td></td><td></td><td></td><td></td><td></td><td></td><td></td></tr>
<tr><td rowspan="2">修补</td><td>块状</td><td rowspan="2">0.1</td><td>m^2</td><td></td><td></td><td></td><td></td><td></td><td></td><td></td><td></td><td></td><td></td><td></td></tr>
<tr><td>条状</td><td>m</td><td></td><td></td><td></td><td></td><td></td><td></td><td></td><td></td><td></td><td></td><td></td></tr>
<tr><td colspan="4">评定结果：

DR = %

PCI =</td><td colspan="11">计算方法：
$PCI = 100 - a_0 DR^{a_1}$
$DR = 100 \times \frac{\sum_{i=1}^{i_0} \omega_i A_i}{A}$
$a_0 = 15.00$
$a_1 = 0.412$</td></tr>
</table>

表 6.3-2 公路技术状况评定明细表

路线名称：　　技术等级：　路面类型：　检测方向：　　　　年　月　日

路段桩号	长度(m)	MQI	PQI	路面分项指标							SCI	BCI	TCI
				PCI	RQI	RDI	PBI	PWI	SRI	PSSI			

续上表

路段桩号	长度(m)	MQI	PQI	路面分项指标							SCI	BCI	TCI
				PCI	RQI	RDI	PBI	PWI	SRI	PSSI			

第 页 总 页

注:表中PSSI为抽样评定指标。

(2)路面平整度检测。

路面平整度宜采用快速检测设备,可结合路面损坏和车辙一并检测。单独检测路面平整度时,宜采用高精度的断面类检测设备。路面平整度检测设备必须定期标定,每年至少标定一次,标定的相关系数应大于0.95。

路面平整度检测数据应以100m(人工检测)或20m(快速检测)为单位长期保存。

(3)路面车辙检测。

路面车辙宜采用快速检测设备,可结合路面损坏和路面平整度一并检测。路面车辙检测设备必须定期标定,每年至少标定一次。根据断面数据计算路面车辙深度RD,计算结果应以10m为单位长期保存。

(4)路面抗滑性能检测。

路面抗滑性能是指行驶车辆轮胎受到制动时沿路表面滑移所产生的抗滑力。它是路面安全性能评价的主要指标,其调查指标为轮胎与路面的摩擦系数。

摩擦系数的测定方法主要有制动距离法、铺砂法、偏转轮拖车法和摆式仪法。

为了提高高速公路的抗滑能力,要求沥青路面的抗滑表层要有粗糙的表面,保证满足表6.3-3的要求。

路面抗滑性能宜采用基于横向力系数的路面抗滑性能检测设备或其他具有可靠数据标定关系的自动化检测设备。检测设备必须定期标定,每年至少标定一次。路面抗滑性能检测数据(横向力系数)应以20m为单位长期保存。

表 6.3-3　沥青路面抗滑性能指标

公路等级	横向力系数 SFC	构造深度 TD(mm)	摆值 F_b(BPN)
高速公路	≥54	≥0.55	≥45

(5)路面结构强度检测。

路面结构强度宜采用自动检测设备检测。

自动检测时,宜采用具有可靠数据标定关系的自动化检测设备,检测结果应能换算成我国相关技术规范规定的回弹弯沉值。自动检测设备必须定期标定,每年至少标定一次。标定的相关系数不得小于 0.95。弯沉检测数据应以 20m 为单位长期保存。

采用贝克曼梁检测时,检测数量应不小于 20 点/(km · 车道)。

抽样检测时,检测范围可控制在养护里程的 20% 以内。

(6)路基、桥隧构造物和沿线设施调查。

高速公路技术状况评定所需要的路基、桥隧构造物和沿线设施数据,应按表 6.1-5 ~ 表 6.1-7 规定的损坏类型实地调查。调查及汇总表的式样见表 6.3-4 ~ 表 6.3-6,汇总表格式见表 6.1-8。

表 6.3-4　路基损坏调查表

路线名称：	调查方向：				调查时间：					调查人员：					
调查内容	程度	单位扣分	权重 ω_i	计量单位	起点桩号： 终点桩号： 路段长度： 路面宽度：										累计损坏
					1	2	3	4	5	6	7	8	9	10	
路肩损坏	轻	1	0.10	m^2											
	重	2													
边坡坍塌	轻	20	0.25	处											
	中	50													
	重	100													
水毁冲沟	轻	20	0.15	处											
	中	30													
	重	50													
路基构造物损坏	轻	20	0.10	处											
	中	50													
	重	100													
路缘石缺损	—	4	0.05	m											
路基沉降	轻	20	0.25	处											
	中	30													
	重	50													
排水不畅	轻	20	0.10	处											
	中	50													
	重	100													
评定结果： SCI =					计算方法： $SCI=\sum_{i=1}^{i_0}\omega_i(100-GD_{iSCI})$										

表 6.3-5　桥隧构造物损坏调查表

路线名称：	调查方向：			调查时间：　调查人员：										
项目	技术状况	单位扣分	计量单位	起点桩号：　终点桩号： 路段长度：　路面宽度：										累计损坏
				1	2	3	4	5	6	7	8	9	10	
桥梁	一	0	座											
	二	10												
	三	40												
	四	70												
	五	100												
隧道	一	0	座											
	二	10												
	三	40												
	四	70												
	五	100												
涵洞	好	0	道											
	较好	10												
	较差	40												
	差	70												
	危险	100												
评定结果： BCI =				计算方法： $BCI = \min(100 - GD_{iBCI})$										

表 6.3-6　沿线设施损坏调查表

路线名称：	调查方向：				调查时间：　调查人员：										
调查内容	程度	单位扣分	权重 ω_i	计量单位	起点桩号：　终点桩号： 路段长度：　路面宽度：										累计损坏
					1	2	3	4	5	6	7	8	9	10	
防护设施缺损	轻	10	0.25	处											
	重	30													
隔离栅损坏		20	0.10	处											
标志缺损		20	0.25	处											
标线缺损		0.1	0.20	m											
绿化管护不善		0.1	0.20	m											
评定结果： TCI =					计算方法： $TCI = \sum_{i=1}^{5} \omega_i (100 - GD_{iTCI})$										

6.3.4 检测与调查频率

最低检测与调查频率见表6.3-7。

表6.3-7 最低检测与调查频率

PQI	PCI	RQI	SRI	RDI	PSSI	PBI	PWI
	1年1次	1年1次	2年1次	1年1次	抽样检测	1年1次	1年1次
SCI	1年1次						
BCI	采用最新桥梁、隧道、涵洞技术状况评定结果						
TCI	1年1次						

路基状况(SCI)、沿线设施(TCI)由养护单位对其养护路段按照规范要求开展全面调查,调查结束后以电子版形式报集团公司委托的路面检测单位。

路面破损状况(PCI)、路面平整度(RQI)、抗滑性能(SRI)、路面车辙(RDI)和桥隧构造物(BCI)、路面跳车(PBI)、路面磨耗(PWI)由集团公司统一委托有资质的检测单位按照规范要求开展检测;结构强度(PSSI)根据集团公司的大修工程需要进行现场检测。

检测单位将检测评定结果报集团公司,并录入集团公司的路面、桥梁管理系统和信息平台,评定结果作为集团公司制订年度养护维修计划的依据。

6.3.5 养护维修对策

集团公司参考路面管理系统的评定结果,结合集团公司投资规模,按照优先次序、轻重缓急,科学合理统筹安排养护资金。养护维修对策根据交通量、路况评定结果等因素确定,总体确定原则如下:

(1)在强度满足要求的前提下,路面损坏状况指数评价为优、良时,以日常养护为主,局部破损采取维修措施;路面损坏状况指数评价为中及中以下时,采用专项工程或大修工程措施。

(2)当强度不能满足要求时,采取大修补强措施。

(3)当路面行驶质量指数评价为优、良时,以日常养护为主;路面行驶质量指数评价为中及中以下时,采取罩面等措施改善路面的平整度。

(4)抗滑能力不足(SFC < 40)的路段,采取加铺罩面层等措施提高路表面的抗滑能力。

(5)路面不适应现有交通量或荷载的需要时,应通过加宽等改建措施提高道路的通行能力和服务质量。

(6)大修、改建、专项工程方案,可根据交通量、规范要求和已有经验确定。

第7章 检查考核

7.1 检查考核体系

首发集团养护管理采用外部单位考评、集团监督、质量监督单位考核、养护单位自检自查的检查考核体系。

7.1.1 外部单位考评

外部单位考评主要指交通运输部“国评”工作及北京市交通委员会“道路、桥梁”检测工作,将考评结果及保障情况纳入考核体系。

7.1.2 集团监督

首发集团运营管理部门以不定期检查方式进行养护质量监督,检查结果纳入养护考核体系,具体见附录A。

7.1.3 质量监督单位考核

质量监督单位按月度为单位,以不定期检查方式进行养护质量监督,检查结果为主要养护综合评分依据,具体见附录A。

7.1.4 养护单位自检自查

1)检查内容

(1)根据月度养护计划检查整体作业进度。

(2)根据作业项目不同,检查作业内容和质量。

(3)根据作业安全要求,检查人员培训、安全教育、安全例会、作业区域设置等情况。

(4)根据资料管理要求,检查内业资料整体情况,如各类报表、记录、预案等资料。

(5)根据特殊工作要求,有针对性地进行项目检查。

2)检查方式

(1)养护工区或班组每日进行日常巡视。

(2)养护项目部每周对养护工区或班组进行巡视检查。

(3)养护主管部门每月对养护项目部进行巡视检查。

3)问题反馈

(1)养护单位日常巡视中发现的问题应立即安排人员处置,并做好相关记录。

(2)养护单位根据各公司考核办法相关条款,对养护项目部作出相应处罚。

7.2 评分方法及费用支付

评分办法及费用支付具体见附录A。

第 8 章　应急管理

8.1　应急事件分类

高速公路突发事件是指突然发生,造成或者可能造成高速公路交通中断或较长时间阻塞,高速公路及附属设施遭到严重破坏,丧失正常使用功能,出现重大人员伤亡、财产损失、生态环境破坏和危及高速公路运行安全的紧急事件。

高速公路突发事件包括以下四类:

1)自然灾害

主要包括高速公路雨、雪、雾等气象灾害,滑坡、塌方、泥石流等地质灾害,以及地震灾害等引起的影响道路安全畅通的事件。

2)事故灾害

主要包括高速公路运营管理中发生的各类安全事故、交通事故、机械设备事故、油品事故、环境污染事件等,对高速公路安全运行造成严重影响。

3)公共卫生事件

主要包括高速公路运营管理中发生食品安全和职业危害,以及其他严重影响公众健康和生命安全的事件。

4)社会安全事件

主要包括影响高速公路正常通行的社会突发事件和群体性事件、票款安全事件、恐怖袭击事件等。

本手册应急管理内容主要包括雨、雪、雾等恶劣天气和道路突发事件的应急管理。养护单位根据《首发集团公司高速公路道路抢险应急保障预案》的相关规定和本章相关规定,做好高速公路突发事件的应急抢险工作。

8.2　应急信息的收集与传递

8.2.1　巡查

为了及时发现因各种突发事件导致的公路及其附属设施的破坏和对交通的影响情况,准确掌握、收集、分析和判断高速公路的路况和交通信息,以便及时采取相应对策或向上级主管部门汇报,相关单位应切实做好高速公路巡查工作。

巡视和检查包括日常巡查、重大活动节假日巡查、特殊巡查、夜间巡查、专项巡查五种。

(1)日常巡查:指为了掌握高速公路路况和交通运行状况等而进行的巡视。巡查频率每天一次。

(2)夜间巡查:指为了检查夜间照明和标志、标线的技术状况而进行的巡视,巡查频率每周一次。

(3)重大活动节假日巡查:为了保障重大活动节假日期间高速公路安全有效通行,重大活动节假日期间每天巡查一次。

(4)特殊巡查:指发生大的洪水、台风、地震等自然灾害和出现有可能对高速公路及其附属设施造成较大破坏的异常情况时所进行的巡查。巡查频次视情况而定,巡查人员对于发现的问题应及时做出专题报告。

(5)专项巡查:指对某些数量较多且危害较大的路面病害,或路面状况发生异常变化的特殊路段进行细致的检查,养护巡查单位应根据实际需要决定采取巡查措施。

8.2.2 上级通知

1)防汛工作

(1)信息中心或值班员接到降雨信息或通知后,应通知集团公司和防汛分指挥部,根据预报降雨情况或实际降雨情况,按本章相关的防汛应急程序处置,并向集团公司和上级防汛主管部门报告汛情及抢险情况。

(2)信息中心或值班员接到上级防汛主管部门或其他部门的防汛工作通知后,应立即向集团公司、防汛指挥部汇报,通知养护单位防汛分指挥部,按本章相关的防汛应急程序处置。

2)除雪作业

(1)集团公司除雪办公室负责收听天气预报及有关部门的降雪预告。收听到降雪天气预报降雪概率大于40%时,或接到市除雪铲冰办公室通知后,除雪办公室立即以电话、传真等方式,通知除雪铲冰指挥部成员和各除雪铲冰作业单位,按本章相关的除雪应急程序处置。

(2)除雪作业开始后,各除雪铲冰作业单位每小时向集团公司除雪办公室和集团公司指挥部办公室报告除雪进展情况,并于每日8:30前将前一天的除雪工作进度、典型事例等报集团公司除雪办公室。每日9:00前集团公司除雪办公室按要求上报有关部门。

3)道路抢险

(1)养护单位发现道路发生突发事故时,应立即向集团公司报告,同时向122报警。

(2)养护单位或其他部门接到相关报告后,应立即通知集团公司。

(3)集团公司接到有关运营道路发生突发事故报告,应迅速核实情况并立即按程序上报上级政府管理部门,同时应根据事故情况成立突发事件现场指挥部,以最快的速度组织应急抢险相关成员赶赴道路突发事故现场,按照预案组织抢险。

(4)集团公司各部室接到市交通委、路政局、交管局等部门关于突发事故的通报后应立即上报集团公司,启动突发事故应急抢险程序。

8.2.3　其他信息

遇到天气灾害(降雪、暴雨、水毁等)、交通事故设施损坏等道路交通突发事件时,交管局下达应急抢险通知,各道路养护、路产部门应启动应急预案。

电视、报纸、广播、网站等媒体进行的关于道路突发事件的报道,各养护单位应进行信息的核实和上报集团公司。

各级政府主管部门进行的关于道路交通突发事件的新闻发布会、新闻发布稿、会议纪要及其他资料,养护单位应及时核实、上报集团公司。

养护单位应注意从各种渠道收集其他单位和公众的反映,并及时核实、上报集团公司。

8.3　集团公司应急响应工作流程

8.3.1　北京市突发事件应急处置流程

北京市突发事件应急处置流程如图8.3-1所示。

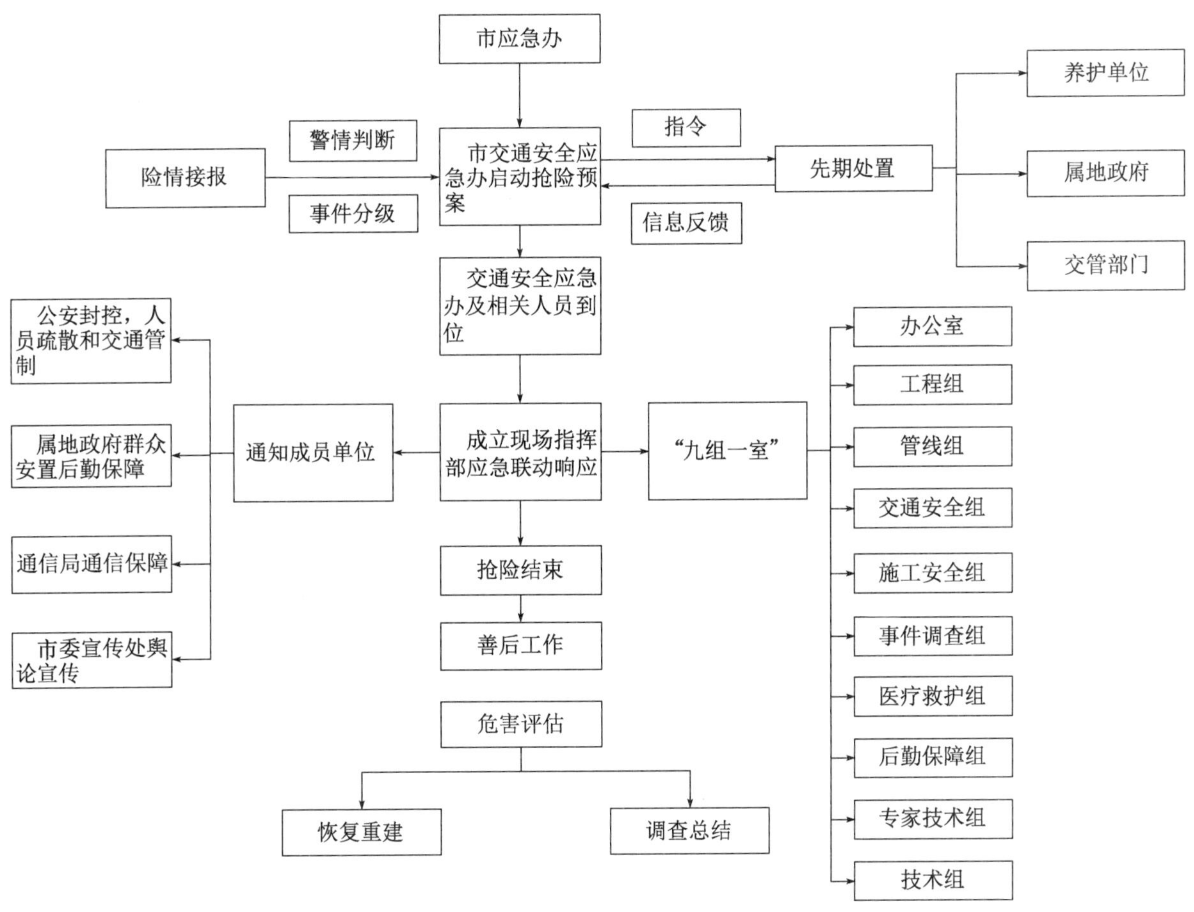

图8.3-1　北京市突发事件应急处置流程图

8.3.2 集团公司突发事件应急处置流程图

集团公司突发事件应急处置流程如图8.3-2所示。

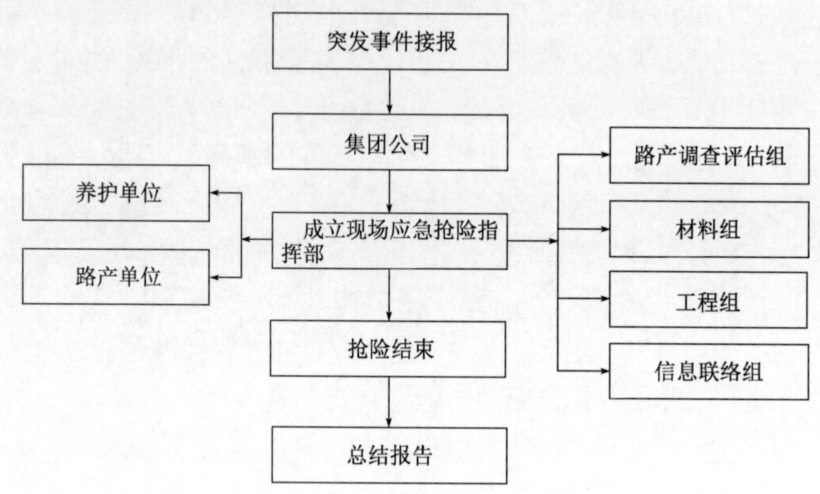

图8.3-2 集团公司突发事件应急处置流程图

8.3.3 日常清障现场实施步骤

日常清障现场实施步骤如下(图8.3-3):

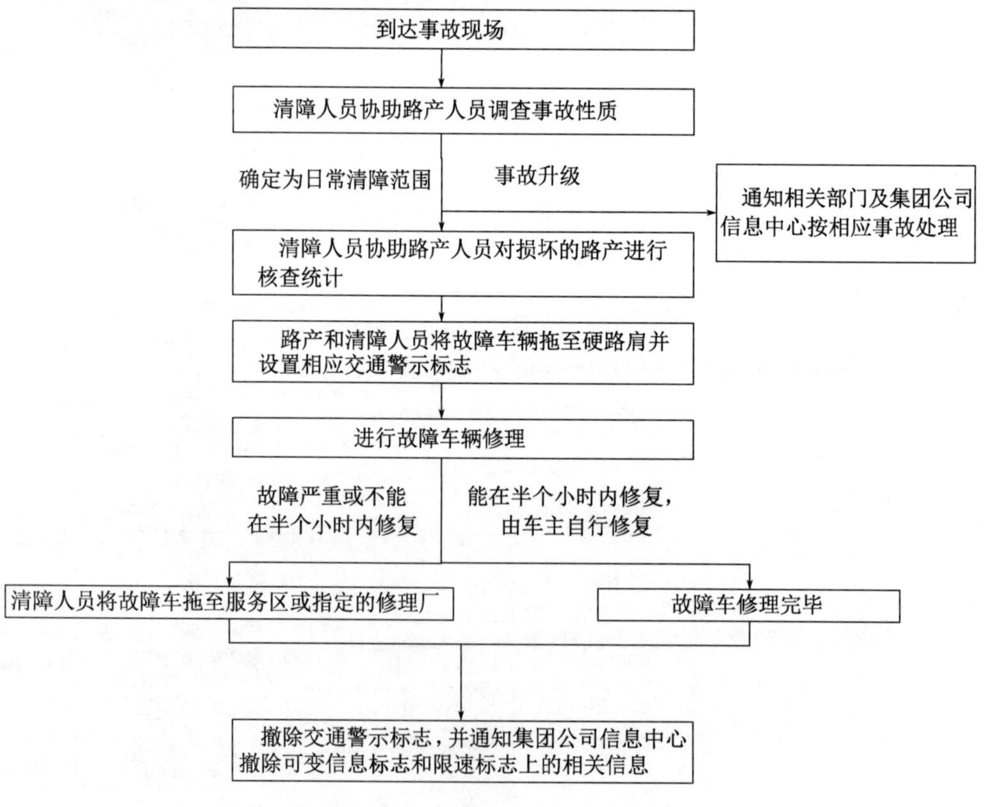

图8.3-3 日常清障现场实施步骤

(1)养护单位接到清障任务后,立即召集清障人员,组织相应清障车辆、清障材料及器具,从接到任务到队伍出发不得超过15min。

(2)养护单位出发后,应在1h以内赶到故障车出事地点。

(3)到达出事地点后,清障人员立即配合交通部门设置交通标志,进行交通疏导或交通管制。

(4)清障人员协助路产人员核实事故性质,如超过日常清障范围,要通知相关部门,按相应清障性质处理。

(5)清障人员协助路产人员对损坏的路产进行核查统计后,应立即将故障车拖至就近硬路肩,并设置相应交通警示标志,保证行车道与超车道的畅通。

(6)故障车可允许现场修理,但不允许超过半小时,否则清障人员应强行将其拖离现场。

(7)清障人员收取清障费用时,必须出示相关部门下发的收费标准及计算公式。

(8)清障车将故障车拖离现场时,路产人员及清障人员应及时撤除交通标志,并打电话通知集团公司信息中心,撤销可变信息标志及其他设施上发布的相关信息。

8.3.4 重大事故清障现场实施步骤

重大事故清障现场实施步骤如下(图8.3-4):

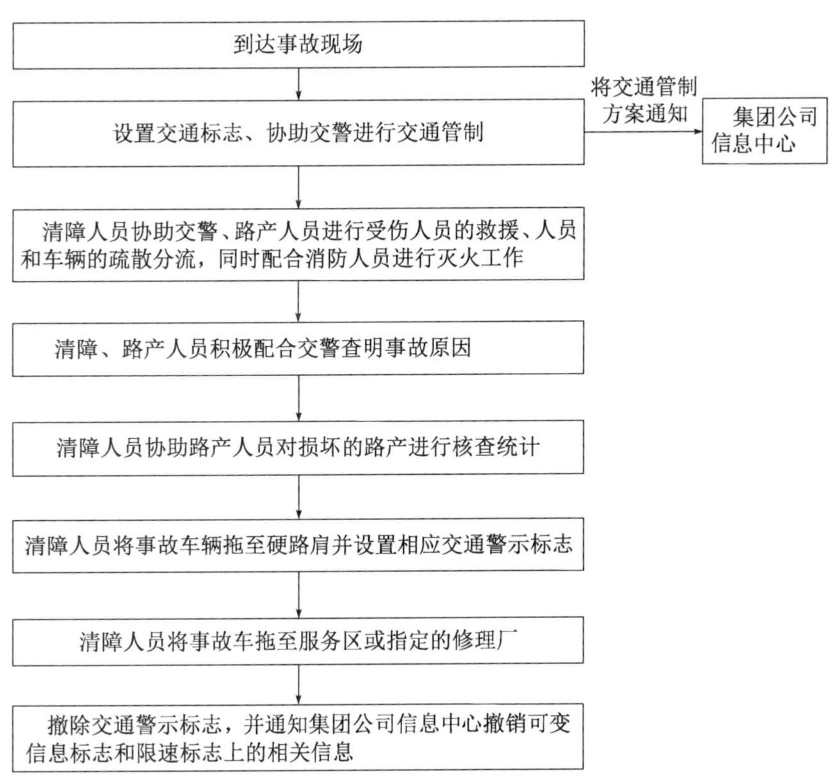

图8.3-4 重大事故清障现场实施步骤

(1)养护单位接到清障任务后,立即召集清障人员,组织相应清障车辆、清障材料及器具,从接到任务到队伍出发不得超过10min。

(2)清障队伍出发后,应在1h以内赶到故障车出事地点。

(3)到达出事地点后,清障人员立即配合交通部门设置交通标志,进行交通疏导或交通管制。

(4)清障人员协助交警、路产人员进行受伤人员的救援,协助人员和车辆的分流(必要时开启中央分隔带紧急开口),同时配合消防人员进行灭火工作。

(5)清障人员和路产人员应配合交警迅速查明事故原因。

(6)清障人员协助交警、路产人员进行受伤人员的救援,协助人员和车辆的分流(必要时开启中央分隔带进行对向导流),如出现火灾事故,配合消防人员进行灭火工作。

(7)如果清障人员第一个到达现场,应立即进行受伤人员的救援、交通警示标志的设置,以及着火车辆灭火等工作,清障工作待交警、路产人员对事故处理后进行。

(8)清障人员收取清障费用时,必须出示相关部门下发的收费标准及计算公式。

(9)清障车将故障车拖离现场时,路产人员及清障人员应及时撤除交通标志,并打电话通知集团公司信息中心,撤销可变信息标志及其他设施上发布的相关信息。

8.3.5 危险品清障现场实施步骤

危险品清障现场实施步骤如下(图8.3-5):

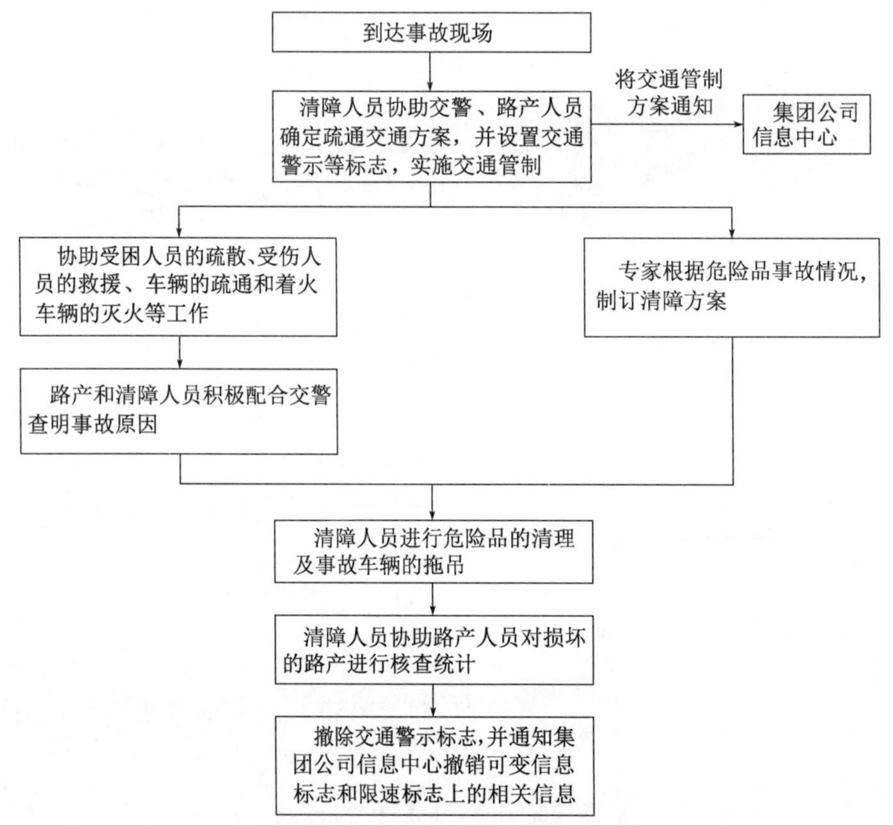

图8.3-5　危险品清障现场实施步骤

(1)养护单位接到清障任务后,立即召集清障人员,组织相应清障车辆与清障材料及器具,从接到任务到队伍出发不得超过10min。

(2)清障队伍出发后,应在1h以内赶到故障车出事地点。

(3)到达出事地点后,清障人员立即配合交通部门设置交通标志,进行交通疏导或交通管制。

(4)清障人员协助交警、路产人员进行受伤人员的救援,协助人员和车辆的分流(必要时开启中央分隔带进行对向导流)。

(5)清障人员协助医院、交警、路产、消防人员进行受困人员的疏散、受伤人员的救援、车辆的疏通、着火车辆的灭火等工作。

(6)清障人员积极配合交警查明事故原因。

(7)可邀请有关专家赴现场协助处理,制定清障方案。

(8)清障人员根据专家建议进行危险品的清理工作和事故车辆的拖吊工作。

(9)清障人员协助路产人员对损坏的路产进行核查统计,并要求肇事车辆作相应赔偿。

(10)如果清障人员第一个到达现场,应立即进行受伤人员的救援、交通警示标志的设置,以及着火车辆灭火等工作,并对危险品进行必要的简单控制处理。

(11)清障人员收取清障费用时,必须出示相关部门下发的收费标准及计算公式。

(12)清障车将故障车拖离现场时,路产人员及清障人员应及时撤除交通标志,并打电话通知集团公司信息中心,撤销可变信息标志及其他设施上发布的相关信息。

(13)清障工作完成后,养护单位应对被危险品污染的路面进行检测,并及时进行必要的养护处理。

8.3.6　紧急事件清障现场实施步骤

紧急事件清障现场实施步骤如下(图8.3-6):

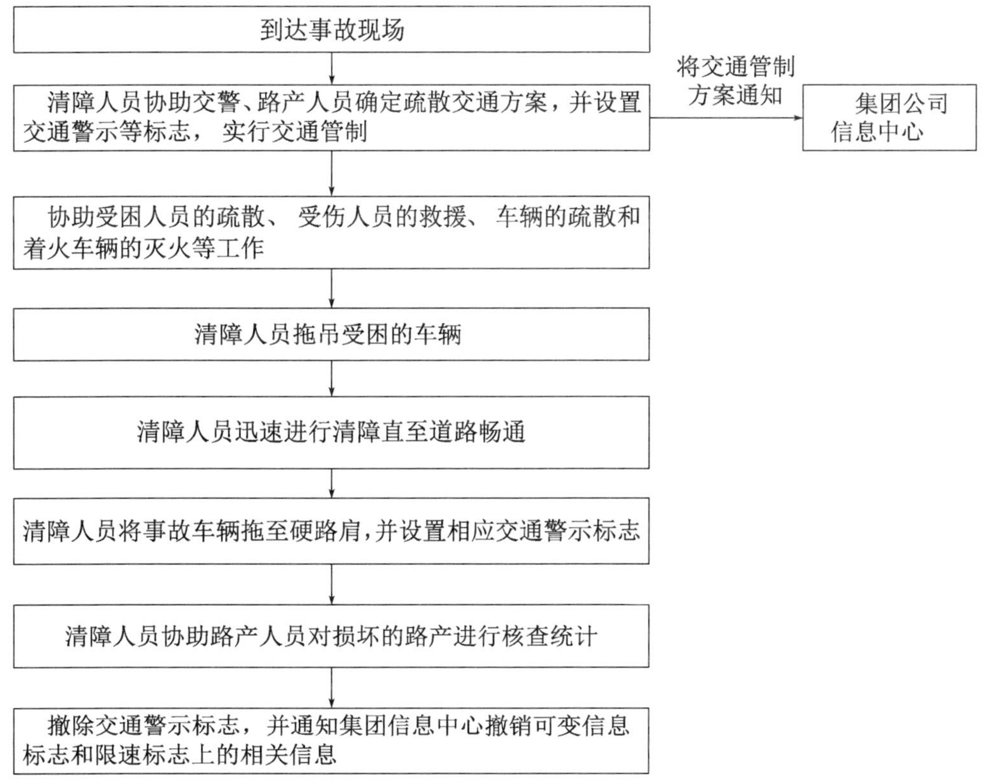

图8.3-6　紧急事件清障现场实施步骤

(1)养护单位接到紧急事件清障任务后,立即召集清障人员,组织相应清障车辆与清障材料及器具,从接到任务到队伍出发不得超过10min。

(2)清障队伍出发后,应在1h以内赶到故障车出事地点。

(3)到达出事地点后,清障人员立即配合交通部门设置交通标志,进行交通疏导或交通管制。

(4)清障人员协助交警、路产人员进行受伤人员的救援,协助人员和车辆的分流(必要时开启中央分隔带进行对向导流),如出现火灾事故,配合消防人员进行灭火工作。

(5)清障人员协助医院、交警、路产、消防人员进行受困人员的疏散、受伤人员的救援、车辆的疏通、着火车辆的灭火等工作。

(6)清障人员进行事故车辆的拖吊工作。

(7)清障人员协助路产人员对损坏的路产进行核查统计后,应立即将故障车拖至就近硬路肩,并设置相应交通警示标志,保证行车道与超车道的畅通。

(8)清障车将故障车拖离现场时,路产人员及清障人员应及时撤除交通标志,并打电话通知集团公司信息中心,撤销可变信息标志及其他设施上发布的相关信息。

8.4 防灾和抢险作业

8.4.1 防汛作业

1)一般要求

(1)养护单位要高度重视防汛工作,坚决采取有力措施,克服麻痹思想和侥幸心理,提高做好防汛工作的责任感和紧迫感,切实履行职责。

(2)养护单位应根据集团公司要求成立防汛分指挥部,加强对防汛工作的领导,按照分工负责的原则,做到组织落实、人员落实、设备落实、物资落实,统筹安排,抓住重点,认真做好各项防汛工作。

(3)建立健全防汛岗位责任制,建立汛期值班制度,并组成有相应能力的抢险队伍,准备足够的抢险材料、工具,以及救生、照明和通信等设备。明确抢险任务,对重点积水地区和桥区要做到分片包干,责任到人。

(4)养护单位应对所负责管养的道路进行全面的调查,掌握所管养道路的基本情况,熟悉防汛工作的重点道路,制订有效的防汛抢险工作预案。

(5)每年6月1日至9月15日是防汛期。在汛期到来之前,与气象、水文部门取得联系,了解历年来的水、雨情况资料,特别是每年的预报资料,以便预先了解可能发生的洪水强度、最高水位,发生的时间和变化情况。

(6)在5月底以前,应对所养护路段进行一次预防水毁的技术检查,达到如下要求:涵洞、边沟、泄水槽、流水槽等无淤塞,排水通畅;桥梁墩台、调治构造物、涵洞、引道、护坡、挡墙基础无冲空或损坏。汛期保证边坡和路基的稳定,防止冲刷;检修水泵等防洪设备。

(7)养护单位需在5月底以前完成以上准备工作,并将检查记录、修整情况和人员组织安排计划上报集团公司。

(8)在汛前要组织抢险人员进行安全作业和防汛知识方面的培训,使抢险人员熟悉预案中各自职责,确保在险情出现时各项防汛工作井然有序。

(9)根据实际情况,进一步落实草袋、铅丝、装载设备、运输设备、水泵、发电机等防汛必备物资;做好设备、设施和泵站的维修保养工作,保证各种设备的正常运转。

(10)防汛分指挥部在汛期要组织有关人员对集团公司正在施工的高速公路工程和管养的高速公路及生产、办公区域的排水设施、重点部位、防汛要害部位、薄弱环节、电器设备、线路及漏电保护装置等部位进行经常性检查。

(11)如遇汛情,各分指挥部在集团公司防汛指挥部的统一领导下,随时调动抢险人员、设备和物资。做到主动配合、互相支持、统一思想、服从大局,把防汛各项措施落到实处。

(12)在抢险时,抢险人员要严格按照有关规定设置安全防护设施,确保不发生安全事故,路面积水深度超过27cm时应及时断路。

(13)进一步增强防汛意识,坚守值班岗位,严格履行职责,加强天气预测、预报、信息回馈工作。遇有汛情,各级主管领导上岗带班,处理险情要做到当机立断,边处理边抢险,边通报上级,信息回馈要准确无误。在雨后及时召开防汛工作专题会议,对防汛工作进行总结,查找不足,制定措施,部署下步防汛工作。

2)防汛预警级别

根据“北京市防汛应急预案”的相关规定,根据事件的危害程度、波及范围、影响力大小、人员及财产损失等情况,由低到高划分为一般(Ⅳ级)—蓝色、较大(Ⅲ级)—黄色、重大(Ⅱ级)—橙色、特别重大(Ⅰ级)—红色四个级别。

(1)蓝色汛情预警(Ⅳ级):指事态比较简单,影响范围较小,道路积水深度在15cm以下,造成局部交通拥堵,且抢修、处置时间预计在3h以下时。

(2)黄色汛情预警(Ⅲ级):指事态较为复杂,影响程度较大,道路积水深度在15cm以上、27cm以下,可能造成50%以上高速道路阻断,且抢修、处置时间预计在3h以上、6h以下时。

(3)橙色汛情预警(Ⅱ级):指事态复杂,发生大范围的暴雨洪灾,道路积水深度在27cm以上、50cm以下,可能造成50%以上高速道路阻断,且抢修、处置时间预计在6h以上、12h以下时。

(4)红色汛情预警(Ⅰ级):指事态非常复杂,发生全市性的暴雨洪灾,道路积水深度在50cm以上,可能造成高速道路全部阻断,且抢修、处置时间预计在12h以上时。

3)预警响应

养护单位应根据不同的预警级别,按下述预警响应开展防汛工作。

(1)蓝色汛情预警(Ⅳ级):各成员单位领导带班、人员到岗,24h值班,确保通信畅通。各备勤点安全防汛人员、装备、车辆全部到位。出动监测人员、车辆观察路面现场温度汛情变化。

(2)黄色汛情预警(Ⅲ级):在蓝色汛情预警响应的基础上,进一步加强领导带班,各成员单位责任人和相关人员加强巡查,发现问题及时组织处置、及时报告。加强社会宣传,对安全防汛工作动态及时发布。及时向上级部门报告相关工作情况。

(3)橙色汛情预警(Ⅱ级):在黄色汛情预警响应的基础上,现场指挥部成员迅速到达现场指挥抢险工作,同时,做好协调各方面力量投入防汛抢险的准备工作,保障道路交通通行条件。

(4)红色汛情预警(Ⅰ级):在橙色汛情预警响应的基础上,配合上级部门抢险工作,调动相关资源全力应对,进一步加强各项工作力度和力量投入。

4)汛期抢险救援

(1)在防汛期间,养护单位应加强与气象部门的联系,及时通报情况,养护单位应安排人员值班,不得发生脱岗现象。

(2)在降雨期间,养护单位应安排人员全线巡视排水系统。遇有积水断路或影响交通时,巡视人员需立即报告养护单位领导。养护单位立即组织人员和物资,进行疏导交通和排除积水工作。

(3)若暴雨或洪水冲毁护坡、护岸、桥头护坡时,养护单位应立即组织人力、物力进行抢修,恢复其正常的使用功能。

(4)雨后需要进行重点调查,对水毁路段及构造物在短时间(7d 以内)内能修复的,需及时按原标准进行加固修复。若不能在短时间内(7d 以上)修复的,需要进行临时强化处理,待汛期过后重新恢复加固。

5)汛期后的工作

(1)汛期过后,需全面调查排水系统,边坡、护岸的水毁情况,总结防汛工作的经验。

(2)对汛期临时处理的水毁设施提出全面加固修复方案,并在冬季到来之前完成修复工作。做好防汛资料的积累和保存工作。

8.4.2 除雪作业

1)一般要求

(1)养护单位应根据集团公司有关除雪工作的规定,落实除雪预案和集团公司除雪工作计划,做到除雪组织健全、人员到位、物资到位、措施得力。

(2)养护单位应对高速公路沿线气候、地理环境进行调查了解,掌握高速公路的基本情况,熟悉除雪工作的重点道路路段,制定除雪工作预案。

(3)每年 11 月 1 日至次年 3 月 15 日为“冬季除雪铲冰期”。集团公司召开除雪铲冰布置会,由收费运营单位、养护单位、路产管理单位等相关单位参加,明确职责、落实除雪预案。

(4)养护单位应建立除雪作业组织机构,做到明确责任,以雪为令,协同作业。

(5)11 月 1 日前,养护单位完成机械设备(水车、刮平机、融雪液搅拌设备、储液罐、撒布车、多功能除雪车等)检修、融雪材料储备及组建除雪队伍等工作。

(6)建立相应的除雪防滑工作标准和要求,并科学地配备除雪机具和组织除雪防滑作业。

(7)应注意总结除雪防滑工作的经验,优化除雪防滑手段和方法。

2)除雪预警级别及响应

根据市政管委扫雪铲冰指挥部办公室关于雪情预警的规定,雪情预警级别分为小雪、中雪、大雪、暴雪四级,并依次采用蓝色、黄色、橙色、红色加以表示。

(1)蓝色雪情预警:预测出现小雪(12h 降水量达到 0.1mm 以上、1.0mm 以下,或 24h 降水量达到 0.1mm 以上、2.5mm 以下)天气,并对高速公路交通出行有所影响,采用一级除雪方案。

(2)黄色雪情预警:预测出现中雪(12h 降水量达到 1.0mm 以上、3.0mm 以下,或 24h 降水量达到 2.5mm 以上、5.0mm 以下)天气,并对高速公路交通出行有较大影响,采用二级除雪方案。

(3)橙色雪情预警:预测出现大雪(12h 降水量达到 3.0mm 以上、6.0mm 以下,或 24h 降水量达到 5.0mm 以上、10.0mm 以下)天气,并对高速公路交通出行造成严重影响,采用三级除雪方案。

(4)红色雪情预警:预测出现暴雪(12h 降水量达到 6.0mm 以上,或 24h 降水量达到 10.0mm 以上)天气,且高速公路已不能正常通行,采用四级除雪方案。

3)除雪作业方案

(1)一般扫雪铲冰(Ⅳ级)应急作业工艺(蓝色雪情响应)。

环境温度较高(气温处于 0℃及以上)。遇有降雪时,应在行车道的坡道、桥区等路段处视雪情撒布少量固体或液体融雪剂(≤20g/m^2),重要路段或交通高峰时可以适当加大融雪剂使用量,必要时开展扫雪作业,其余路段依靠较高温度使积雪自然融化。

降小雪,环境温度较低(气温在 -10 ~ 0℃左右)。足够数量的融雪作业人员车辆准备。预撒融雪剂(20 ~ 30g/m^2),降雪开始后开展机械除雪作业,作业频次应当保持在使路面积雪厚度 <10mm 的频次,融雪剂使用量 20 ~ 30g/m^2。匝道、桥区等路段以融雪为主(融雪剂使用量 30 ~ 50g/m^2),作业频次应当保持路面不得有明显积雪。

降小雪,环境温度很低(气温处于 -10℃以下)。足够数量的融雪作业人员车辆准备。加大液体融雪剂浓度,准备低温融雪剂。降雪前预撒融雪剂(30 ~ 50g/m^2),降雪开始后采用机械除雪作业,作业频次应当保持在使路面积雪厚度≤10mm 的频次,必要时进行推雪铲,融雪剂使用量≥30 ~ 50g/m^2。匝道、桥区等路段以使用液体融雪剂融雪为主(纯融雪剂使用量 50 ~ 80g/m^2),作业频次应当保持路面不得有明显积雪。特殊地区可以使用防滑料。

气温较高而地表温度极低,降小雪或雨夹雪时,地面可能形成“地穿甲”,这种情况极易导致交通事故。所有融雪作业人员车辆准备。应先预撒融雪剂(≤20g/m^2),降雪过程中(包括白天和夜间)持续直接喷洒液体融雪剂。坡道、桥区台阶等处撒防滑料。

(2)较大扫雪铲冰(Ⅲ级)应急作业工艺(黄色雪情响应)。

降中雪,环境温度较高(气温处于 0℃及以上)。足够数量的融雪作业人员车辆准备。降雪前不需要预撒融雪剂。降雪中在匝道、桥区等路段处视雪情撒布少量固体或液体融雪剂(≤20g/m^2)。其余路段依靠较高温度使积雪自然融化。

降中雪,环境温度较低(气温 -10 ~ 0℃左右)。足够数量的行车道融雪作业人员车辆准备。预撒融雪剂(20 ~ 30g/m^2),降雪开始后开展“先推后撒”机械除雪作业,作业频次应当保持在使路面积雪厚度 < 10mm 的频次,融雪剂使用量 30 ~ 50g/m^2。匝道、桥区等路段以液体融雪剂融雪为主(纯融雪剂使用量 50 ~ 80g/m^2),作业频次应当保持路面不得有明显积雪。

降中雪,环境温度很低(气温处于 -10℃以下)。全部数量的车行道融雪作业人员车辆准备。加大液体融雪剂浓度,准备低温融雪剂。降雪前预撒融雪剂(30 ~ 50g/m^2),降雪开始后采用“先推后撒”机械除雪作业,作业频次应当保持在使路面积雪厚度≤10mm 的频次,融雪剂使用量 50 ~ 80g/m^2。匝道、桥区等路段以使用液体融雪剂融雪为主(纯融雪剂使用量 50 ~ 80g/m^2),并增加作业频次,作业频次应当保持路面不得有明显积雪。特殊地区可以使用防滑料。

(3)重大扫雪铲冰(Ⅱ级)应急作业工艺(橙色雪情响应)。

降大雪,气温较高(气温处于 0℃及以上)。足够数量的融雪作业人员车辆准备,适时提高响应级别。路面积雪达到 30mm,作业频次应当保持在使路面积雪厚度≤30mm 的频次。匝道、桥区及重要路段可以实施融雪作业,融雪剂使用量≤20g/m^2。其他道路机械除雪后不需要使用融雪剂融雪。积雪可堆置路边自然融化。

降大雪,环境温度处于较低(气温 -10 ~ 0℃左右)。全部数量的行车道融雪作业人员车辆准备。预撒融雪剂(20 ~ 30g/m^2),降雪开始后使用“先推后撒”机械除雪作业,作业频次应当保持在使路面积雪厚度≤10mm 的频次,融雪剂使用量 30 ~ 50g/m^2。在匝道、桥区等路段使用液体融雪剂融雪时,每次融雪剂使用量 50 ~ 80g/m^2,作业频次应当保持路面不得有明显积雪。

降大雪,环境温度很低(温度处于 -10℃以下)。全部数量的行车道融雪作业人员车辆准备。加大液体融雪剂浓度,准备低温融雪剂,并有足够的融雪剂储备量。先预撒融雪剂(播撒量 50 ~ 80g/m^2),降雪开始后持续开展“先推后撒”机械除雪作业(除雪车辆编组作业且作业频次应当保持在不少于 1 次/h,使路面积雪厚度≤10mm),必要时需要封闭路段以便完成除雪作业,保证基本交通通行条件。在匝道、桥区等路段使用液体融雪剂融雪时,纯融雪剂使用量 50 ~ 80g/m^2,作业频次应当保持路面不得有明显积雪。降雪停止后在规定时间内完成全部积雪清运消纳工作。特殊地区可以使用防滑料。

(4)特别重大扫雪铲冰(Ⅰ级)应急作业工艺(红色雪情响应)。

按照橙色雪情响应中环境温度较低时的作业要求开展作业。组织社会应急力量投入作业。

降雪中,当出现环境温度由较高快速降至很低时(气温处于 -10℃以下),地面积雪融化后结冰(“地穿甲”),路面非常滑的状况时,加大液体融雪剂浓度。降温发生后直接使用液体融雪剂融雪(冰),融雪剂使用量 30 ~ 50g/m^2。匝道、桥区等路段融雪剂使用量 50 ~ 80g/m^2。

(5)融雪剂、融雪液撒布量。

除雪作业应尽量减少融雪剂和融雪液的撒布量。融雪剂和融雪液的撒布量根据其种类和使用目的不同而变化,可参考表 8.4-1 和表 8.4-2 执行。

表 8.4-1　融雪剂撒布量(每次)

地　点	撒布前 4h 气温(℃)		地　点	撒布前 4h 气温(℃)	
	−7 ~ 0	< −7		−7 ~ 0	< −7
一般路面	5 ~ 20g/m²	15 ~ 40g/m²	桥涵、站区	40g/m²	30 ~ 60g/m²

表 8.4-2　融雪液撒布量(每次)

地　点	撒布前 4h 气温(℃)		地　点	撒布前 4h 气温(℃)	
	−7 ~ 0	< −7		−7 ~ 0	< −7
一般路面	40 ~ 80g/m²	80 ~ 130g/m²	桥涵、站区	50 ~ 100g/m²	100 ~ 150g/m²

4)除雪作业标准

(1)集团公司所辖所有高速公路保障雪天不封路。五环路及五环路以内的放射线高速公路、京平高速(黄港站—李天桥)、机场第二高速、机场北线、京承高速(三环至怀柔)、京藏高速(出京居庸关至八达岭)作为集团公司重点扫雪保障道路,必须保证降雪后全断面开通。

(2)京藏高速、京承高速山区段及时清除道路积雪,保证降雪停止后,日间 6h(夜间 8h)全断面开通。夜间降雪时,次日早 6 点前具备机动车通车条件。降雪停止后,24h 内清除匝道出入口及站区的全部积雪;小雪后 24h、中雪后 48h、大雪后 72h 内清除主路横断面内的全部积雪。

8.4.3　突发事件抢险作业

1)抢险内容

(1)重大交通事故。

(2)道路设施出现安全隐患或发生重大损坏。

2)抢险作业基本要求

(1)高速公路发生突发事件,养护单位应按本章第 8.3 节的相关流程进行应急抢险工作。

(2)养护单位发现突发事件后,应及时通知交管部门和集团公司信息中心。

(3)抢险救援人员在接到通知后,应在 1h 内赶到现场,协助维护现场并采取相关的紧急处置措施。

(4)抢险救援人员赶到现场后应先协助抢救伤者,同时防止有毒、易燃物品的侵害,组织滞留人员及车辆远离危险区,抢救贵重货物及乘客的财产,以减少损失。

(5)抢险救援现场作业应根据相关规定采取交通安全措施,疏导交通。

(6)交通队勘察现场后,路产维护人员根据情况对路产损失进行调查、认定(录像、拍照、登记、让当事人签字),抢险救援人员根据指令立即按预定方案进行现场清理作业,迅速清除所有障碍物,恢复正常交通。

(7)抢险结束后,应及时通知各有关收费站口,正常放行。

8.5 应急责任追究

8.5.1 日常养护作业不到位

在日常养护工作中,有下列情节之一,给集团公司造成重大经济损失或给公司声誉带来较坏影响的单位或个人,由集团公司研究追究相关责任人的责任。

(1)因清扫保洁、道路遗撒清理不及时等保洁问题造成重大损失的。

(2)因防汛除雪、应急抢险等处理不及时造成重大损失的。

(3)因日常养护不到位导致桥梁伸缩缝、防抛网、雨水管等桥梁附属设施损坏发生事故,造成重大损失的。

(4)因日常养护不到位导致路面坑槽、沉陷等路面、路基病害发生事故,造成重大损失的。

8.5.2 防汛作业

在防汛期间,有下列情节之一,给集团公司造成重大经济损失或给公司声誉带来较坏影响的单位或个人,由集团公司研究追究相关责任人的责任。

(1)未执行有关防汛工作的法律、法规和上级部门指示、命令及规定,发生事故的。

(2)未履行防汛抢险职责,按要求落实抢险责任制,造成重大损失的。

(3)对发现的隐患或灾情,未及时采取有效措施进行控制或处理,贻误时机,使本来可以避免的损失未能避免,造成重大损失的。

(4)在防汛抢险工作中,缺乏周密部署,未采取有效安全防范措施,发生恶性安全事故的。

(5)对有关部门或个人提出的消除不安全因素或加强安全防范的合理意见、建议不采纳,导致事故发生的。

(6)发生重大灾情或事故,未及时向上级报告的。

(7)发生重大灾情或事故,各单位领导和防汛抢险人员未坚守岗位,未采取有效措施对灾情或事故进行处理或控制,造成事态进一步扩大的。

8.5.3 除雪作业

在除雪期间,有下列情节之一,给集团公司造成重大经济损失或给公司声誉带来较坏影响的单位或个人,由集团公司研究追究相关责任人的责任。

(1)未执行有关除雪工作的法律、法规和上级部门指示、命令及规定,发生事故的。

(2)未履行除雪抢险职责,按要求落实抢险责任制,造成重大损失的。

(3)对发现的隐患或灾情,未及时采取有效措施进行控制或处理,贻误时机,使本来可以避免的损失未能避免,造成重大损失的。

(4)在除雪抢险工作中,缺乏周密部署,未采取有效安全防范措施,发生恶性安全事故的。

(5)对有关部门或个人提出的消除不安全因素或加强安全防范的合理意见、建议不采纳,导致事故发生的。

(6)发生重大灾情或事故,未及时向上级报告的。

(7)发生重大灾情或事故,各单位领导和除雪抢险人员未坚守岗位,未采取有效措施对灾情或事故进行处理或控制,造成事态进一步扩大的。

8.5.4 突发事件抢险作业

在道路抢险中,有下列情节之一,给集团公司造成重大经济损失或给公司声誉带来较坏影响的单位或个人,由集团公司研究追究相关责任人的责任。

(1)未执行有关道路抢险工作的法律、法规和上级部门指示、命令及规定,发生事故的。

(2)发生重大灾情或事故,未按国家有关规定及时上报的。

(3)责任单位未履行道路抢险职责,未按要求落实抢险责任制,造成重大损失的。

(4)对发现的隐患或灾情,未及时采取有效措施进行控制或处理,贻误时机,使本来可以避免的损失未能避免,造成重大损失的。

(5)在道路抢险工作中,缺乏周密部署,未采取有效安全防范措施,发生恶性安全事故的。

(6)对有关部门或个人提出的消除不安全因素或加强安全防范的合理意见、建议不采纳,导致事故发生的。

(7)发生重大灾情或事故,各单位领导和道路抢险人员未坚守岗位,未采取有效措施对灾情或事故进行处理或控制,造成事态进一步扩大的。

第9章　养护作业安全管理

9.1　一般规定

(1)高速公路养护维修作业必须保障养护维修作业人员和设备的安全,以及车辆的安全运行。在进行养护维修作业前,应制订安全保障方案。

(2)高速公路养护维修作业单位应建立安全管理制度,实施对养护维修作业人员的安全培训和教育。养护维修作业人员必须接受安全技术教育,遵守各项安全技术操作规程。

(3)高速公路养护维修作业单位应加强对养护维修作业安全的管理。各级管理机构应加强对养护维修作业安全的监督和检查。

(4)养护维修作业的安全设施在未完成养护维修作业之前应保持完好,任何人不得随意撤除或改变安全设施的位置,扩大或缩小控制区范围,以保证养护维修作业控制区的安全。

(5)高速公路养护作业应按照首发集团制定的《首发集团公司高速公路养护作业安全管理办法》(附录D)执行。

9.2　安全作业要求

(1)凡在高速公路上进行养护维修作业和管理的人员必须穿着带有反光标志的橘红色工作服。

(2)高速公路路面养护维修作业应按作业控制区交通控制标准设置相关的渠化装置和标志,必要时应指派专人负责维持交通。在可能发生山体滑坡、塌方、泥石流及高路堤、陡边坡等路段养护维修作业,必要时应设专人观察险情,严防安全事故发生。

(3)养护维修作业人员应在控制区内作业和活动,养护机械或材料不得堆放于控制区外。

(4)高速公路桥梁、涵洞、隧道养护现场,应专门设置养护维修作业的交通标志。在桥梁栏杆外侧和桥梁墩台进行养护维修作业时,必须设置有效的安全防护设施。作业人员必须系安全带。

(5)特殊条件下的养护维修应符合以下要求:

①高温季节实施养护作业,应按劳动保护规定,采取防暑降温措施,并适当调整作息时间,尽量避开高温时段。

②冬季养护维修作业时应采取保温防冻等安全防护措施，除雪作业时应加强交通管制，并对作业人员、作业机械加强防滑措施。

③雨季养护维修作业应做好防洪排涝工作，加强防水、防漏电、防滑、防坍塌等措施。如遇暴风雨应停止作业。

④大雾天不宜进行养护维修作业，当必须进行抢修作业时，应采取封闭交通措施，并在安全设施上设置黄色施工警告灯等。

⑤夜间作业，现场必须设置符合操作要求的照明设备。

(6)加强养护维修机具的操作安全防范和维修保养。养护机械的操作、维修和保养按有关规定执行。

(7)养护作业控制区由警告区、上游过渡区、缓冲区、工作区、下游过渡区和终止区组成。各项养护作业控制区的布置位置和长度应保证公路维修作业人员、设备和过往车辆的安全。

(8)养护作业安全设施的设置与撤离应遵守以下程序：当进行养护作业时，应顺着交通流方向设置安全设施；当作业完成后，应逆着交通流方向撤除安全设施，恢复正常交通。

9.3 安全作业规定

9.3.1 保洁作业

(1)养护工人进入作业区域内必须身着安全标志服，佩戴安全帽。

(2)作业期间不能随意穿越高速公路及护栏设备。

(3)各种作业车辆在作业区作业时，要顺行车方向行驶作业。

(4)行驶和作业时均应开启警灯，停车作业时车后按规定放置锥形标志柱。

(5)司机为本作业组安全员，负责本组作业的安全。

(6)清扫作业车辆，紧靠清扫一侧顺行车方向行驶作业，同方向行驶的内外车道车辆必须保持1000m以上的距离以保证高速公路的畅通，防止堵车。

(7)如有特殊任务，需按现行《道路交通标志和标线》(GB 5768)有关高速公路养护工程作业交通控制的规定设置交通标志。

9.3.2 日常养护作业

(1)日常养护施工作业现场，实行作业交通安全控制，符合现行《道路交通标志和标线》(GB 5768)的要求。并设专人负责疏导车辆。

(2)养护人员上路作业必须身着安全标志服，在安全作业区内作业。

(3)特种作业人员应持证上岗，进行有毒作业应配备必要防护用品，禁止野蛮作业。油漆作业时，禁止明火和火花。

(4)机械应在完好状态下上路作业，作业车辆必须安装标志牌、警示灯、指示牌等安全标志，并停放在安全施工范围内，要求专人专机，禁止无本操作。

(5)因作业需要在路上慢行,必须开启警示灯、双闪灯示意。

(6)需吊装作业时要有专人指挥,并在安全范围内作业。

9.3.3 工程施工作业

(1)工程施工作业前须将作业方案和交通安全控制方案报送交通管理部门,批准后方可施工。

(2)施工时按现行《公路沥青路面养护技术规范》(JTG 5142)、《公路养护安全作业规程》(JTG H30)、《道路交通标志和标线》(GB 5768)的要求和交通管理部门批准的方案摆放标志牌,并由专人进行维护。交通标志摆放位置如下:

①作业区在右侧车道时,应将交通标志设在公路右侧路肩上和作业区边界的左侧。

②作业区在左侧车道时,应将交通标志设在中央分隔带上和作业区边界的右侧。

③作业区在中间车道时,应将交通标志设在同一方向公路的两侧和作业区边界的两侧。

④作业完成后,将标志牌及时收回。

(3)专项或大修工程,以及需占用车道的维修保养作业的交通控制方式有下列两种:不改变交通流向的交通控制方式、改变交通流向的交通控制方式。

(4)安全作业的交通控制方式,应严格按照现行《公路养护安全作业规程》(JTG H30)及公安部的有关规定执行。

9.3.4 泵站作业

(1)泵站养护工人上路作业时需穿着反光标志服。

(2)进行机泵电动作业时需严格执行安装维修操作规程。

(3)电气作业应持证上岗,并带好防护及绝缘用具。

(4)泵站内及泵房严禁堆放易燃物品,以防电机起火蔓延。

(5)进行其他作业时,应按有关专业队安全作业规定进行,禁止野蛮作业。

(6)积极参加安全培训、加强安全意识、提高业务水平。

9.3.5 照明作业

(1)电工操作人员必须身着反光标志服和头戴安全帽。

(2)电工等作业人员必须持证上岗。

(3)电工操作应严格遵守现行《电力安全工作规程》(GB 26859 ~ GB 26861)的规定。

(4)占路施工应严格遵守集团公司现行《高速公路安全作业相关规范》的规定。

9.3.6 除雪(防汛)作业

(1)除雪(防汛)作业人员,特别是除雪(防汛)机械设备的操作人员必须进行严格的培训考核,经考核合格后方可上岗。

(2)除雪(防汛)上路的作业车辆时速不超过60km。

(3)除雪(防汛)机械设备作业时,必须开启警报闪光灯。

(4)除雪(防汛)机械设备作业需掉头、倒行或逆行时,必须避让通行车辆,由专人摇动红旗导流过往车辆,确保安全。

(5)除雪(防汛)机械设备作业需在匝道上逆行时,应由专人在匝道口外放置红色锥筒,并摇动红旗警示过往车辆停车,待除雪(防汛)车辆通过后,放行车辆。

(6)除雪(防汛)完成后,各养护项目部派人上路认真巡查路面是否有结冰(积水)现象。

(7)清除积冰(积水)时,必须严格遵照现行《高速公路养护作业安全管理办法》码放安全标志。

(8)除雪(防汛)过程中要注意保护道路设施。

(9)严禁将积雪堆放在交通标志基础、混凝土隔离墩方钢等易腐蚀设施上。

(10)注意清除交通标志上的积雪。

第10章 信息化管理

10.1 概述

高速公路是国民经济和社会发展的重要基础设施,也是为社会公众服务的公益性交通设施,随着高速公路里程总量的迅速扩张,社会对管理、服务水平的需求越来越高,对高速公路管理部门提出了更新、更高的要求。高速公路管理的全面信息化建设,正是基于目前管理的需求和集团公司三个高速建设的具体要求而进行的。

为提高管理效率,实施信息化管理,集团公司已经或正在建设养护管理信息系统、桥梁管理系统、路产管理信息系统、养护信息平台等综合信息管理平台。随着社会经济的发展,集团公司所辖的各条高速公路面临越来越严重的超限运输、路产损失、路产巡视工作量大等问题。应用先进的信息集成技术、数据通信技术、运筹学和系统综合技术,建设高速公路综合管理系统,实现信息的有效共享,将提高高速公路管理效率,提高高速公路服务水平。

在道路养护工作中,各养护单位应积极利用集团公司的信息化管理平台的相关信息,提高道路养护作业和管理工作的信息化水平。同时,应按集团公司的相关规定,为集团公司信息化平台提供数据更新,促进信息化技术的推广和应用。

10.2 路面管理系统

10.2.1 路面管理系统概况

路面管理系统(Pavement Management System,简称PMS)是一个复杂的决策系统,它涉及了道路工程、系统工程、工程经济及计算机技术的多学科知识,是养护工程师路网评价、路况性能分析、养护资金需求及养护资金优化分配的辅助决策工具。

路面管理系统一般由多个子系统组成,主要包括数据管理子系统、模型管理子系统、养护决策子系统、报表制作子系统、地理信息子系统、前方图像管理子系统、数据上传子系统和用户管理子系统等。

路面管理系统一般具有如下功能:

(1)提供了对道路使用性能进行客观路况评价的评价方法和手段。

(2)提供了根据制定的“养护标准”,对路网道路进行公路养护的必要性分析,进行基于客观检测数据的科学分析和预测的评价手段。

(3)提供了根据制定的“服务水平”,以公路资金投入最小为原则,确保路网质量达到要求的服务水平的评价手段。

(4)通过“养护投资效益分析”,分析不同公路养护投资水平对公路路面使用性能的影响,找出最佳的公路养护投资战略,确保公路网的道路服务水平满足道路用户的要求,同时将道路的寿命周期费用控制在最小范围内。

10.2.2 首发集团路面管理系统简介

首发集团路面管理系统于2003年开始建立,目前已经全面应用于集团公司的路面养护管理和评价工作中。目前,首发集团路面管理系统包括数据库管理子系统、模型管理子系统、养护决策子系统、报表制作子系统、地理信息子系统、前方图像管理子系统、数据上传子系统和用户管理子系统等共八个子系统。

各子系统的主要组成和功能如下:

(1)数据库管理子系统。

数据库管理子系统是路面管理系统实施公路路况评价、性能预测、需求分析、资金分配的基础数据库,分为基础数据和路面数据。基础数据包括公路等级、路面类型、车道类型、面层结构、基层结构、政区编码、养管单位等。根据要求提供了路面破损、路基状况、路面养护、路面弯沉、路面抗滑、车辙深度、路面平整度、桥梁构造物及沿线设施状况等相关技术指标的基础数据。

(2)模型管理子系统。

模型管理子系统是系统中重要的组成部分之一。其所管理的模型类型包括路面状况评价类模型、路面性能预测类模型、经济分析类模型、优化决策类模型等,系统中输入的各种标准、参数、路面结构、路况检测数据等,通过多种模型进行分析、评价和预测。

(3)养护决策子系统。

主要作用是为公路规划、管理与养护技术人员提供公路路况评价、需求分析、养护投资效益分析的辅助决策工具,其主要功能包括:

①路况评价分析模块:对道路使用性能进行客观的路况评价,评价标准在模型管理子系统设定。按照AADT、PCI、RQI、PSSI、RDI、SRI、PQI等指标进行评价分析。

②指定养护标准的养护需求分析:根据指定的“养护标准”对路网道路进行养护的必要性分析,进行基于客观检测数据的科学分析和预测评价,提出路网中“哪些路段”“在什么时候”“用什么方法”进行大、中修或日常养护。

③指定养护水平的养护需求分析:提供了根据制定的“服务水平”,以公路资金投入最小为原则,提出路网中“哪些路段”“在什么时候”“用什么方法”进行大、中修或日常养护,才能确保路网质量达到要求的最优服务水平。

④养护投资效益分析:分析不同公路养护投资水平对公路路面使用性能的影响,找出最佳的公路养护投资战略,确保公路网的道路服务水平满足道路用户要求,同时将道路的寿命周期费用控制在最小范围之内。

(4)报表制作子系统。

报表制作子系统采用了先进的 Reporting Service 技术,是一种基于服务器的新型报表平台,可用于创建和管理包含来自关系数据源和多维数据源的数据的表格报表、矩阵报表、图形报表和自由格式报表。可以通过基于 Web 的连接来查看和管理创建的报表。允许多个用户利用为不同设备设计的格式同时查看同一报表,或快速更改报表的查看格式。只需单击便可将 HTML 转换成 PDF、XLS 或 XML 格式的报表。

(5)地理信息子系统。

地理信息子系统在 GIS 环境下对公路属性的数据进行空间数据查询和空间数据分析。地理信息子系统的主要功能包括选择、放大、缩小、测量距离、查找路段位置、查看路段属性等。

(6)前方图像管理子系统。

前方图像管理子系统主要功能是用于病害图片与录像的导入和维护,选择相应的节点进行图片与录像数据的导入,用于管理高速公路的前方图像资料。这些图像包括不可数字化的沿线植物、建筑及路面总体状况等信息。因在特定情况下,图像将比传统数据提供更多和更直接的信息,前方图像管理子系统为管理部门提供了一种新的公路实景分析方式。在提供图像信息的同时,还能同时给出对应路段的传统数据信息,使技术人员可以对所管辖的公路路况有一个全方位的了解。

前方图像管理子系统的操作可分为两类:多媒体操作(包括显示图像、显示图片、同时显示等操作)和路段信息操作(包括路段信息的隐藏、显示和上传功能)。

(7)数据上传子系统。

由于目前实际应用中大部分的数据在路上采集而得,大部分用 Excel 保存数据,需要直接把数据通过 Excel 格式上传到数据库,从而简化工作量,方便用户。数据上传子系统采用了将 Win Form 结合进 IE 的先进技术,从而实现了数据的即时传输,可以避免大量数据的来回携带、拷贝和输入。

(8)用户管理子系统。

后台采用 SQL Server 2000 来确保数据的安全性、有效性、完整性。在用户管理上设计了用户管理子系统,通过用户管理子系统可以方便地定义用户及用户的权限。

10.2.3 首发集团路面管理系统管理和使用规定

首发集团路面管理系统是集团路面养护数据管理的信息化平台,包含了集团公司所管辖高速公路的基本属性数据、道路养护历史数据、历年路面状况检测数据、历年路面状况评价数据等基本数据,具有道路路面状况的预测分析和养护维修的辅助决策功能。

各养护单位和相关部门应根据集团公司的要求,在道路养护维修工作中利用路面管理系统进行科学的养护维修决策,提高养护维修工作的科学性。首发集团路面管理系统的管理和使用应按下述基本规定进行:

(1)路面管理系统的管理单位应安排专用场地、专门技术人员进行系统地维护、数据更新、数据分析和报表制作工作。

(2)路面管理系统的管理人员应具备相应的技术能力和技术水平，能够胜任路面管理系统的管理工作。应根据技术进步状况和集团公司管理体制的变革进行路面管理系统的升级和更新工作，确保路面管理系统的应用效果。

(3)相关单位根据本手册(养护篇)第 6 章进行的定期路况检测数据应在检测完毕 1 个月内录入路面管理系统，进行路面状况数据库的更新。

(4)路面管理系统的路况评价结果是确定路面进行日常养护、专项养护和大修工程的参考依据。集团公司根据路面管理系统的评定结果，以及其他相关规定确定年度养护工程类型和数量。

10.3　信息平台

首发集团高速公路智能信息管理平台是基于高速公路中心数据库，结合多年来首发集团高速公路运营不断深化的精细化管理需求，秉持资源整合、协同共享原则，通过整合集团信息化资源，应用先进技术，创新管理理念，搭建了一套覆盖集团、分/子公司、作业单元三级管理架构的业务条带管理平台，全面推进养护、绿化、路产等业务的信息化、智能化、网络化管理，达成上下贯通、左右衔接、资源共享、独立运行、业务联动、综合分析的高速公路管理体系，形成契合高速公路业务管理特点的运行机制，提高高速公路业务管理水平。

首发集团高速公路智能信息管理平台自 2008 年建设以来，在“十一五”期间已经完成了数据中心建设、高速公路业务条带管理应用系统建设和基本应用。随着首发集团高速公路运营精细化管理需求不断深化，围绕“人文高速、科技高速、绿色高速”的建设理念，在“十二五”期间进一步贴合高速公路管理业务流程特点，丰富、完善了首发集团高速公路的多元数据共享机制，建成了上下贯通、左右衔接、资源共享、业务联动、辅助科学决策的高速公路智能信息管理体系。

10.3.1　养护信息化管理流程

1)数据中心概括

数据中心系统交互如图 10.3-1 所示。

(1)数据中心中包含了基础数据查询，主要包含了道路的基本情况，设施位置查询，构造物的规格参数等情况，此信息由养护单位负责更新维护，道路结构物有变化后需要在当年年底前更新入库。

(2)绿化查询模块中包含了道路的路线沿线、桥区、服务区等绿植情况，主要由绿化单位负责更新维护，个别路段的绿化信息由养护单位维护更新，以年为期普查提交变化情况说明。

(3)设施查询中包含沿线设施、路产设施、收费设施、服务区设施、绿化附属设施，分别由养护单位、路产单位、收费单位提供变化情况说明,周期为一自然年结束前。

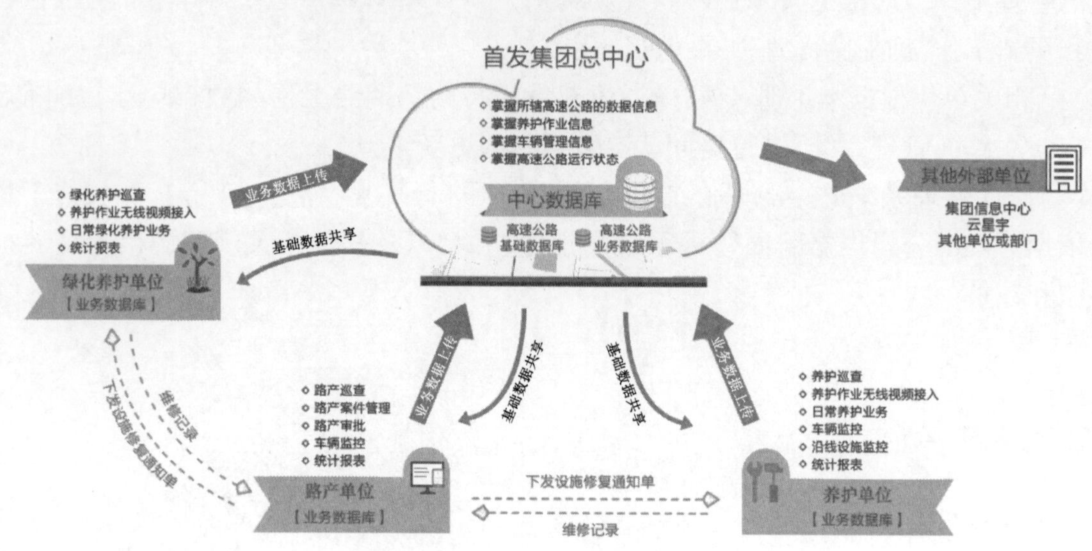

图 10.3-1　数据中心系统交互图

(4)管理机构模块中有养护类、路产类、绿化类,分别由主管此项业务的养护单位、路产单位、绿化单位提供变化说明,定期更新。

10.3.2　业务系统功能概括

业务系统主要用于各公司的日常养护业务的上报、存储、处理、分析、查询等日常工作,业务系统中包含了电子地图的展示,可以定位当前及历史数据在地图上的展示,其中的计划管理模块主要用于日常重复性较强的业务管理,有审核分解功能。养护管理模块主要用于日常病害发现上报、处理、作业、验收等业务性功能。考核管理主要用于各公司之间的考核情况文件和道路情况报告。

10.3.3　业务系统数据流转

数据流转形成,首先通过班组和巡查人员的巡视发现病害情况,以及路产在巡视过程中发现的病害信息,然后利用“外业巡查”App 录入上传,病害数据上报成功后经过“养护部门”或者绿化部门审核,审核未通过的数据存储不会进行下一步处理,审核通过的数据则转接到质量监督业务系统经由质量监督人员审核确认,不通过的存储不做处理,审核通过的反馈回班组主管部门,经由班组主管部门进行派工,将任务下达到相应班组,班组通过“外业巡查”App 下载任务然后赶赴现场修复,填写作业单并上传。上传后的作业单需要通过养护部门或者绿化部门验收,不通过的存储不做处理,通过的数据交由质量监督部门验收,验收完毕即数据流程完成,作为合格数据存储,合格的数据可以用来查询、统计出报表,也可以被综合分析等其他系统调用,用作汇总和数据依据。业务系统数据流转如图 10.3-2 所示。

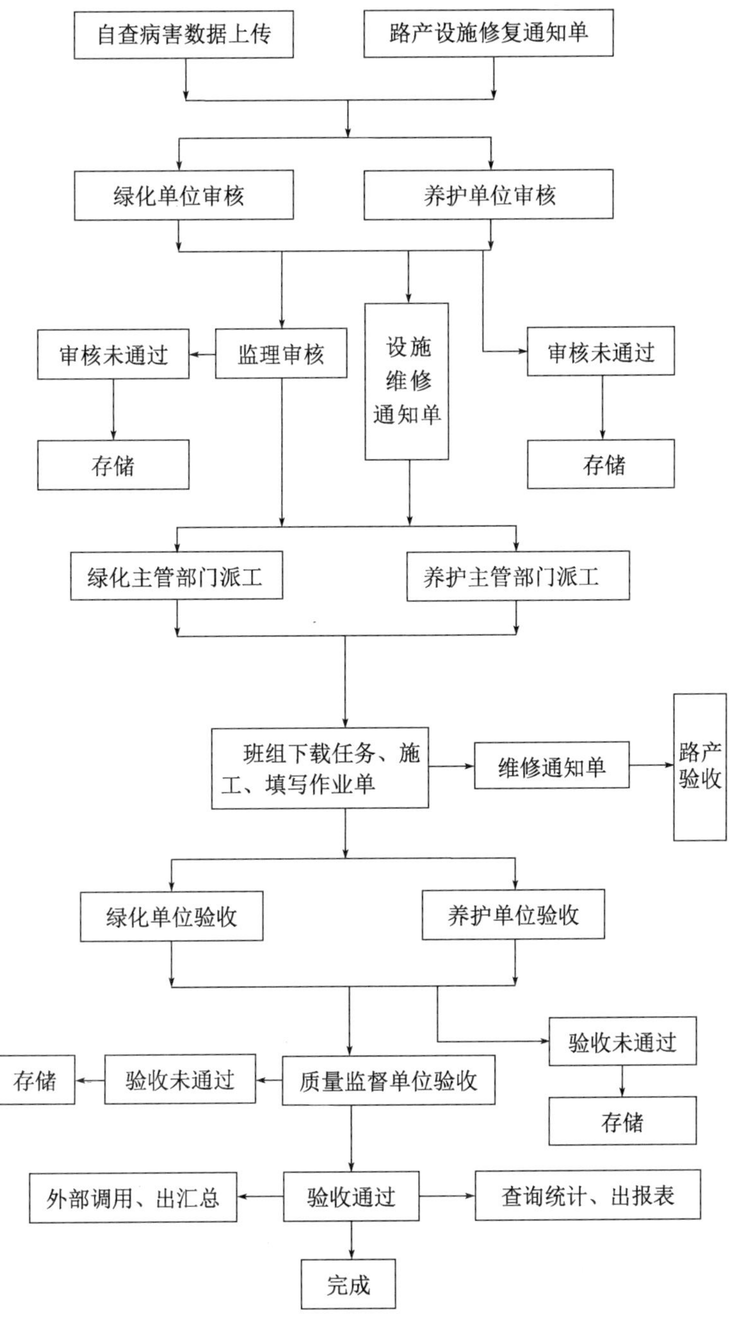

图 10.3-2　业务系统数据流转图

10.3.4　数据录入要求

(1)巡查病害数据要求实事求是,正确给出路线、方向、桩号、病害情况、数量等,必要时可文字说明。

(2)路查发送的设施修复通知单,经过养护部门或绿化部门审核,需要在接到数据后24h 内处理完成。

(3)质量监督单位在接到病害数据后,需要 24h 内处理完成。

(4)养护项目部在接到审核通过的病害单和设施修复通知单后,需要在 24h 内派工到对应班组,并通知班组下载任务。

(5)班组在接到任务之后,根据病害情况需要在24h内或者48h内修复并上传作业单。

(6)设施维修通知单的作业单验收,需要路产在项目要求最后完成时间内验收。

(7)养护项目部或绿化生产部门在接到作业单后,需要在不超过24h内处理完成。

(8)质量监督单位接到作业单后,需要在不超过24h内处理完成。

(9)数据流转全程由各公司最高级用户监管督促。

10.4 养护信息传递

10.4.1 信息收集

养护单位、养护项目部发生、自行发现或接到外部单位(收费、路产、集团公司及交通队等相关部门)、社会媒体(网络、电视、报纸、广播等),监测系统(道路监控、移动视频车、GPS、交通量观测数据、气象观测等)及人工等方式,并通过口头、书面、电话、传真、网络("养护卫士"、养护平台、养护巡查等)传输手段收集、传递的信息。

10.4.2 信息报送的类别与处理流程

1)上级通知

信息管理部门接到行业主管部门、集团公司、相关单位及领导传达的工作指令、质量缺陷整改、联动保障通知等,根据事件等级和类别逐级请示,并通知责任部门进行处置。相关责任部门接到信息后,及时启动处理程序,特殊事件每隔1h上报1次事件进展,处理完毕后将完成情况等反馈至信息管理部门,原则上12h内处置完成。信息管理部门记录信息反馈情况,并将处理情况上报养护单位相关领导,经批复后回复信息来源单位或个人。

2)日常养护信息(图10.4-1)

(1)日常养护作业信息。

当管辖路段计划发生占路超过2h,或可能对道路通行产生较大影响的养护占路作业时(如路灯维修、路面补坑、路面灌缝、中央隔离带大规模设施维修等),由作业项目负责人提前12h向信息管理部门电话报告作业位置、占路时间、占用车道情况、作业内容等信息并同步上传至"养护卫士"管理平台,信息管理部门接到信息后,通知收费单位监控中心、路产单位、集团信息中心。如作业内容、占路时间等发生变更,由作业负责人及时补充报送。

(2)遗撒类信息。

信息管理部门接到收费、路产、集团信息中心96011远端坐席及其他相关单位提供的道路遗撒信息后,通知所在路段养护项目部值班人员,由养护项目部安排抢险班组前往处理,要求抢险班组在接到信息后40min内到达现场,并由班组负责人向信息管理部门报告抢险车辆车牌号、人员数量、现场基本情况、处置措施等信息,并同步上传至“养护卫士”管理平台。抢险完毕后,由中心值班人员报告完成情况及工料机使用情况,信息管理部门回复信息来源单位,并做好相关记录。原则上回复时限不超过 4h。如果 4h 内未完成的,及时说明情况。

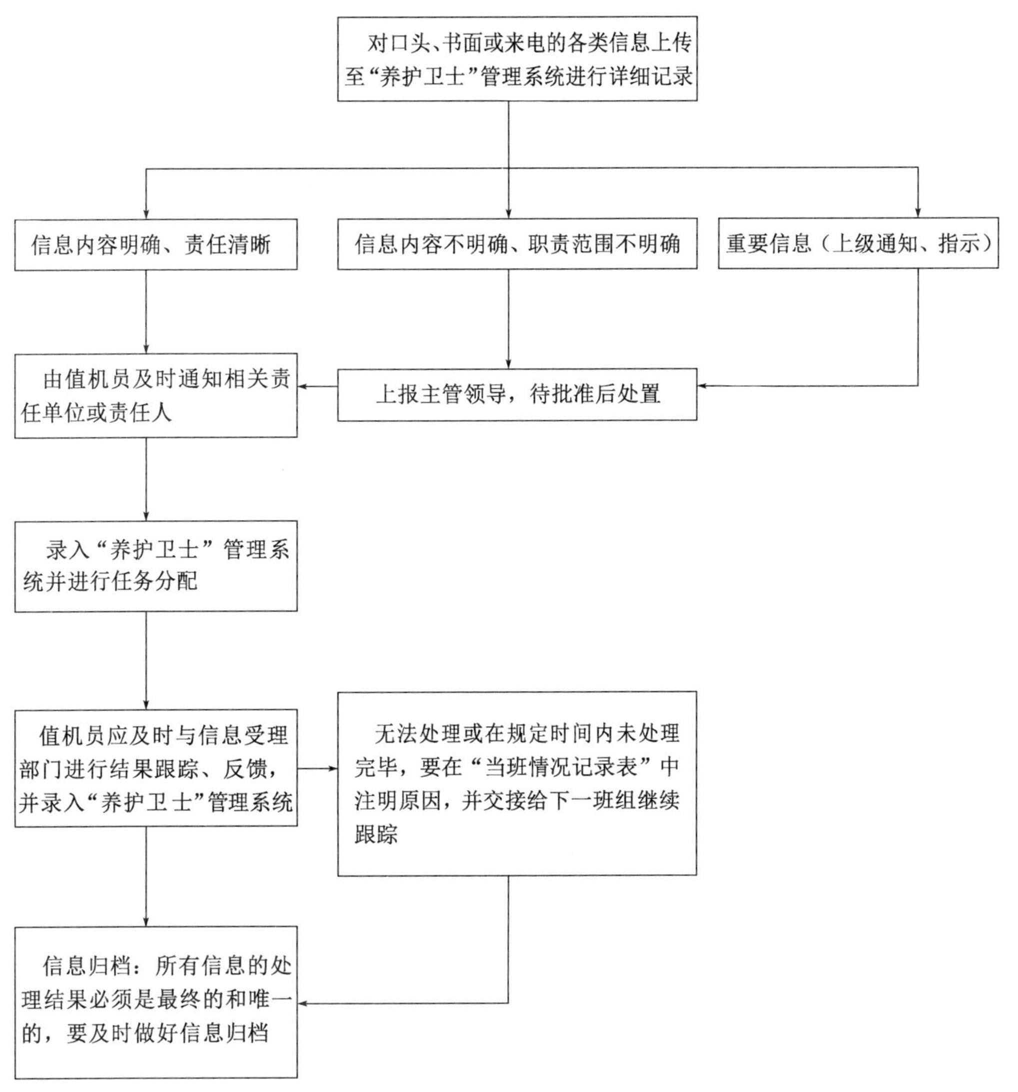

图 10.4-1　日常养护信息流程图

(3)设施损坏类信息。

信息管理部门接到收费、路产、集团信息中心 96011 远端坐席及其他相关单位提供的养护设施损坏信息后,通知所在路段养护项目部值班人员,由中心安排班组进行修复,修复完毕后,由养护项目部值班人员报告修复完成情况并将完成情况同步上传至“养护卫士”管理平台,信息管理部门回复信息来源单位,并做好相关记录。原则上回复时限不超过 24h。如果 24h 内未完成修复的,要及时说明情况。

(4)勤务保障类信息。

信息管理部门通过 96011 远端坐席系统接到勤务信息后,通知勤务通行路段养护项目部,转发勤务工单至养护项目部邮箱,并做好相关记录。二级、三级勤务电话通知养护项目部值班人员;一级勤务在二级、三级基础上短信通知养护项目部经理、养护单位主管部室负责人、养护单位主管领导;特级勤务在一级基础上短信通知养护单位班子成员。

(5)特殊天气应对信息。

特殊天气类型(雾、雨、雪、霾、风、沙尘等),收集报送内容包括影响时间、影响程度、影响范围、恶劣天气(积雪、结冰、路面积水等)下养护作业内容、作业进度、道路通行情况、出动人员、设备数量等信息。具体报送要求见相关文件。

3)工程类信息

(1)占路导改类信息。

由养护单位负责施工和导改的工程项目,由导改报批单位负责人在开工前3d内将施工占路批复信息上报信息管理部门,信息管理部门核实具体开工信息后,在第一时间通知收费、路产、集团信息中心。抢修类工程在抢修作业开始前12h内报送相关信息,并将每日施工计划与完成情况填入“养护卫士”系统。占路批复产生变更或延期的,应当及时补充报送。

(2)施工类信息。

由养护单位负责施工和导改的工程项目,由导改报批单位负责人在开工前3d内将施工占路批复信息上报信息管理部门,信息管理部门核实具体开工信息后,在第一时间通知收费、路产、集团信息中心。抢修类工程在抢修作业开始前12h内报送相关信息,并将每日施工计划与完成情况填入系统。占路批复产生变更或延期的,应当及时补充报送。

(3)应急突发事件与安全类信息。

突发事件是指突然发生,造成或可能造成重大人员伤亡、财产损失、生态环境破坏和严重社会危害,危及安全的紧急事件。

应急突发事件及安全类事件信息报送的基本要素是突发事件及安全事故、安全事件发生时间、地点、单位和涉及的人员、事件简要经过、原因初步判断、破坏类型、损坏程度、发展趋势、有无人员伤亡、有无起火、有无危险品爆炸等、对道路通行的影响情况、已采取的措施及下一步采取的处置措施、交通组织措施、安全措施、协调联动措施、事故控制情况、处置进度、处置投入情况、预计恢复正常通行的时间等。

①一般程度突发事件处理流程:

信息管理部门接到收费、路产、集团公司及相关部门提供的信息后,3min内电话通知所属路段养护项目部值班人员,值班人员通知抢险班组前往处理,要求抢险班组在接到信息后40min内到达现场,并由班组负责人电话报告信息管理部门抢险车辆车牌号、人员情况及现场基本情况,抢险完毕后再次报告抢险工作出动情况。信息管理部门接到信息后,反馈信息来源部门。

②严重程度突发事件处理流程:

信息管理部门接到收费、路产、集团公司及相关部门提供的信息后,3min内电话通知所属路段养护项目部经理,5min内通知养护单位主管部室负责人及公司领导,要求养护项目部抢险班组在接到信息后40min内到达现场,生产部门经理负责现场督导并报告现场情况,信息管理部门接到信息后,立即报告公司业务主管领导、公司经理,在获得批示后上报集团公司信息中心或其他信息来源单位。各单位应及时将事件进展情况续报公司信息管理部门,信息管理部门报公司经理后,报送至集团信息中心。

4)投诉建议与举报类信息(图 10.4-2)

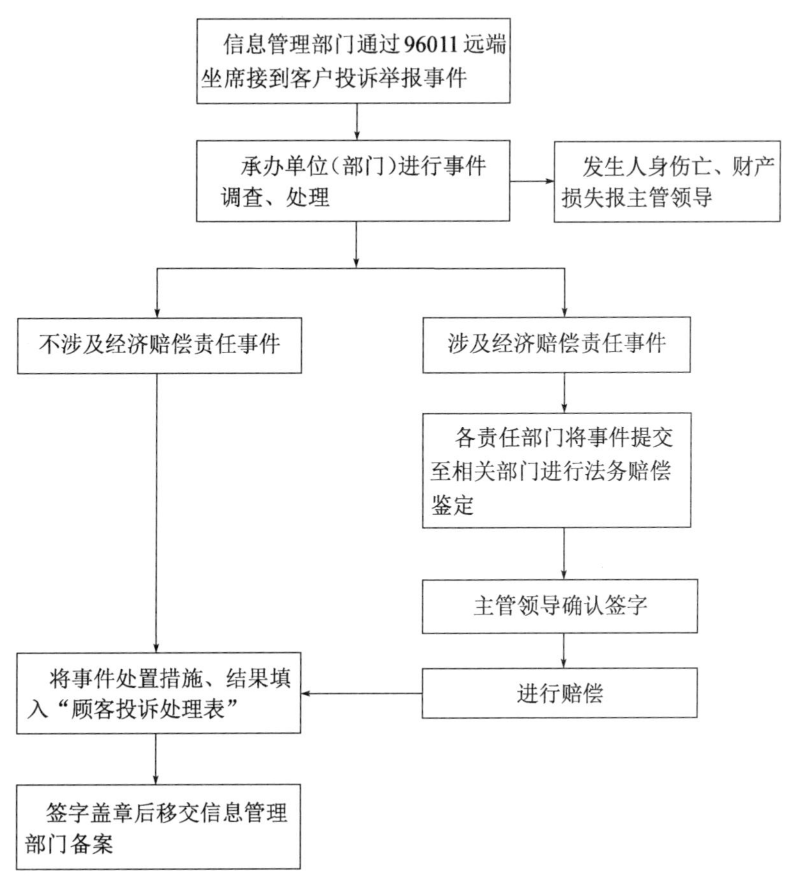

图 10.4-2　投诉建议与举报流程图

投诉建议与举报,是指社会公众采用电话、互联网、信件、传真等形式,向养护单位反映的,在养护公司管辖范围内的路产路权、养护救援、工程施工、内部管理等方面出现的服务质量、违法违规等行为。

(1)无经济赔偿事件的处理流程:

信息管理部门在受理投诉建议、举报事件后 30min 内,将事件信息形成顾客投诉处理表,并转发至责任单位。各承办单位(部门)接到投诉处理表后,应当及时调查处理,并将调查结果、处置措施填入表内签字盖章后上报至信息管理部门备案。

(2)有经济赔偿事件的处理流程:

当投诉举报事件涉及经济赔偿问题时,需各责任部门负责人将事件提交至综合事务部进行法务赔偿鉴定,经鉴定并由主管经理和公司经理确认签字后,进行赔偿。

对涉及多单位(部门)承办的投诉举报事件,相关单位(部门)应共同协商解决。涉及重大影响的投诉举报事件,应及时报告上级责任部门或主管领导。

第 11 章　资料管理

高速公路养护是高速公路运营管理的重要内容之一,而养护资料管理是养护工作的重要方面,是确保养护各项管理工作顺利实施的基础,也是养护工作圆满完成的重要步骤,更是验证养护各项工作成败得失及合理调配养护资金、制定养护计划和任务的依据。因此,重视养护资料的规范化管理,是全面搞好养护管理工作,促进养护管理各项工作规范化、科学化、现代化的重要手段。

随着高速公路运营管理的完善,资料管理内容逐渐丰富,从内容上分主要包括管理文件、日常养护资料、中修工程文件和大修工程文件,从形式上分主要包括文字资料、图表资料、影像资料等。

11.1　管理文件

管理文件构成如图 11.1-1 所示。

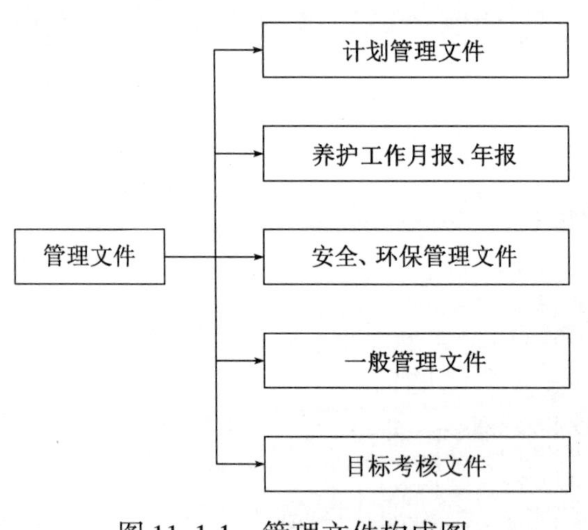

图 11.1-1　管理文件构成图

11.1.1　计划管理文件

计划管理文件主要有政府交通管理部门计划、调整计划、有关部门关于计划和单价的文件、计划申报、总结等。具体内容应包括:

(1)年度养护包干经费计划文件。

(2)年度调整计划文件。

(3)管养单位年度计划报告及附件。

(4)管养单位年度计划变更及附件。

(5)年度计划执行情况对比。

(6)单价管理文件:

①单价分析、咨询、审查报告及报批文件;

②设计预算咨询审查及报批文件;

③单价计划执行情况对比。

计划管理文件由运营管理部门收集并保存。部分文件需要养护单位及时上报。

11.1.2 养护工作月报、年报

1)养护报表

养护报表分为月报报表和年报报表,主要包括以下内容:

(1)月报:

①____年____月高速公路维护完成情况报表(表11.1-1);

②____年____月24h观测点交通量统计报表(表11.1-2);

③____年____月运营管理(养护)工作情况报告(表11.1-3)。

(2)年报:

①BCHD ____年养护费用年报(表11.1-4);

②BCHD ____年高速公路养护质量年报表(表11.1-5);

③BCHD高速公路养护机械年度统计报表(表11.1-6);

④____年____路各项养护指标完成情况(表11.1-7);

⑤BCHD高速公路年度好路率统计报表(表11.1-8);

⑥____年日平均观测点交通量统计报表(表11.1-9)。

2)养护报表上报时间

(1)月报:

每月23日前各养护项目部将统计月报上报养护主管部室,养护主管部室进行汇总于下月25日前上报质量监督单位。

(2)年报:

每年12月31日前各养护项目部将统计年报上报养护主管部室,养护主管部室进行汇总后于次年1月3日前上报质量监督单位,质量监督单位审核后上报运营管理部门。

3)养护报表上报要求

(1)上报报表要求数据真实、准确,统计对象以路为单位。

(2)在规定时间内上报一套由养护单位统一装订并由领导签字盖章的报表,运营管理部门备案,同时用电子邮件发送一份养护报表电子版。

(3)运营管理部门负责对养护单位上报报表进行审核,报表不合格分为普通不合格、严重不合格两种,“报表合格率”考核参见《运营管理目标考核体系》。

(4)运营管理部门根据养护单位上报报表进行汇总、分析、整理,编制BCHD运营管理旬、月、季、年报表上报集团公司。

(5)必要时,运营管理部门于每年年底组织对《报表体系》进行修改、完善。

4)集团公司年报上报程序

(1)按照市交通委及市路政局转发交通运输部文件要求完成《交通运输部公路统计年报》的上报工作。

(2)运营管理部门组织各养护单位完成运营管理相关数据的收集整理。

(3)运营管理部门按要求准时完成《交通运输部公路统计年报》的计算机录入工作。

(4)运营管理部门将生成的电子文档报集团公司经营发展部,由经营发展部完成对外上报。

(5)运营管理部门将经营发展部反馈的全套年报资料保留存档。

11.1.3 安全、环保管理文件

安全、环保管理文件主要包括:

(1)安全生产及环保的规定、指示、计划及通知。

(2)安全生产及环保的评比、奖罚等通知、通报。

(3)安全事故的调查、分析和处理文件。

(4)安全生产及环保工作方案、总结。

其中,(1)(2)由集团公司下发到养护单位,养护单位对其进行保管,(3)由集团公司保存,(4)是养护单位上报集团公司的资料,由集团公司和养护单位共同保管。

11.1.4 一般管理文件

一般管理文件主要包括:

(1)单位资质、组织机构、人员情况文件材料。

(2)内部规章、管理制度。

(3)综合性工作总结、汇报材料。

(4)奖惩文件材料。

(5)来往文件:

①管养单位和质量监督单位、承包人的往来文件;

②管养单位和厅、局部门的往来文件。

11.1.5 目标考核文件

目标考核文件内容主要包括:养护单位的养护工程质量自检文件,厅、局部门的抽检文件,奖罚文件、结论、结果。

(1)养护工作年度总结:

计划执行及考核情况、维修养护、抢险等工程量及单价执行情况,投资概况、路况调查检测情况,安全、环保规章制度,新技术的开发利用,经验教训及问题建议等。

(2)年度养护工作检查的报告:

①养护专项工程投资计划执行情况汇总表;

②年度养护计划执行情况表；
③专项工程上报及抽检数量明细表；
④专项工程数量汇总表；
⑤有关目标考核的通知。

11.2　日常养护资料

日常养护资料管理首先是养护工作计划的管理。每年年初高速公路养护单位根据季节、公路养护标准、实际路况及养护质量评定结果等合理编制全年的工作计划。每个月初根据季节、天气状况和实际路况等合理编制月份养护工作计划。

日常养护资料构成如图 11.2-1 所示。

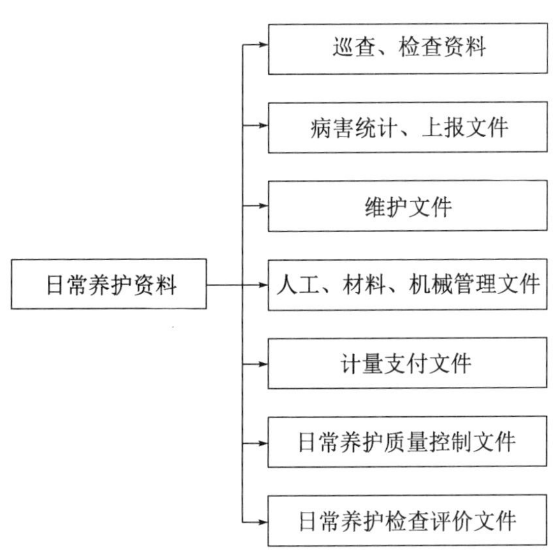

图 11.2-1　日常养护资料构成图

11.2.1　巡查、检查资料

巡查、检查资料包括：高速公路路况登记资料，高速公路巡查、检查资料（包括日常巡查、定期巡查、特殊巡查、专项巡查和路况调查）等。资料整理要求见表 11.2-1。

表 11.2-1　巡查、检查资料

资料名称	包含内容	说明
巡查、检查资料	高速公路路况登记资料	
	日常巡查	每日一次
	定期巡查	每月一次
	特殊巡查	灾害性天气前、中、后
	专项巡查	按需进行
	路况调查	一年一次

(1)高速公路路况登记资料:

①路面平面资料图;

②高速公路基本资料;

③路况示意图;

④构造物卡片,应包括桥梁、隧道、渡口、过水路面、房屋等;

⑤登记表应包括涵洞、挡土墙、绿化等。

(2)日常检查资料,详见本手册(养护篇)第3章相关内容。

11.2.2 病害统计、上报文件

病害统计及上报文件见本手册(养护篇)第6章相关内容。

11.2.3 维护文件

维护文件主要内容包括:养护维修申请报告单、养护维修任务通知单、养护作业临时用工申请表、养护维修验收单、高速公路养护工程路面补修记录、护栏维修记录。

11.2.4 人工、材料、机械管理文件

人工、材料、机械管理文件包括:

(1)机械设备行驶日志、工作日志和设备档案等资料。

(2)养护器材和材料的入库、验收、领用、出库,废旧材料回收、未用完材料的寄存等相关资料。

11.2.5 计量支付文件

主要内容应包括:小修保养人工、材料、机械支付表,小修保养计量表。

小修保养人工、材料、机械支付表根据集团公司相关规定或养护单位实际情况进行记录。

11.2.6 日常养护质量控制文件

日常养护质量控制文件主要内容包括:日常保洁、路基小修保养工程文件资料、桥梁涵洞小修保养工程文件、隧道小修保养工程文件、沿线设施小修保养工程文件、绿化小修保养工程文件、机电小修保养工程文件、房建小修保养工程文件、其他。

11.2.7 日常养护检查评价文件

见本手册(养护篇)第6章相关内容。

11.3 专项养护工程内业管理

专项养护工程内业管理主要包括:

(1)计划资料管理(项目立项与批复文件)。

(2)合同文件管理(招标文件、合同条款、评标等资料)。

(3)项目施工组织资料管理(审核工程计量、质量控制、审批工程变更及工程结算)。

(4)工程验收资料管理(施工总结、质量监督单位总结、竣工图、工程验收报告)。

(5)工程结算与资金管理(审核并支付工程款等相关资料)。

专项养护工程内业资料要准确、齐全。内业资料要包括计划、图纸、预算、招标文件、投标文件、合同文件、开工申请、施工组织设计、施工原材料检验、施工原始资料、施工照片、质量检验、质量监督单位资料、施工总结、质量监督单位总结、竣工图、工程决算、验收报告等。

11.3.1 计划资料管理

专项工程计划资料包括:

(1)主要项目内容、预计工程量、技术标准。

(2)工期安排。

(3)拟采用的施工方案(工艺流程、主要设备选型和配置)。

(4)拟采用的交通导改方案,附导改图及设施数量表。

(5)资金来源。

(6)其他问题及建议,包括对环境保护、节能、综合利用、安全等方面拟采取的措施。

(7)投资估算书,内容包括投资估算编制说明、投资估算表、工程数量表;投资估算金额由工程费、设计(方案)费、质量监督单位费、基本预备费、价差预备费组成。

(8)工程数量表。

(9)相关图表及现场照片,现场照片应能反映出主要问题,并有简要说明。

11.3.2 合同文件管理

合同文件主要包括:

(1)招标文件(投标须知、合同及条款、技术文件、投标书格式及附表、工程量清单、评标办法等)。

(2)评标资料(基本情况和数据表,评分小组成员名单,开标记录,符合要求的投标一览表,废标情况说明,评标标准、评标方法或者评标因素一览表,经评审的价格或者评分比较一览表,经评审的投标人排序,推荐的中标候选人名单与签订合同前应处理的事宜,澄清、说明、修正事项纪要)。

(3)中标通知书。

(4)合同等相关资料。

11.3.3 项目施工组织管理

项目施工组织管理资料包括:

(1)开工管理资料(开工申请报告、开工审批文件等)。

(2)施工过程控制管理资料(数量确认资料、工程计量资料、定期报告资料、工程变更资料、工程延期资料、工程索赔资料、材料价格变动资料等)。

(3)计量支付文件(中期支付证书、清单支付报表、计日工支付报表、中间计量表、计日工计量表、中间计量支付汇总表、决算书)。

(4)施工质量控制文件[施工组织设计报批文件、工程项目划分表、工程施工过程文件、计量仪器、设备检定(测试)报告、工程质量检验评定表及汇总表、工程质量保证资料、工程质量事故报告及处理记录、路基大中修工程文件、路面大中修工程文件、沿线设施中修工程文件、机电中修工程文件、试验检测资料等]。

11.3.4 工程验收资料管理

工程验收资料包括:交工申请资料(交工申请申报资料、工程交工报告)、交工验收资料、交工总结等。

11.3.5 工程结算与资金管理资料

工程结算与资金管理资料主要包括:结算管理资料、资金支付资料(专项工程费用支付申请)等。

结算工作结束后,施工单位按照科技档案编制要求,负责工程施工及结算资料的归档工作,并最终移交集团公司档案室。

11.3.6 其他管理资料

1)抢险工程文件

(1)现场灾情调查及分析资料(水毁情况汇总表、抢险现场基本情况表等)。

(2)处治方案及论证资料。

(3)抢险工程任务书。

(4)抢险工程质量控制文件。

(5)抢险工程评价资料。

(6)抢险完成情况总结(包括抢险概况、工程量、投资、安全质量评价及建议等)。

(7)计量支付文件。

2)图表及技术交底和会议纪要

(1)设计及变更图表。

(2)竣工图表:

①竣工图目录;

②变更单与相关竣工图对照汇总表;

③设计变更单;

④业务联系单;

⑤竣工图纸。

(3)设计交底和会议纪要。

(4)施工图交底会议纪要。

(5)关键施工技术交底记录。

(6)竣工验收会议记录。

3)进度控制文件(略)

4)安全管理文件(略)

5)环保管理文件(略)

6)交通流组织管理文件(略)

11.3.7 专项工程总结资料

专项工程竣工后,养护单位应将相关工程总结资料汇总、存档。总结资料主要包括:高速公路专项工程项目执行报告、高速公路专项工程质量监督单位工作报告、高速公路专项工程设计工作报告、高速公路专项工程施工总结报告、高速公路专项工程质量监督报告等。报告格式可采用相关文件推荐的表格形式。

表 11.1-1 ____年____月高速公路维护完成情况报表

填报单位(盖章)： 路名： 日期：

作 业 项 目	单位	完成工程量	工日	主要材料（数量）	主要机械	人工费（元）	材料费（元）	机械费（元）	其他直接费（元）	综合费（元）	费用合计（元）
1. 路容保洁											
2. 路面											
3. 路基											
4. 桥涵构造物											
5. 沿线设施											
6. 其他											
合计	—	—									

主管领导： 审核： 制表：

表 11.1-2 ____年____月 24h 观测点交通量统计报表

填报单位(盖章):　　　　日期:

路名	观测站名称	观测站桩号	观测日期	代表里程	小型客车		大型客车		小型货车		中型货车		大型货车		特大型货车		拖挂车		集装箱车		当月车辆绝对值	当月车辆折算值
					绝对值	折算值 系数1.0	绝对值	折算值 系数1.5	绝对值	折算值 系数1.0	绝对值	折算值 系数1.5	绝对值	折算值 系数2.0	绝对值	折算值 系数3.0	绝对值	折算值 系数3.0	绝对值	折算值 系数3.0		
备注:																						

主管领导:　　　　审核:　　　　制表:

表 11.1-3 ____年____月运营管理(养护)工作情况报告

填报单位(盖章)： 路名： 日期：

<table>
<tr><td colspan="9">一、养护</td></tr>
<tr><td>序号</td><td>路段</td><td>本月主要作业项目</td><td>单位</td><td>完成
工程量</td><td>人工
工日</td><td>主要
材料</td><td>主要
机具</td><td>费用合计</td></tr>
<tr><td></td><td></td><td>合计</td><td></td><td></td><td></td><td></td><td></td><td></td></tr>
<tr><td colspan="9">二、绿化</td></tr>
<tr><td>序号</td><td>路段</td><td>本月主要作业项目</td><td>单位</td><td>完成
工程量</td><td>人工
工日</td><td>主要
材料</td><td>主要
机具</td><td>费用合计</td></tr>
<tr><td></td><td></td><td>合计</td><td></td><td></td><td></td><td></td><td></td><td></td></tr>
<tr><td colspan="9">三、路产维护</td></tr>
<tr><td rowspan="3">巡视</td><td>次数</td><td></td><td>发案数量</td><td></td><td></td><td rowspan="2">清障</td><td>次数</td><td></td></tr>
<tr><td>公里数</td><td></td><td>结案数量</td><td></td><td></td><td>收清障费
(元)</td><td></td></tr>
<tr><td>路产巡视率
(%)</td><td></td><td>损失金额(元)</td><td></td><td></td><td rowspan="2">掘占地</td><td>次数</td><td></td></tr>
<tr><td rowspan="3">交通案件</td><td>数量</td><td></td><td>收缴金额(元)</td><td></td><td></td><td>收缴金额
(元)</td><td></td></tr>
<tr><td>伤</td><td></td><td>累计路损赔偿率(%)</td><td></td><td></td><td rowspan="2">超限
运输</td><td>次数</td><td></td></tr>
<tr><td>死</td><td></td><td>累计路产案件结案率(%)</td><td></td><td></td><td>收缴金额
(元)</td><td></td></tr>
<tr><td colspan="9">四、专项工程</td></tr>
<tr><td>序号</td><td>路段</td><td>本月主要作业项目</td><td>完成
工程量</td><td></td><td>人工
工日</td><td>主要
材料</td><td>主要
机具</td><td>费用
合计</td></tr>
<tr><td></td><td></td><td>合计</td><td></td><td></td><td></td><td></td><td></td><td></td></tr>
<tr><td colspan="9">五、重大、突发及其他特殊事件</td></tr>
<tr><td>序号</td><td>路段</td><td>时间</td><td colspan="3">事件描述</td><td colspan="2">处理结果</td><td>费用</td></tr>
<tr><td></td><td></td><td></td><td colspan="3"></td><td colspan="2"></td><td></td></tr>
<tr><td></td><td></td><td></td><td colspan="3"></td><td colspan="2"></td><td></td></tr>
<tr><td></td><td></td><td></td><td colspan="3"></td><td colspan="2"></td><td></td></tr>
<tr><td></td><td></td><td></td><td colspan="3"></td><td colspan="2"></td><td></td></tr>
</table>

主管领导： 审核： 制表：

表11.1-4 BCHD ____年养护费用年报

填报单位盖章：

科目	养护里程(km)	养护人员总数	全年交通量	年度养护经费计划(万元)	养护费用(万元)												绿化费用(万元)					
					管理费	人工费	材料费	机械费	折旧费	除雪	防汛	隧道养护	泵站	路灯维护费	交通量调查	合计	管理费	人工费	材料费	机械费	折旧费	合计
××路																						
××路																						
××路																						
××路																						
××路																						
××路																						
××路																						
××路																						
××路																						
××路																						
××路																						
××路																						
××路																						
××路																						
合计																						

续上表

科目		××路	××路	××路	××路	××路	××路	××路	××路	××路	××路	××路	××路	××路	××路	合计
路产维护费用(万元)	管理费															
	人工费															
	材料费															
	机械费															
	合计															
年度总计养护费用(万元)																
平均每公里费用(万元)																

主管领导：　　　　审核：　　　　制表：

表 11.1-5 BCHD ____年高速公路养护质量年报表

填表单位盖章： 填报日期：

路名	养护里程（km）	评定里程（km）	路况得分						路况等级					
			路面	路基	桥涵构造物	沿线设施	绿化	合计	优	良	中	次	差	好路率

主管领导： 审核： 制表：

表 11.1-6　BCHD 高速公路养护机械年度统计报表

填表单位盖章：　　　　　　　　　　　　　　　　　　填报日期：

机械名称	机械型号	购买日期	购买价格（元）	完好率（%）	利用率（%）	年度折旧率（%）	全年台班数（个）	年维修保养费（万元）	全年行驶里程（km）	全年油耗（升）	全年费用合计（元）

主管领导：　　　　　　　　　　审核：　　　　　　　　　　制表：

表 11.1-7 ____年____路各项养护指标完成情况

填报单位盖章：　　　　　　　　　　填报日期：

项目名称	1月	2月	3月	4月	5月	6月	7月	8月	9月	10月	11月	12月	平均
养护综合值													
路产案件结案率(%)													
事故追偿率(%)													
绿化覆盖率(%)													
绿化成活率(%)													
绿化保存率(%)													
机械完好率(%)													
机械利用率(%)													
工伤频率(%)													
安全达标率(%)													

主管领导：　　　　　　　　审核：　　　　　　　　制表：

表 11.1-8　BCHD 高速公路年度好路率统计报表

填报单位盖章：　　　　　　　　　　　　填报日期：

路名	主路里程(km)	匝道里程(km)	月份												主路(含匝道)年均好路率
			1	2	3	4	5	6	7	8	9	10	11	12	

主管领导：　　　　　　　　审核：　　　　　　　　制表：

表 11.1-9 ____年日平均观测点交通量统计报表

填报单位盖章：　　　　　　　　填报日期：

路名	观测站名称	观测站桩号	观测日期	代表里程	小型货车		中型货车		大型货车		小型客车		大型客车		拖挂车		当月车辆绝对值	当月车辆折算值
					绝对值	折算值	绝对值	折算值	绝对值	折算值	绝对值	折算值	绝对值	折算值	绝对值	折算值		
						系数1.0		系数1.0		系数1.0		系数0.5		系数1.0		系数1.5		
说明：																		

主管领导：　　　　　　　　审核：　　　　　　　　制表：

附录A 首发集团高速公路养护管理考核办法

首发集团高速公路养护管理考核办法

为加强高速公路的养护管理工作,确保高速公路的养护质量,依据现行《公路沥青路面养护技术规范》(JTG 5142)、《公路桥涵养护规范》(JTG 5120)、《公路隧道养护技术规范》(JTG H12)、《运营管理手册》的规定,特制定本办法。

1. 养护考核

按1000分标准进行,分清扫保洁、路面养护、路基养护、桥涵隧养护、沿线设施养护、应急抢险、内业管理、安全生产及文明施工等八部分,其中清扫保洁、路面养护、桥涵隧养护的分值为200分,路基养护、沿线设施养护、应急抢险的分值为100分,其余为50分。

2. 防汛、除雪的检查考核

按100分单独进行。

3. 养护综合值

养护综合值是衡量综合养护质量的指标,以百分计。养护综合值(Y)由清扫保洁评分值、路面质量评分值、路基质量评分值、桥涵隧质量评分值、沿线设施质量评分值、应急抢险质量评分值、内业管理质量评分值、安全管理质量评分值组成。

(1)养护月度综合值计算方法:

$Y_i = 100 -$(日常检查扣分+月度检查扣分+专项检查扣分)$-$指令单扣分

(2)养护年度综合值计算方法:

$$Y = (Y_1 + Y_2 + \cdots\cdots + Y_{12})/12$$

式中:Y——养护年度综合值;

Y_i——养护月度综合值,其中 $i = 1, 2, 3, \cdots\cdots, 12$。

检查分为三种,日常检查、月度检查、专项检查三类。

①日常检查。

由第三方质量监督单位不定期检查作业情况及重点部位,记录不合格内容,根据严重程度,采取电话通知、信息平台或整改通知单等方式通知养护单位,第三方质量监督单位在规定时间复查时如发现问题未整改或未达到要求,将根据实际情况下发指令单。

②月度检查。

由第三方质量监督单位每月对日常养护整体作业情况进行检查,第三方质量监督单位对随机确定的检查路段进行考核,对发现的问题由第三方质量监督单位和养护单位进行现场签认,依据现场签认结果和《首发集团高速公路养护管理检查考核办法》,对问题进行扣分扣款，月度检查考核结果纳入《月度养护检查考核报告》中。

③专项检查。

根据上级单位工作要求和文件精神以及集团公司要求，由运营管理部或第三方质量监督单位针对某项突出问题，记录不合格内容，根据严重程度，采取电话通知、信息平台或整改通知单等方式通知养护单位，第三方质量监督单位在规定时间复查时如发现问题未整改或未达到要求，将根据实际情况下发指令单。

第三方质量监督单位结合绿化养护考核标准及现场检查结果，每月底前编写《月度养护检查考核报告》上报运营管理部并下发到养护单位，报告中需描述日常检查情况、月度检查情况、专项检查情况、当月问题及整改情况、考核扣分扣款情况及下一月度重点工作等内容。

4. 整改通知单和指令单

(1)整改通知单。整改通知单是第三方质量监督单位就较严重问题向绿化养护单位下发的具有处罚性质的书面整改通知，作为扣分扣款的依据。整改通知单需具体描述发现问题的时间、地点、相关问题整改完成时间及整改要求。

下列情况，由第三方质量监督单位下发整改通知单，按照养护考核标准(见附件)进行处罚：

①在日常检查、月度检查、专项检查中发现较严重问题时，下发整改通知单；

②养护单位根据相关行业单位公布的问题，进行有效分析并整改，第三方质量监督单位进行监督，对于整改不到位的，下发整改通知单。

(2)指令单。指令单是第三方质量监督单位向养护单位下发的具有严厉处罚性质的书面通知，作为扣分扣款的依据。

A. 下列一般情况，由第三方质量监督单位直接下发指令单，在月度考核时扣 10 ~ 20 分，同时在年度扣款时，每张指令单扣款 3 万元。

a. 在日常检查、专项检查、月度检查发现问题仍未按标准要求整改的。

b. 在日常检查、专项检查中发现下列情形的：作业中存在严重安全隐患的、出现严重质量事故的。

c. 日常养护工作存在下列情形的：重大保障工作中保障不力的、应急处置工作中处置不力的。

B. 下列特殊情况，经运营管理部研究确定后，由第三方质量监督单位下发指令单：

a. 发生被中央单位、中央媒体机构等通报或曝光的情况，根据影响程度，在月度考核时每次通报或曝光扣分 30 ~ 50 分，同时在年度扣款时扣款 20 万 ~ 30 万元。

b. 发生被市级主管部门、北京市媒体机构等通报或曝光的情况，根据影响程度，在月度考核时每次通报或曝光扣分 20 ~ 40 分，同时在年度扣款时扣款 10 万 ~ 20 万元。

c. 发生被集团公司领导通报批评的情况，根据影响程度，在月度考核时每次通报扣分 10 ~ 30 分，同时在年度扣款时扣款 5 万 ~ 10 万元。

5. 合同费用支付

(1)养护合同款的 90% 分配到各月支付，养护合同款的 10% 结合全年绿化考核结果在年底支付。

(2)养护年度综合值在95(含)分以上,年度养护费用支付时,不扣除合同款和整改通知单扣款,扣除指令单扣款。

(3)养护月度综合值在85(含)~95分之间,年度养护费用支付时,不扣除合同款,扣除整改通知单扣款和指令单扣款。

(4)养护年度综合值低于85分时,扣除整改通知单扣款和指令单扣款外,合同款按以下百分比扣除:

①83(含)~85分(不含)时,扣除1%;

②80(含)~83分(不含)时,扣除2%;

③低于80分(不含)时,扣除4%。

附件A-1 养护质量检查考核标准

附件A-2 防汛检查考核标准

附件A-3 除雪检查考核标准

附件A-1 养护质量检查考核标准

项　目	养护扣分项目	满分	扣分标准	项目扣款(元)
清扫保洁(200分)	1.1 主路车道至路缘石有飘落物、废弃物	40	2分/处	200
	1.2 匝道车道至路缘石有飘落物、废弃物	50	2分/处	200
	1.3 主路车道至路缘石清扫不净,有明显渣土	30	4分/10延米	400
	1.4 匝道车道至路缘石清扫不净,有明显渣土	20	2分/10延米	200
	1.5 路肩上有渣土、石块、无轮胎等杂物	20	2分/处	200
	1.6 路肩至护网范围内有垃圾、杂物、飘落物	20	2分/处	200
	1.7 隔离带内有垃圾、杂物,有堆积物	20	2分/处	200
路面(200分)	2.1 路面有大于0.5cm的(纵、横)裂缝	20	2分/处	200
	2.2 裂缝灌注质量不达标	20	2分/处	200
	2.3 路面出现0.04m^2以上的坑槽未修复	40	4分/处	400
	2.4 坑槽修补几何图形不规则,接茬不平顺,存在“贴膏药”现象	20	2分/处	200
	2.5 路面局部沉陷、变形(深小于3cm以上)	40	4分/m^2	400
	2.6 路面出现翻浆、松散、泛油现象	20	2分/m^2	200
	2.7 路面方砖线形不平整	10	2分/10m	200
	2.8 路面方砖有拱起现象	10	2分/处	200
	2.9 路缘石线形不顺畅	10	2分/10m	200
	2.10 井盖、井圈、井座有缺损、丢失	10	2分/处	200
路基(100分)	3.1 土质路肩外边缘不顺适	4	1分/处	100
	3.2 土质路肩填土不实,有冲沟、塌陷	8	1分/处	100
	3.3 硬化路肩有沉陷、凸起、裂缝	8	1分/处	100
	3.4 六棱网格砖边坡不坚实、不平整	4	1分/处	100
	3.5 六棱网格砖边坡有塌陷现象	4	1分/处	100

续上表

项　目	养护扣分项目	满分	扣 分 标 准	项目扣款(元)
路基 (100 分)	3.6 浆砌片石边坡出现破损,勾缝剥落	4	1 分/处	100
	3.7 浆砌块石边坡出现破损,勾缝剥落	4	1 分/处	100
	3.8 桥梁锥坡护砌出现塌陷、损坏	4	1 分/处	100
	3.9 桥梁锥坡护砌松动	4	1 分/处	100
	3.10 土质边坡不坚实、不平整	4	1 分/处	100
	3.11 土质边坡出现冲沟现象	4	1 分/处	100
	3.12 排水设施不完整畅通,有淤积	4	1 分/处	100
	3.13 泄水槽结构出现损坏	4	1 分/处	100
	3.14 边沟结构出现损坏	4	1 分/处	100
	3.15 截水沟结构出现损坏	4	1 分/处	100
	3.16 雨水井结构出现损坏	4	1 分/处	100
	3.17 泵站的设施不是处于正常的使用状态	4	1 分/处	100
	3.18 泵站的水泵工作不正常	4	1 分/处	100
	3.19 进出水口不通畅	4	1 分/处	100
	3.20 下游排水不通畅	4	1 分/处	100
	3.21 挡墙有裂缝、沉陷、倾斜	4	1 分/处	100
	3.22 挡墙泄水口堵塞	4	1 分/处	100
	3.23 挡墙勾缝水泥剥落	4	1 分/处	100
桥涵隧 (200 分)	4.1 伸缩缝混凝土破损	12	2 分/处	200
	4.2 伸缩缝内有杂物、止水带出现破损	12	2 分/处	200
	4.3 桥面排水孔堵塞	12	2 分/处	200
	4.4 泄水管堵塞	12	2 分/处	200
	4.5 泄水管丢失	12	2 分/处	200
	4.6 桥梁结构缺损、掉漆	8	2 分/处	200
	4.7 桥梁栏杆缺损、掉漆	8	2 分/处	200
	4.8 支座不完整、不清洁	8	2 分/处	200
	4.9 支座松动,出现异常变形(不报告)	8	2 分/处	200
	4.10 护坡、侧墙等附属工程破损	10	2 分/处	200
	4.11 涵洞排水不畅,堵塞	12	2 分/处	200
	4.12 涵洞结构破损、剥落、裂缝	16	2 分/处	200
	4.13 通道结构破损、剥落、裂缝	16	2 分/处	200
	4.14 涵洞基础出现冲刷、掏空现象	12	2 分/处	200
	4.15 隧道洞口、洞身、翼墙裂缝、渗水	6	2 分/处	200
	4.16 隧道洞壁不清洁,有污染	6	2 分/处	200
	4.17 隧道内标线不清晰	6	2 分/处	200

续上表

项　　目	养护扣分项目	满分	扣 分 标 准	项目扣款(元)
桥涵隧 (200 分)	4.18 隧道内车道有油泥	8	2 分/处	200
	4.19 隧道路面有坑槽、裂缝、沉陷	8	2 分/处	200
	4.20 隧道内排水设施不畅	8	2 分/处	200
沿线设施 (100 分)	5.1 标志牌牌面不清晰、有残缺	4	2 分/处	200
	5.2 标志牌立柱倾斜	4	2 分/处	200
	5.3 里程牌、百米牌出现污染	2	1 分/处	100
	5.4 里程牌、百米牌悬挂不整齐、丢失未补	2	1 分/处	100
	5.5 标志牌有明显灰尘、异色污染、悬挂物	2	1 分/处	100
	5.6 标志牌有缺损、丢失未补	2	1 分/处	100
	5.7 防眩板不整齐、出现歪斜现象	4	2 分/处	200
	5.8 防眩板有缺损,丢失未补	4	2 分/处	200
	5.9 防眩板有明显灰尘、异色污染	2	1 分/处	100
	5.10 护栏保持线形不顺畅	4	1 分/处	100
	5.11 护栏修复不及时	4	1 分/处	100
	5.12 护栏立柱倾斜、松动	4	1 分/处	100
	5.13 护栏立柱盖帽不齐全	4	1 分/处	100
	5.14 防阻块松动,连接螺栓有缺损	4	1 分/处	100
	5.15 护栏、立柱有锈蚀	4	1 分/处	100
	5.16 护网不直顺,歪斜下沉,修复不及时	4	1 分/处	100
	5.17 护网缺件,有破损未修复	4	1 分/处	100
	5.18 护网有异色污染、悬挂物	4	1 分/处	100
	5.19 玻璃钢隔离墩有损坏	3	1 分/处	100
	5.20 玻璃钢隔离墩位置移动	3	1 分/处	100
	5.21 玻璃钢隔离墩出现污染、悬挂物	3	1 分/处	100
	5.22 中央开口带隔离栅有缺口	4	1 分/处	100
	5.23 中央开口带隔离栅损坏、缺件	4	1 分/处	100
	5.24 中央开口带出现污染	3	1 分/处	100
	5.25 路灯照明不正常,有瞎灯未及时修复	4	1 分/处	100
	5.26 灯杆有异色污染、电缆井盖缺损	4	1 分/处	100
	5.27 消能桶表面污染、有悬挂物	3	1 分/处	100
	5.28 消能桶有缺损、位置移动	3	1 分/处	100
	5.29 轮廓标有缺损、丢失未补	2	1 分/处	100
	5.30 轮廓标有明显灰尘、异色污染、悬挂物	2	1 分/处	100
应急抢险 (100 分)	6.1 应急电话未 24 小时保持通畅	20	2 分/次	200
	6.2 夜间值班工作未落实	20	2 分/次	200

续上表

项　　目	养护扣分项目	满分	扣分标准	项目扣款(元)
应急抢险(100分)	6.3 未在规定时间内到达现场	20	2分/次	200
	6.4 未在规定时间内清理现场	20	2分/次	200
	6.5 未按要求完成其他零星工作和应急响应工作	20	2分/次	200
内业(50分)	7.1 未及时分解月度计划,未按时实施	5	1分/月	100
	7.2 路况调查不按规定要求实施	5	1分/季	100
	7.3 路况调查数据不完整,计算不准确	5	1分/处	100
	7.4 未按规定的时间、断面完整测定交通量	5	1分/处	100
	7.5 交通量调查数据不完整,计算不准确	5	1分/处	100
	7.6 桥梁经常性检查不及时、全面	5	1分/处	100
	7.7 经常性检查记录不准确,桥梁工程师未签字	5	1分/处	100
	7.8 养护原始记录不准确、负责人未签字	5	1分/处	100
	7.9 须上报资料不及时、不准确、不齐全,养护基础资料不齐全	5	1分/月	100
	7.10 对业主发出的整改通知未有及时的整改措施和消项记录	5	2分/次	200
安全及文明施工(50分)	8.1 没设专职安全员,未落实安全责任制	5	5分/处	500
	8.2 未定期组织安全教育和培训,记录不齐全	5	2分/次	200
	8.3 保洁人员未逆行车方向作业	5	1分/处	100
	8.4 作业人员未着标志服,作业未在安全区内	5	1分/处	100
	8.5 作业现场未按规范要求摆放,未设专人疏导	5	1分/处	100
	8.6 特种作业未按规范操作,未在安全范围内	5	2分/处	200
	8.7 养护机械未按规定上路,机手操作不规范	5	2分/处	200
	8.8 路灯维修作业要符合有关安全规定	5	2分/处	200
	8.9 电器、燃料等物资未按要求存放	5	1分/处	100
	8.10 出现工伤事故或责任事故	5	5分/次	500

附件A-2　防汛检查考核标准

项　　目	养护扣分项目	满分	扣分标准	项目扣款(元)
防汛(100分)	1. 未认真编制防汛预案,未及时报运营部备案	10	2分/次	2000
	2. 未按照预案要求备齐、放置防汛物资	10	2分/次	2000
	3. 防汛设备运转不正常	10	2分/处	2000
	4. 未制定值班制度及值班表	10	2分/处	2000
	5. 领导带班脱岗、值班人员脱岗	10	2分/次	2000

续上表

项　　目	养护扣分项目	满分	扣 分 标 准	项目扣款(元)
防汛 (100 分)	6. 没有安排人员雨中巡视,没有记录	10	2 分/次	2000
	7. 发现问题未及时处理、未采取有效措施	10	2 分/次	2000
	8. 雨后没有及时检查排水设施,出现堵塞	10	2 分/处	2000
	9. 未及时修复损坏的设施	10	2 分/处	2000
	10. 原始记录不准确、完整,负责人未签字	10	2 分/处	2000

附件 A-3　除雪检查考核标准

项　　目	养护扣分项目	满分	扣 分 标 准	项目扣款(元)
除雪 (100 分)	1. 除雪预案未编制、内容不全面	10	2 分/次	2000
	2. 未及时报相关部门备案	10	2 分/次	2000
	3. 未按照预案要求备齐、放置除雪物资	10	2 分/处	2000
	4. 除雪物资账实不相符	10	2 分/处	2000
	5. 除雪设备运转不正常,没有培训记录	10	1 分/处	1000
	6. 领导带班脱岗、遇有降雪人员未到岗	10	2 分/次	2000
	7. 没有安排人员雪中巡视,没有巡视记录	10	2 分/次	2000
	8. 没有在市里规定时间内完成除雪任务	10	2 分/次	2000
	9. 雪后未及时检查除雪效果,路面有结冰	10	2 分/处	2000
	10. 上报除雪情况不及时,不准确	10	2 分/次	2000

附录 B　首发集团公司专项工程投资管理暂行办法

首发集团公司专项工程投资管理暂行办法

第一章　总　则

第一条　为了加强首发集团公司内部专项工程投资管理，建立健全专项工程投资管理体系，明确集团公司相关部室及单位在专项工程投资管理中的职责，对项目投资实行有效控制，依据国家有关法律法规，结合集团公司实际，制定本办法。

第二条　专项工程项目指集团公司内部涉及收费运营、养护、绿化、物业后勤等方面；总投资在 5000 万元以下、且不涉及新征占地的公路及附属设施的改扩建、中修、改造、维修工程项目。

第三条　专项工程项目投资管理，主要包括：

（一）立项申报和审批阶段投资管理（投资估算审核及审批）。

（二）施工准备阶段投资管理[设计概（预）算、施工合同审核及审批]。

（三）施工阶段投资管理（审核工程计量、审批工程变更及工程结算）。

（四）资金管理（审核并支付工程款）。

第二章　投资控制管理体系

第四条　集团公司投资控制管理部门主要有：集团公司经营发展部，工程建设管理部，运营管理部门，资产物业管理部，财务管理部，相关分、子公司。其职责分别为：

（一）经营发展部负责专项工程的立项审批、监督项目投资执行情况、参与项目资金支付、结算审计。

（二）工程建设管理部、运营管理部门、资产物业管理部等业务主管部室负责编制及修订归口业务的专项工程的管理细则，负责立项申报预审核；组织需要招标确定的设计、质量监督单位、施工单位的招标工作；负责项目实施中进度、质量、造价、安全文明施工、合同履行情况等方面指导、协调、检查、监督工作；负责协调解决项目实施过程中的难点、重点问题；参与项目资金支付、结算审计。

（三）财务管理部负责专项工程的资金支付、组织结算审计。

（四）分、子公司负责项目实施过程中投资控制管理的具体工作，包括立项申报，设计概算、施工合同、工程计量、工程变更、工程结算的控制等。

第三章　立项申报和审批管理

第五条　立项申报和审批程序如下：

(一)分、子公司编制项目建议书,上报集团公司业务主管部室,同时抄报经营发展部。如项目复杂可由分、子公司提出需求,由集团公司业务主管部门委托有相应资质的工程咨询单位编制项目建议书。对于技术复杂,施工难度大的专项工程施工方案应由主管部室组织专家论证会、集团公司各相关部室参加,确定拟采用施工方案,报集团公司审批。

(二)业务主管部室进行审核:从立项的必要性、施工及交通导改方案的可行性、技术标准的适宜性、投资估算的准确性等方面书面提出审核意见,送经营发展部。

(三)经营发展部复核:经过现场核实对立项的必要性、施工方案、投资估算等方面进行全面复核,并从集团公司全局出发,对建设规模、资源的优化配置、资金供应、外部协作条件等方面进行综合平衡并提出复核意见。

(四)立项的审批:根据业务主管部室审核意见、专家论证会意见或咨询公司的评估意见及经营发展部提出专项工程立项复核意见,上报集团公司经理办公会研究,批准后纳入公司年度经营发展计划或调整计划。

第六条 申报专项工程具体要求如下:

(一)申报理由充分、依据真实可靠;技术方案可行,造价合理;数据测算准确;并对工程预期达到的效果(或效益)做全面分析、论证。

(二)每年10月申报下年度专项工程计划;每年6月申报半年调整专项工程计划。各单位根据实际需要,按照轻重缓急、利于节约的原则提出立项申请,按照规定的文本格式编制项目建议书,盖章后报送。

(三)项目建议书的内容主要包括:

1. 项目建设依据、理由及建设的必要性。
2. 建设规模。
3. 技术标准、工艺流程、主要设备选型和配置。
4. 工期安排。
5. 拟采用的施工方案。
6. 拟采用的交通导改方案(要求附导改图,设施数量表)。
7. 资金来源。
8. 其他问题及建议(对环境保护、节能、综合利用等方面拟采取的措施)。
9. 投资估算书(内容包括投资估算编制说明、投资估算表、工程数量表;投资估算金额由工程费、设计费、质量监督单位费、基本预备费、价差预备费组成;其编制执行国家、北京市及集团公司相关规定)。
10. 工程数量表。
11. 相关图表及现场照片。

(四)其他要求:

工程范围、结构形式、工程数量明确、施工及交通导改方案简单的专项工程投资估算应达到设计概(预)算深度。

第四章　施工准备阶段投资控制

第七条 推行设计、质量监督单位、施工招标制度,从设计图纸、施工合同、施工组织设计等方面对设计概算、工程造价进行投资控制管理。

第八条　对不改变桥梁主体结构、不改变路面结构、不改变永久性房屋结构、不改变绿化形式且投资较小的专项工程不需要委托设计时,可直接委托集团公司养护、绿化子公司按照国家及北京市相关规范标准设计实施。

对其他项目推行设计招标制度,主要要求如下:

(一)对涉及道路路面、大型桥梁结构维修等投资大、技术含量高或改变永久性房屋结构、改变绿化形式的专项工程,以及重大或重要专项工程,由工程建设管理部会同业务主管部室组织分、子公司通过招标、设计方案竞争比选择优确定或直接委托设计单位。

(二)要求设计单位进行限额、优化设计,严格控制超投资设计。业务主管部室应组织施工图审查,相关部室参加,经营发展部侧重审查施工图预算。

第九条　推行建设质量监督单位招标制度。按照国家规定,实施工程建设质量监督单位,由业务主管部室组织招标或委托有相应资质、资历的质量监督单位。

第十条　对涉及道路路面、大型桥梁结构维修等投资大、技术含量高的高速公路养护绿化专项工程,推行施工招标制度,由业务主管部室根据国家及北京市相关规定组织公开或内部招标择优选择施工单位。

对于技术简单、施工难度不大的常规作业的专项工程,业务主管部门可以直接委托集团公司内部养护单位实施。

第十一条　建立开工报告制度:

(一)申请开工报告。分、子公司做好各项准备工作、具备开工条件后,需向业务主管部室提出开工申请。

(二)项目开工必须具备的条件:

1.项目建议书、投资估算已批准立项。

2.设计施工图纸齐全、满足施工需要,已完成设计交底,设计概算不超投资估算。

3.质量监督单位、现场质量监督单位工程师已明确;质量监督单位合同已签定。

4.施工单位、项目经理、主要技术生产人员已明确,施工合同已签定。

5.施工现场具备一定的施工条件,施工组织设计或施工方案已报质量监督单位、业务主管部室审批同意。

(三)开工审批:由业务主管部室审批,抄送经营发展部、工程建设管理部、财务管理部备案。

第五章　施工阶段投资控制

第十二条　施工阶段投资控制主要从工程计量、工程变更、工程结算等方面进行控制。

第十三条　为确保计量客观、及时、准确,质量监督单位负责施工过程计量的检查、验收、审核、认定工作,定期向分、子公司报告情况;分、子公司负责每月向业务主管部室报送月工程进度及投资完成情况,同时抄送经营发展部;业务主管部室负责抽查、监督,定期组织召开专项工程例会,分析、汇总形成工程进度、投资完成情况及支付情况报告,每季度送经营发展部。

第六章　工程变更、延期、索赔、材料涨价管理与控制

第十四条　工程变更

各业务主管部室应依据各自专项工程的特点,制定工程变更管理办法,按办法中规定程序办理审批手续。

对于涉及结构设计变更、改变原施工方案、工程数量发生较大变化、调整内容超出批复总投资估算10%或单项变更金额超过30万元的项目,业务主管部室应及时组织经营发展部、工程建设管理部、分(子)公司、施工单位、结算审计单位共同到现场核实,并提出初步意见按变更管理程序报集团公司领导审批;对于调整内容小于批复总投资估算10%或单项变更金额小于30万元的项目由业务主管部门审批。

第十五条　工程延期

项目建设过程中出现工程严重逾期(超工期3个月)、投资重大损失等问题,分、子公司应及时向业务主管部室及经营发展部报告,依照有关规定可要求分、子公司进行整改或暂停项目建设。

第十六条　工程索赔

各业务主管部室应依据各自专项工程的特点,制定工程索赔管理办法,按办法中规定程序办理索赔申报审批手续。

第十七条　材料涨价

各业务主管部室应在招标文件或施工合同文件中明确规定材料涨价的具体条款及材料调差的计算方法。要求在项目实施过程中完善各项手续,纳入工程结算。

第七章　专项工程结算与资金管理

第十八条　结算管理

(一)实行专项工程结算必审制度。

(二)专项工程项目经交工验收合格后,分、子公司在28天内申报工程结算资料。

(三)由集团公司财务管理部组织,经营发展部、业务主管部室参加,通过招标择优选择或委托具有相应资质的第三方工程造价审计咨询单位进行工程结算审计。

(四)如果实施过程中没有发生工程变更、索赔、材料涨价及不可抗拒的事件,工程结算金额原则上不应超过投资估算中工程费用+设计费用+质量监督单位费用之和。

(五)在交工验收后56天内完成结算工作。

(六)工程结算结果需经财务管理部、经营发展部、业务主管部室会签同意后,由工程造价审计咨询单位出具正式结算审定单,进入资金支付程序。

(七)结算工作结束后,业务主管部室应按科技档案形式,将所有前期、施工、质量监督单位等工程资料及结算资料及时归档并移交集团公司档案室。

第十九条　资金管理

(一)按照招标文件或施工合同约定的支付比例及时间支付工程款。

(二)付款依据:

1.集团公司下达的《年度经营发展计划》或《年度经营发展调整计划》中的专项工程计划。

2. 批准的项目建议书(含投资估算)。

3. 合同及工程结算资料。

4. 工程形象进度及完成情况。

5. 集团公司相关部室会签的工程结算签报单、工程造价审计咨询单位出具的工程结算审定单。

(三)付款程序:

1. 分公司或子公司申请拨款。

2. 业务主管部室、经营发展部、财务管理部审核相关资料并会签。

3. 报领导签署后支付。

第八章　附　　则

第二十条　本办法自发布之日起暂行一年。

附件B-1　专项工程变更申请单

附件B-2　专项工程变更审批单

附件B-3　专项工程费用支付申请表

附件B-1　专项工程变更申请单

<table>
<tr><td>专项工程名称</td><td colspan="2"></td><td>变更编号</td><td colspan="2">变[　]号</td></tr>
<tr><td>承包人</td><td colspan="3"></td><td>合同号</td><td></td></tr>
<tr><td colspan="6">变更说明(附图表、照片资料):

承包人(章):　　　　项目经理(签字):　　　　年　月　日</td></tr>
<tr><td colspan="6">变更工程量(附简图、计算式):</td></tr>
<tr><td colspan="6">变更费用情况(招投标工程附清单及增补清单,并计算费用增减金额;非招投标工程附变更预算):

承包人合约工程师:　　　　年　月　日</td></tr>
<tr><td colspan="3">质量监督单位工程师意见:

签字:　　　　年　月　日</td><td colspan="3">设计代表意见:

签字:　　　　年　月　日</td></tr>
<tr><td colspan="6">分(子)公司意见:

签字(盖章):　　　　年　月　日</td></tr>
</table>

附件 B-2　专项工程变更审批单

<table>
<tr><td>专项工程名称</td><td></td><td>专项工程
变更编号</td><td>变批[　　]号</td></tr>
<tr><td>专项工程变更说明</td><td colspan="3">变更性质：1. 设计　　2. 施工
变更内容描述：
附件：1. 工程变更立项申请单　□
2. 变更设计方案　□
3. 其他　□</td></tr>
<tr><td>主管部门费用
审核意见</td><td colspan="3">签字：　　　　年　　月　　日</td></tr>
<tr><td>经营发展部
费用复核意见</td><td colspan="3">签字：　　　　年　　月　　日</td></tr>
<tr><td>主管部门意见</td><td colspan="3">签字：　　　　年　　月　　日</td></tr>
<tr><td>工程建设
管理部意见</td><td colspan="3">签字：　　　　年　　月　　日</td></tr>
<tr><td>经营发展部意见</td><td colspan="3">签字：　　　　年　　月　　日</td></tr>
<tr><td>主管领导意见</td><td colspan="3">签字：　　　　年　　月　　日</td></tr>
<tr><td>领导意见</td><td colspan="3">签字：　　　　年　　月　　日</td></tr>
</table>

注：较大及重大变更填写此表。

附件 B-3　专项工程费用支付申请表

申请单位		申请日期	
申请项目			
申请金额			
资金用途及情况说明			
业务主管部门意见	签字：		年　月　日
经营发展部意见	签字：		年　月　日
财务管理部意见	签字：		年　月　日
主管领导批示	签字：		年　月　日

制表：　　　　　　　　　　　　　　复核：

附录C　首发集团公司专项工程投资管理实施细则(暂行办法)

首发集团公司专项工程投资管理实施细则(暂行办法)

第一章　总　　则

第一条　根据《北京市首都公路发展集团有限公司专项工程投资管理暂行办法》(以下简称《暂行办法》),为加强专项工程管理,明确工作职责、范围和程序,特制定本细则。

第二条　本细则所指专项工程为由运营管理部门管理的养护、收费、路产、机电及附属设施改扩建、中修、改造、维修工程项目。

第三条　本细则所指施工单位,包括集团公司所属的各分、子公司及招标确定的施工单位。

第四条　运营管理部门对专项工程的管理工作主要包括:

(1)立项申报预审核;

(2)方案评审或预审;

(3)施工过程管理;

(4)参与结算支付;

(5)组织交工验收。

第二章　管 理 体 系

第五条　运营管理部门主要通过质量监督单位,各分、子公司或项目管理处进行专项工程管理。主要职责分别为:

(一)运营管理部门

1. 负责专项工程立项申请的预审核;

2. 办理集团公司指定的工程项目设计委托;

3. 组织专家论证会审核方案;

4. 指导、协调、检查、监督项目的实施;

5. 协调解决项目实施中存在的问题;

6. 组织交工验收;

7. 参与项目结算审计单位的选择确定。

(二)各分、子公司

1. 专项工程的立项申报;

2. 组织编制工程概算、施工图纸、设计委托、施工组织设计;

3. 施工质量、进度、安全管理；

4. 交通导改方案的制定、上报、催办及交管部门的协调工作；

5. 工程开工申请；

6. 工程变更、工程结算等的申报；

7. 办理工程交工手续，整理并提交竣工资料。

第三章　立项预审核

第六条　立项申报及预审核程序

(一)由各分、子公司依据《暂行办法》的要求编制项目建议书。如项目复杂、施工难度大及技术要求高时，可由分、子公司向集团公司提出书面请示，经集团公司批准后，再委托具有相应资质的工程咨询单位编制。

运营管理部门将对技术复杂、投资较大的专项工程的技术方案，组织召开专家论证会，并邀请集团公司相关部室参加，共同审定工程方案及拟采用的施工方案，报集团公司审批。

(二)运营管理部门预审核项目建议书的依据：

1. 根据桥(路)检等评定结果，结合现场察看，审核立项的必要性；

2. 根据现行规范及标准，结合工程特点及以往经验积累，审核拟采用方案的合理性、可行性；

3. 根据工程方案，结合现场条件和拟施工时间段，审核施工及交通导改方案的可行性；

4. 根据现有定额，结合拟采用的施工方案，审核投资估算的准确性；

5. 根据工程规模及预期投入，结合外部环境影响因素和交通导改方案，审核工期的合理性。

第四章　立项的审核要求

第七条　专项工程的立项审核要求

(一)基本要求

1. 申报理由充分，依据真实可靠

指影响路面、桥梁使用寿命及功能、存在行车安全隐患或不满足政府相关部门标准要求或依据行业标准危害周围企业、居民的正常工作、生活，需附有相关文件或诉求。

2. 技术方案可行，造价合理

一般应提出2～3套备选方案，从造价和技术等方面进行优化比选。

3. 数据测算准确

现场实测实量数据，并附有图、表和计算过程及相关图片。

4. 对工程预期效果(效益)有全面分析和论证

要求从技术、经济和社会效益等方面分析论证。

5. 立项者提出申请

从实事求是出发，按照轻重缓急、利于全寿命原则，提出立项申报。立项报告格式须符合要求，并由单位负责人签字加盖公章。

(二)时间要求

每年10月15日前申报下年度专项工程计划;

每年5月15日前申报半年调整专项工程计划。

(三)内容要求

1.项目建设依据、理由及建设的必要性;

2.建设规模、影响范围;

3.主要项目内容、预计工程量、技术标准;

4.工期安排;

5.拟采用的施工方案(工艺流程、主要设备选型和配置);

6.拟采用的交通导改方案,附导改图及设施数量表;

7.资金来源;

8.其他问题及建议,包括对环境保护、节能、综合利用、安全等方面拟采取的措施;

9.投资估算书,内容包括投资估算编制说明、投资估算表、工程数量表;投资估算金额由工程费、设计(方案)费、质量监督单位费、基本预备费、价差预备费组成;其编制执行国家、北京市及集团公司相关规定,参照造价定额方式;

10.工程数量表;

11.相关图表及现场照片,现场照片应能反映出主要问题,并有简要说明。

(四)其他要求

对于工程范围、结构形式、工程数量、施工及交通导改方案明确的专项工程投资估算应达到设计概(预)算深度,采用国家或者北京市概(预)算相关定额和编制办法进行编制。每专项申报一般应准备10分钟的PPT文件。

第五章 施工准备阶段

第八条 设计、质量监督单位、施工单位选择

技术复杂、施工难度大、投资额较大的重要专项工程设计、质量监督单位、施工单位通过招标或比选确定,招标或比选工作由工程建设管理部负责,运营管理部门及相关部室配合。

除需要招标的工程外,其他专项工程,集团公司可直接委托集团公司内部具有相应施工能力的分、子公司进行施工。如需设计,设计费超过50万元的通过招标或比选选择设计单位;不足50万元的,一般委托该工程所属项目的原设计单位设计。质量监督单位费超过50万元的通过招标或比选选择质量监督单位;不足50万元的可委托本市具备相应资质、信誉良好的质量监督单位。续建或分期实施项目的设计、质量监督单位工作原则上委托所属项目的原设计、质量监督单位实施。

根据集团公司确定的年度专项工程实施计划,结合每个专项工程实际情况,采取招标或委托方式确定实施单位,由运营管理部门提出意见,报集团领导审批。

第九条 工程合同的签订

经招标确定实施单位的,由工程建设管理部组织与实施单位签订有关合同;采用直接委托方式确定实施单位的,由运营管理部门组织与实施单位签订有关合同。

第十条 专项工程开工管理

专项工程开工必须得到批准,按照以下要求执行:

(一)开工须满足《暂行办法》中规定的必备条件。

(二)开工申请报告:

1.施工单位按照质量监督单位程序要求编制开工申请;

2.施工单位在开工前至少7天向质量监督单位提交开工申请;

3.质量监督单位接到开工申请后须认真审核,查验准备工作及交通导改方案落实情况;

4.质量监督单位签署审核意见后送运营管理部门。

(三)开工审批:

1.由运营管理部门在审核质量监督单位报送的开工报告后,符合要求的批复开工;

2.运营管理部门开工申请审批后,送集团公司相关部门。

第六章 施工阶段

第十一条 施工阶段投资控制,必须执行运营管理部门或项目管理部门批准的质量监督单位程序,严格数量确认和准确计量,控制变更,认真审核工程结算等。

为实现专项工程的投资控制目标,应逐渐推行确认、计量、支付、结算等合同管理程序。

专项工程施工严格执行国家及北京市相关制度,严禁施工单位违规将工程转包给其他单位或个人,如确需将部分工程项目分包给其他单位或个人的须报批后方可实施。

第十二条 数量确认

应根据批准的工程量(预估)清单所列细目确认工程数量,特殊情况下,经运营管理部门或项目管理部门批准,可现场同时确认工作量。

数量确认必须采用实测实量的方式,确认单须有简图、表格、计算式、计算结果,并附有施工三阶段的典型照片。

数量确认单须经质量监督单位签字确认。

第十三条 工程计量

工程计量依据为:质量合格、清单及规范、设计文件。

工程计量不得超出设计文件及数量确认单,其细目、单位须与清单相对应,由质量监督单位审核签字后报运营管理部门或项目管理部门批准。

第十四条 定期报告

施工单位每月向运营管理部门或项目管理部门,报送专项工程月报,同时抄送集团公司经营发展部;质量监督单位每季度向运营管理部门或项目管理部门报送专项工程季报。

运营管理部门或项目管理部门、合同质量监督单位组织抽查、监督工程施工质量和进度,每月根据工程进展和检查结果组织例会,分析汇总工程进度及投资完成情况、支付情况等。

第七章　投资控制

第十五条　工程变更

(一)变更管理

包括设计、方案、数量等在内的调整都属于变更,须按照程序规定经运营管理部门或项目管理部门批准或处理。

对于上级或设计单位(咨询)提出的变更,由运营管理部门(项目管理部门)通过质量监督单位直接下达变更通知。

对于施工单位提出的变更申请,由质量监督单位审核并签署意见后报运营管理部门或项目管理部门,经批准后由质量监督单位下达变更通知。

凡未经批准的变更不得执行。

(二)变更批准

对于调整内容小于批复总投资估算 10% 或单项变更金额小于 30 万元的,由运营管理部门或项目管理部门批准后实施。

对于涉及结构设计变更、改变原施工方案、工程数量发生较大变化、调整内容大于批复总投资估算 10% 或单项变更金额大于 30 万元的,由施工单位直接报送运营管理部门或项目管理部门,运营管理部门或项目管理部门组织相关部门、单位现场核实,并提出初步意见报集团公司审批,审批结果将通过质量监督单位发出变更通知。

(三)变更后的费用

施工单位根据招标文件或施工合同,参照批准的报价,可申报变更部分的费用。

第十六条　工程延期

凡由于施工原因造成的延误,一律不给予延期补偿。必要时,运营管理部门或项目管理部门提出反索赔要求;非施工原因造成的延期,按照索赔程序处理。

当出现逾期 3 个月或投资重大损失等问题时,运营管理部门或项目管理部门,依照有关规定要求整改或暂停施工,由施工单位向运营管理部门或项目管理部门提交报告,同时抄送经营发展部。

第十七条　工程索赔

分为费用索赔和时间索赔两种,根据合同相应条款处理。

费用索赔必须同时满足 4 个原则,即:合同原则、事实原则、过失责任原则、程序原则;当产生时间索赔时,须同时满足“在关键线路上发生”的原则,否则索赔不成立。

发生索赔事件时,索赔方须认真、翔实地做好记录,搜集相应证据,自事件发生起每 7 天报对方 1 次,并经质量监督单位确认,直至解决。

(一)索赔

当由于非施工原因造成索赔事件时,由施工单位提出,报运营管理部门。

(二)反索赔

当由于施工原因造成索赔事件时,由运营管理部门或项目管理部门提出,主要为费用索赔,由施工单位承担责任。

第十八条　材料涨价

由于材料涨价所造成的工程费用增加,要求在工程实施中,施工单位应留存购置发票,上有清晰的日期、单价、数量、采购单位名称等,作为涨价补偿的参考依据。

第八章　工程结算与付款

第十九条　结算

(一)专项工程交工验收合格后,施工单位在28天内向质量监督单位申报工程结算资料;

(二)经质量监督单位审核后由施工单位报送财务管理部,由财务管理部报送审计单位,必要时运营管理部门参与工程实施过程的情况说明;

(三)在交工验收后56天内完成结算审计工作,根据工程造价审计咨询单位出具的正式结算审定单,进入资金支付程序;

(四)结算工作结束后,施工单位按照科技档案编制要求,负责工程施工及结算资料的归档工作,并最终移交集团公司档案室。

第二十条　付款

(一)由施工单位根据合同协议书约定的支付比例及时间,提出工程款的支付申请;

(二)付款依据及程序:执行《暂行办法》中的有关规定,由财务管理部负责相关付款手续。

第九章　附　　则

第二十一条　本细则由运营管理部门发布并负责解释,有关表格按照《暂行办法》及质量监督单位程序执行。

第二十二条　本细则自发布之日起随《暂行办法》共同执行,期限同《暂行办法》。

附件C-1　×××工程项目建议书

附件C-2　工程交工报告

附件 C-1　×××工程项目建议书

×××工程项目建议书

编号：

×××工程

项　目　建　议　书

第　册　　共　册

编制单位：

年　　月　　日

项　目　建　议　书

一、工程项目建设依据、理由及建设的必要性

二、建设规模

三、技术标准

四、工期安排

五、拟采用的施工方案

六、资金来源

七、其他问题及建议

八、单项工程投资估算书

目　　录

________________工程

估　算　表

<table>
<tr><td>序号</td><td colspan="2">工程项目</td><td></td><td></td><td rowspan="6">合计</td></tr>
<tr><td>1</td><td colspan="2">工程细目</td><td></td><td></td></tr>
<tr><td>2</td><td colspan="2">定额编号</td><td></td><td></td></tr>
<tr><td>3</td><td colspan="2">单位</td><td></td><td></td></tr>
<tr><td>4</td><td colspan="2">单价</td><td></td><td></td></tr>
<tr><td>5</td><td colspan="2">数量</td><td></td><td></td></tr>
<tr><td>6</td><td colspan="2">金额</td><td></td><td></td><td></td></tr>
<tr><td>7</td><td rowspan="3">其中</td><td>人工费</td><td></td><td></td><td></td></tr>
<tr><td>8</td><td>材料费</td><td></td><td></td><td></td></tr>
<tr><td>9</td><td>机械费</td><td></td><td></td><td></td></tr>
<tr><td>10</td><td>临时
设施费</td><td>(6)×费率</td><td></td><td></td><td></td></tr>
<tr><td>11</td><td>现场经费</td><td>(6)×费率</td><td></td><td></td><td></td></tr>
<tr><td>12</td><td>企业
管理费</td><td>[(6)+(10)+(11)]×费率</td><td></td><td></td><td></td></tr>
<tr><td>13</td><td>利润</td><td>[(6)+(10)+(11)+(12)]×费率</td><td></td><td></td><td></td></tr>
<tr><td>14</td><td>税金</td><td>[(6)+(10)+(11)+(12)+(13)]×费率</td><td></td><td></td><td></td></tr>
<tr><td>15</td><td>合计</td><td>(6)+(10)+(11)+(12)+(13)+(14)</td><td></td><td></td><td></td></tr>
</table>

编制：　　　　　　　　　　　　　　　　　　　　　　　　审核：

工程估算表(补充定额)

<table>
<tr><td colspan="3">工程项目</td><td colspan="4"></td><td colspan="4"></td></tr>
<tr><td colspan="3">工程细目</td><td colspan="4"></td><td colspan="4"></td></tr>
<tr><td colspan="3">定额单位</td><td colspan="4"></td><td colspan="4"></td></tr>
<tr><td colspan="3">工程数量</td><td colspan="4"></td><td colspan="4"></td></tr>
<tr><td colspan="3">定额编号</td><td colspan="4"></td><td colspan="4"></td></tr>
<tr><td colspan="2">人工、材料、机械名称</td><td>单位</td><td>单价</td><td>定额数量</td><td>实际数量</td><td>直接费</td><td>单价</td><td>定额数量</td><td>实际数量</td><td>直接费</td></tr>
<tr><td rowspan="2">人工</td><td>综合工日</td><td>工日</td><td></td><td></td><td></td><td></td><td></td><td></td><td></td><td></td></tr>
<tr><td>其他</td><td>元</td><td></td><td></td><td></td><td></td><td></td><td></td><td></td><td></td></tr>
<tr><td rowspan="4">材料费</td><td></td><td></td><td></td><td></td><td></td><td></td><td></td><td></td><td></td><td></td></tr>
<tr><td></td><td></td><td></td><td></td><td></td><td></td><td></td><td></td><td></td><td></td></tr>
<tr><td></td><td></td><td></td><td></td><td></td><td></td><td></td><td></td><td></td><td></td></tr>
<tr><td>其他材料费</td><td>元</td><td></td><td></td><td></td><td></td><td></td><td></td><td></td><td></td></tr>
<tr><td rowspan="3">机械费</td><td></td><td></td><td></td><td></td><td></td><td></td><td></td><td></td><td></td><td></td></tr>
<tr><td></td><td></td><td></td><td></td><td></td><td></td><td></td><td></td><td></td><td></td></tr>
<tr><td>其他机具费</td><td>元</td><td></td><td></td><td></td><td></td><td></td><td></td><td></td><td></td></tr>
<tr><td colspan="2">合计</td><td>元</td><td></td><td></td><td></td><td></td><td></td><td></td><td></td><td></td></tr>
<tr><td colspan="2">基价</td><td>元</td><td></td><td></td><td></td><td></td><td></td><td></td><td></td><td></td></tr>
<tr><td colspan="2">临时设施费</td><td>元</td><td></td><td></td><td></td><td></td><td></td><td></td><td></td><td></td></tr>
<tr><td colspan="2">现场经费</td><td>元</td><td></td><td></td><td></td><td></td><td></td><td></td><td></td><td></td></tr>
<tr><td colspan="2">企业管理费</td><td>元</td><td></td><td></td><td></td><td></td><td></td><td></td><td></td><td></td></tr>
<tr><td colspan="2">利润</td><td>元</td><td></td><td></td><td></td><td></td><td></td><td></td><td></td><td></td></tr>
<tr><td colspan="2">税金</td><td>元</td><td></td><td></td><td></td><td></td><td></td><td></td><td></td><td></td></tr>
<tr><td colspan="2">合价</td><td>元</td><td></td><td></td><td></td><td></td><td></td><td></td><td></td><td></td></tr>
</table>

编制：　　　　　　　　　　　　　　　　　　　　　　审核：

＿＿＿＿＿＿＿＿工程

工 程 数 量 表

编号:

<table>
<tr><td>工程名称</td><td></td><td>桩号及部位</td><td></td></tr>
<tr><td colspan="4">工程数量(简图、计算式、情况描述):

日期:　　　年　月　日</td></tr>
<tr><td colspan="4">备注及附件:</td></tr>
</table>

编制:　　　　　　　　　　　　　　　　审核:

附件 C-2　工程交工报告

×××工程
交工报告

项目负责人______________
承　包　人______________(盖章)

(法人代表)

年　　月　　日

×××工程交工申请(A)

编号：

<table>
<tr><td>第三方监督单位工程师：
现________________工程已按照合同规定完成施工任务,并自检合格,竣工资料整理业已完成,申请交工。

承包人：　　(盖章)
项目负责人：
日期____年____月____日</td></tr>
<tr><td>第三方监督单位工程师意见：

第三方监督单位工程师：
日期____年____月____日</td></tr>
<tr><td>运营管理部意见：

负责人：
日期____年____月____日</td></tr>
</table>

本表一式三份:建设单位、质量监督单位工程师、承包人各一份。

×××工程交工申请(B)

编号：

<table>
<tr><td>集团公司运营管理部门：
现________合同已按照合同规定完成施工任务,并自检合格,竣工资料整理业已完成,申请交工。

承包人：　　(盖章)
项目负责人：
日期____年____月____日</td></tr>
<tr><td>运营管理部意见：

负责人：
日期____年____月____日</td></tr>
</table>

本表一式三份:建设单位、质量监督单位工程师、承包人各一份。

×××工程交工数量表

<table>
<tr><th>单位工程</th><th>分部工程</th><th>分项工程</th><th>项目名称</th><th>单　　位</th><th>数　　量</th></tr>
<tr><td rowspan="9"></td><td rowspan="3"></td><td rowspan="3"></td><td></td><td></td><td></td></tr>
<tr><td></td><td></td><td></td></tr>
<tr><td></td><td></td><td></td></tr>
<tr><td rowspan="3"></td><td rowspan="3"></td><td></td><td></td><td></td></tr>
<tr><td></td><td></td><td></td></tr>
<tr><td></td><td></td><td></td></tr>
<tr><td rowspan="3"></td><td rowspan="3"></td><td></td><td></td><td></td></tr>
<tr><td></td><td></td><td></td></tr>
<tr><td></td><td></td><td></td></tr>
<tr><td rowspan="9"></td><td rowspan="3"></td><td rowspan="3"></td><td></td><td></td><td></td></tr>
<tr><td></td><td></td><td></td></tr>
<tr><td></td><td></td><td></td></tr>
<tr><td rowspan="3"></td><td rowspan="3"></td><td></td><td></td><td></td></tr>
<tr><td></td><td></td><td></td></tr>
<tr><td></td><td></td><td></td></tr>
<tr><td rowspan="3"></td><td rowspan="3"></td><td></td><td></td><td></td></tr>
<tr><td></td><td></td><td></td></tr>
<tr><td></td><td></td><td></td></tr>
</table>

项目负责人：　　　　　　　　　　　　　　　　　　　　　年　　月　　日

×××工程

单位工程质量检验评定表

单位工程	分部工程					备注
	工程名称	质量评定				
		实得分数	权值	加权得分	等级	

项目负责人：　　　　　　　　　　　　　　　　　　　　　　年　月　日

×××工程

工程缺陷一览表

序　号	工程名称	工程部位	工程数量	说　明

项目负责人：　　　　　　　　　　　　　　年　　月　　日

专项工程竣工验收表(A)

工程名称		地点及桩号	
承建单位		负责人	
开竣工日期		工程量	
工程投资		合同号	
承建单位意见	负责人: 年 月 日		
质量监督单位意见	负责人: 年 月 日		
设计单位意见	负责人: 年 月 日		
运营管理部意见	负责人: 年 月 日		
工程建设管理部意见	负责人: 年 月 日		
经营发展部意见	负责人: 年 月 日		

专项工程竣工验收表(B)

<table>
<tr><td>工程名称</td><td></td><td>地点及桩号</td><td></td></tr>
<tr><td>承建单位</td><td></td><td>负责人</td><td></td></tr>
<tr><td>开竣工日期</td><td></td><td>工程量</td><td></td></tr>
<tr><td>工程投资</td><td></td><td>合同号</td><td></td></tr>
<tr><td>承建单位意见</td><td colspan="3">负责人：
年　月　日</td></tr>
<tr><td>运营管理部意见</td><td colspan="3">负责人：
年　月　日</td></tr>
<tr><td>经营发展部意见</td><td colspan="3">负责人：
年　月　日</td></tr>
</table>

附录D　首发集团公司高速公路养护作业安全管理办法

首发集团公司高速公路养护作业安全管理办法

第一章　总　　则

第一条　为了加强高速公路日常养护作业管理,贯彻“安全第一,预防为主”的安全工作方针,规范作业程序及标准,确保日常养护作业安全,特制定本办法。

第二条　北京市首都公路发展有限责任公司所属各级担负养护作业任务的单位适用本办法。

第三条　公司安全保卫部、运营管理部门依照本办法,对公司的各条高速公路日常养护作业安全生产工作实施监督管理;高速公路养护作业单位的主要负责人对本单位的养护作业安全工作全面负责。

第四条　各养护管理单位年初将本单位年度养护工作计划报属地交通支(大)队备案。

第二章　日常养护作业内容

第五条　路面范围内的机械清扫,人工捡拾及垃圾清运,道路检测,养护巡视和养护检查。

第六条　路面范围内的清除积水、补坑、灌缝、处理局部波浪、龟裂,更换路缘石、大方砖、井盖、水箅子,处理桥头伸缩缝,修理泄水孔和清理泥土、杂物。

第七条　中央绿化隔离带及绿地的浇灌、补植、修剪、施肥、清理、打药,绿化普查、调查树木生长情况,绿化设施的维护。

第八条　对边坡的修整、绿化,对边沟流水槽的疏通,对护网、隔音屏的检查、加固、更换,紧急停车带、停车港湾以及路肩的修整与稳定,须在路旁暂时停置养护机械等作业。

第九条　隔离栅、防眩板、防撞护栏、限高龙门架、轮廓柱、里程碑、反光道钉及其他交通工程设施的清理、修理和更换。

第十条　对高速公路桥涵的定期和不定期检查、检测,桥面的清理,栏杆、伸缩缝、墩台、支座及梁底的维修、检查。

第十一条　各类交通标志的清洗、埋置、维修、喷涂、更换。

第十二条　可变情报板、缆线检查井、紧急电话、摄像头、超声波检测器、路灯、高杆灯等监控、通信、照明、气象设施的检查与维修。

第十三条　隧道内的照明、通信、通风、广播设施的检查、维护，交通设施维修，洞壁的清洗，隧道口的塌方落石的清理。

第十四条　汛期水毁工程的抢修以及排水设施的清淤和整修，冬季的除雪铲冰。

第三章　交通安全标志、设施名称及图例

第十五条　高速公路日常养护作业设置的交通安全标志及设施(附图)：

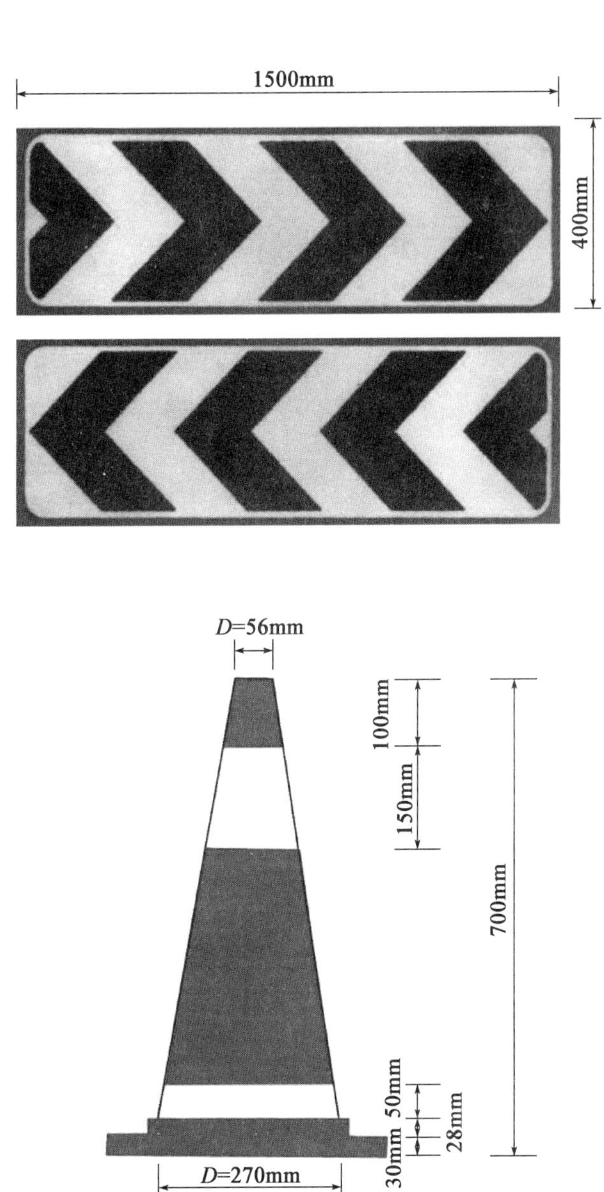

第四章　机械设备、车辆及使用要求

第十六条　在高速公路上从事养护作业的机械设备有:清扫车、水车、清障车、多功能养护车、路产巡视车、升降车、吊车、剪草机、摊铺机、洗刨机、切割机、压路机、装载机、融雪剂撒布车、铲雪车、平地机、工程抢险车、发光标志车、拖式发电机、翻斗车、清运车、货车、沥青撒布车、空压机、水泵。

第十七条　常用机械设备、车辆的安全使用规定:

(1)所有设备、车辆须证件齐全有效,按期检验合格。

(2)上路作业前,应确保所有需要使用的机械设备、车辆均已经过安全检查,做到机械设备安全、可靠,严禁带病运行或超负荷运行。

(3)作业车辆必须在车顶设置黄色频闪灯或黄色排式警示灯,车尾悬挂明显道路作业标志,有条件车辆加装发光导向箭头指示灯。车辆上路作业时,必须开启黄色频闪灯。

(4)清扫车和水车作业时,须开启黄色频闪灯、发光导向箭头标志。

(5)养护车辆作业时,必须认真遵守各项安全规章制度、交通法规和操作规程,不得违章作业。

(6)流动作业车辆在作业过程中,行驶速度不低于5km/h,特殊情况,如道路检测车等,须按规定的车速行驶;作业完成后,必须立即恢复正常车速行驶。

(7)在移动作业中需临时停车时,应将车停放在远离超车道的一侧,并开启双闪指示灯。停车在一分钟以上的车辆,需在后方100m处,设置红色反光锥筒。

(8)清扫车须在指定地点倾卸垃圾。

(9)养护作业完毕,须将车辆、设备停放在指定位置,检查随车安全设施是否齐全有效,并关闭所有电器设备,如发现故障及时报修。

(10)清扫车吸口发生堵塞需停车清理时,应将车停放在紧急停车带内,车辆开启双闪指示灯，作业人员在安全区域内清除堵塞物。遇到不能排除的故障时，须撤离作业现场。

(11)水车作业时，司机要与作业人员密切配合。使用水枪作业时，待作业人员坐稳后方可启动车辆。

(12)清障车驾驶员在发现故障车后，应将清障车停在故障车前方，并在故障车后100m处摆放红色反光锥筒。

(13)清障车在作业时严禁软拖，原则上靠最右侧行驶，并开启各种警示灯。严禁在超车道行驶。

(14)路产巡视车应随车携带红色反光锥筒。

(15)路产巡视车在巡视中，须在最右侧车道内行驶，行车速度不得超过70km/h。

(16)路产巡视车在工作时，如遇到不能立即排除的障碍物或路产损坏，对交通有影响的，应立即报养护部门、属地交通支队，并在障碍物后100m处摆放红色反光锥筒。

(17)养护作业车行驶时，随车人员严禁站立，机具设备应装载牢固，行车时速不得超过70km，除在超车道内作业外，一律不得使用超车道。

第五章　作业人员安全管理规定

第十八条　所有养护作业人员，须经过有关高速公路养护作业安全知识培训后，方可上路作业。

第十九条　确保养护作业人员身体健康，无妨碍从事相应工种作业的疾病或生理缺陷(指不患有影响上路作业的突发性疾病，如高血压、精神病等)。

第二十条　养护人员上路作业时，必须身着橘黄色反光标志服，头戴标志帽，不得穿易滑鞋或拖鞋，划定作业区的须在作业区内作业。

第二十一条　所有人员上路作业时，要服从现场安全员指挥，并应思想集中，坚守岗位。严禁在禁止吸烟的区域内吸烟动火。

第二十二条　在作业前，人员进入作业区，必须从车辆距护栏最近一侧迅速下车，作业区前端设一名安全人员，手拿红旗，提醒过往车辆注意避让。

第二十三条　在清塌方作业时，现场人员必须戴好安全帽，设岗哨，查看山石的动向，并协助交管部门维护交通秩序。

第二十四条　保洁人员捡拾作业必须在道路路缘线以外逆车流方向行走，且使用的工具(把、柄等)严禁伸展至车道内，防止发生事故；确需穿越高速公路清理车道内杂物时，应认真瞭望，在确保安全的情况下，迅速捡拾，并立即撤出车道；作业间休息须在双侧路缘以外。

第二十五条　所有养护人员严禁酒后上路作业。

第二十六条　上路养护人员应严格遵守机械设备和施工的安全操作规程。

第二十七条　养护作业人员乘车到达或离开作业现场时，待车辆停稳后，从车辆右侧上下车和装卸工具、材料。

第六章　养护作业区域的设置及撤离程序

第二十八条　日常养护作业须确定作业时间、地点、项目及标准和要求，确定具体安全管理人员和安全协管人员，明确分工和责任，并将作业区所需设置的标志及设施备齐。

第二十九条 作业区的设置分以下几个区域:上游过渡区、缓冲区、作业区和下游过渡区。

第三十条 养护作业区的设置程序:

(1)车辆到达施工路段时,要认真观察车道来车情况,开启双闪指示灯和黄色频闪灯,视情况缓慢停车。指定人员摇红旗示意车辆慢行避让,待目测来车方向300m路段无车辆驶来时,方可让人员下车开始摆放交通标志和设施。

(2)摆放过程中,应设置专职安全人员在上游过渡区端点,手持红旗面对来车方向,上下大幅度挥动红旗示意过往车辆慢行避让。摆放人员从上游过渡区开始向下游过渡区依次摆放红色反光锥筒,锥筒间距为15m,装载标志的车辆依照标志摆放位置顺序前行,至下游过渡区末端。在整个摆放过程中,车辆须开启双闪指示灯和黄色频闪灯。

(3)自上游过渡区端点开始依次设置前方施工标志、左(右)道封闭标志、限速标志、车辆慢行标志和向左(右)导向标志。

第三十一条 养护作业区的撤离程序:道路作业完成后,由专人指挥,观察路上来车情况,指挥回收人员安全作业。回收人员必须在作业区域内,从下游过渡区端点向上游过渡区端点逆车流方向依次收回,待现场清理完毕,安全设施全部收回后,人员迅速回到作业车中,作业车驶离现场,道路恢复正常交通。

第三十二条 作业区设置的四种方式(附图):

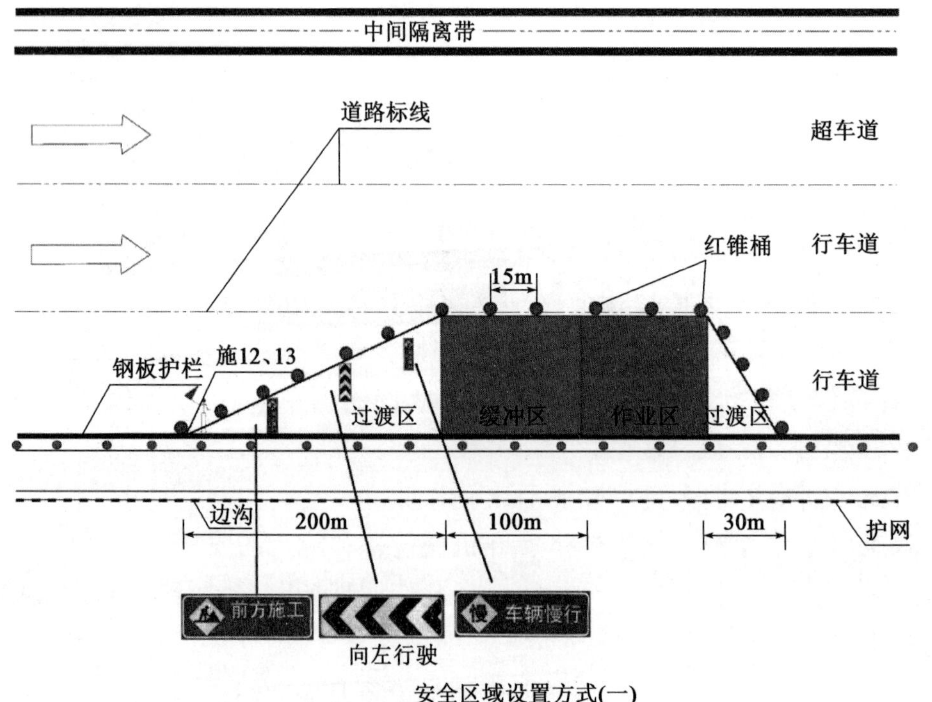

安全区域设置方式(一)

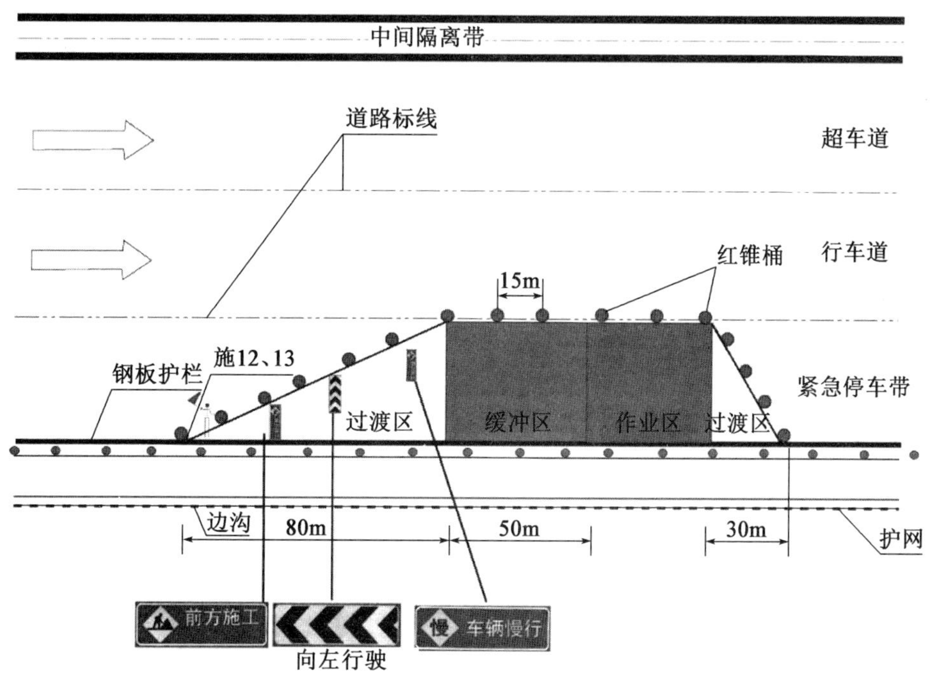

安全区域设置方式(二)

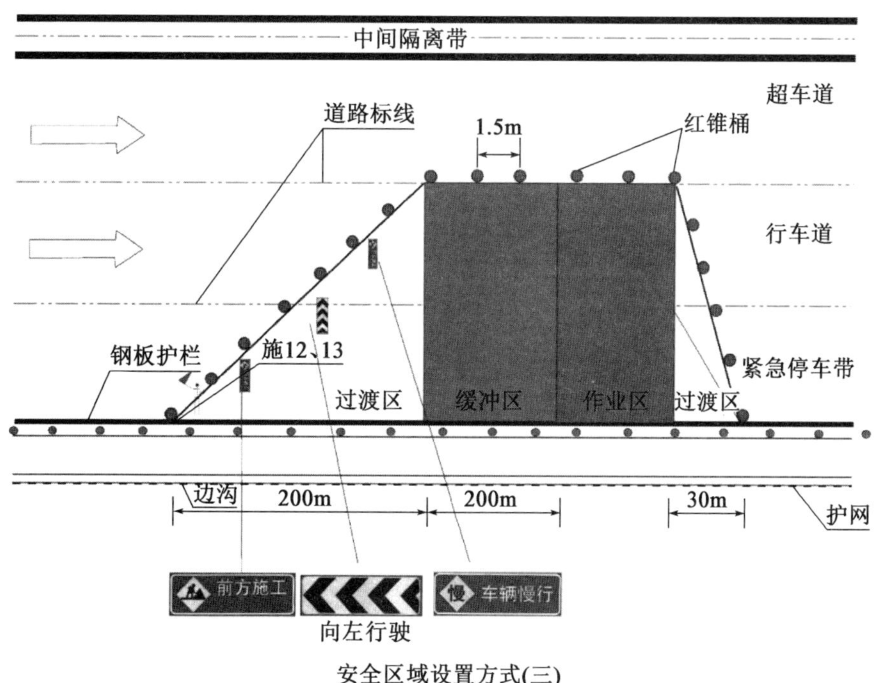

安全区域设置方式(三)

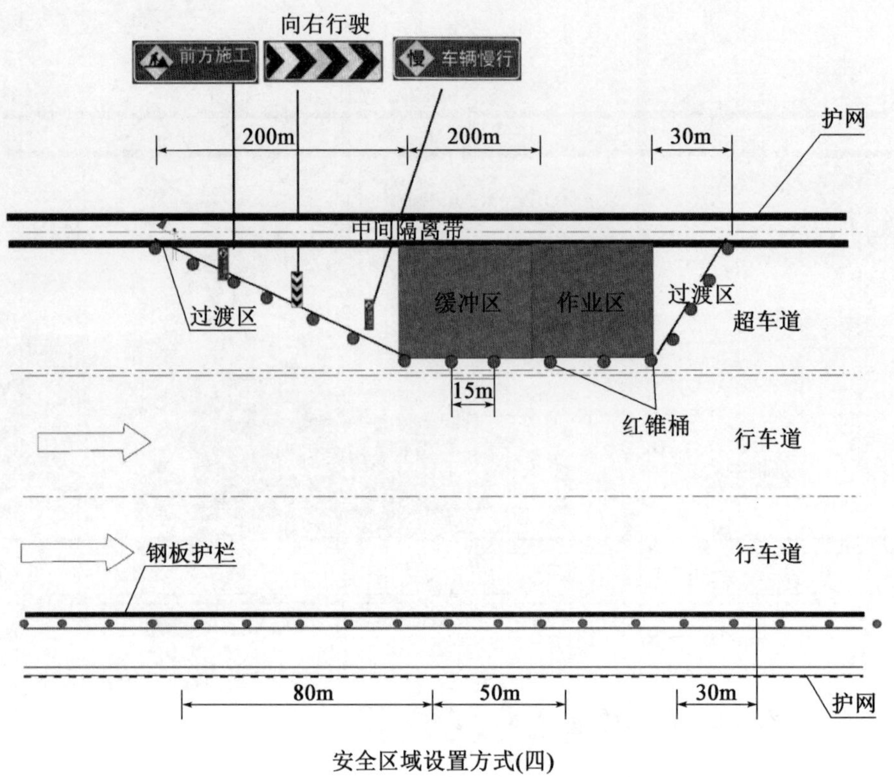

安全区域设置方式(四)

第七章　日常养护作业的交通安全保障措施

第三十三条　已安装黄色频闪灯和发光导向箭头标志的水车、清扫车、洗扫车、检测车在进行打药、机械清扫、清洗、道路检测作业以及人工捡拾等流动作业项目时,不设置安全标志。

第三十四条　日常养护作业需占用超车道的,按作业区设置方式(4)设置安全区域,需占用两条行车道的,按方式(3)设置安全区域,需占用道路最外侧车道或紧急停车带,且作业时间较长的,按方式(1)或(2)设置安全区域。

第三十五条　除以上作业项目外的其他养护项目,根据需要的作业时间、作业位置摆放红色反光锥筒(附图)。

第三十六条　上路养护作业车辆临时停车的有关规定:

(1)临时停车的种类为:路基区作业中的临时停车上下人、装卸工具材料,路面移动作业中的临时停车,路面检测、桥梁检查中的临时停车,日常养护中的临时停车,养护检查中的临时停车,路产巡视中的临时停车,清障作业时的临时停车。

(2)停车前,驾驶员必须观察车后的交通情况,逐步减速,将车辆尽可能停放于紧急停车带或斑马线中,停车后,养护作业车辆必须开启双闪指示灯。

(3)停车时间在1分钟以内,停车时,必须观察路况,均匀减速,靠边停车。

(4)停车时间在1分钟以上时,必须在车后100m处设置红色反光锥筒(附图)。

第三十七条　遇大雨、雪、雾等恶劣天气,除防汛、巡视、抢险、除雪作业外,停止其他养护作业。

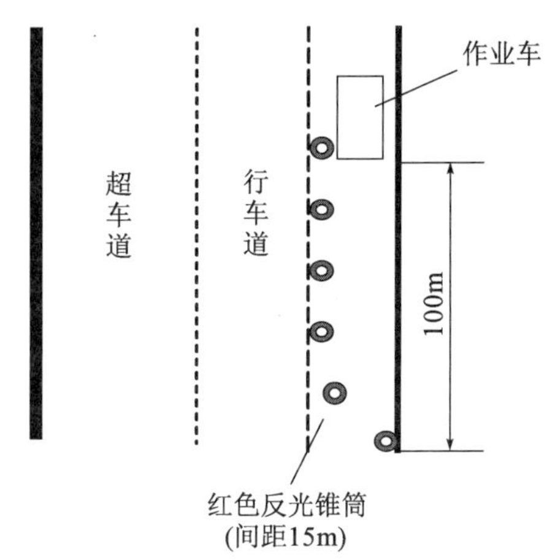

第八章 交通事故的现场处置

第三十八条 遇交通事故现场,立即向属地交管部门报告,并保护现场,协助抢救伤者。

第三十九条 协助交管部门对所辖路段的交通事故现场进行安全维护工作。

第四十条 现场维护人员须统一着装,并按交管部门的要求设置安全警告标志。

第四十一条 现场维护人员对现场的路产损坏情况进行勘察,并与当事人进行认定。

第四十二条 交通事故现场勘察完毕后,现场维护人员按要求清理事故现场,并将事故车辆和相关物品拖、移至指定地点。

第四十三条 养护人员进行事故现场清理,尽快恢复交通。

第四十四条 公安交通管理部门负责督促事故方交纳拖移费和路产损失费,见到路方管理单位出具的拖移费、路产损失费等赔偿收据后,再办理交通事故结案手续。

第九章 单项工程和养护施工工程报审程序及要求

第四十五条 本章中所指的上述工程是对现状交通有影响,需经公安交通管理部门审批的工程项目。

第四十六条 工程施工方案及安全措施由施工单位根据具体情况制订。

第四十七条 工程施工申报方案中涉及的内容包括:工程项目名称、开工竣工时间、施工单位名称、现场安全负责人及联系电话、工程说明、施工具体位置、高峰时段交通量调查情况、交通组织示意图、占用车道数、工程中主要对交通的影响、采取的安全保障措施以及对施工人员的要求等。

第四十八条 施工方案拟订后,先征求属地交通队的意见,修改完成制作二份,一份报交管局秩序处,一份报公司安全保卫部。

第四十九条 施工方案须在开工前15日申报完成。

第五十条 方案中所附示意图须电脑制作,标注出车道总数、占用车道数、保证通行的车道数、安全设施及标志牌摆放的位置和数量。

第五十一条 交通量调查要按大型车、小型车进行区分,并做出统计图表。

第五十二条 除方案中对夜间施工有明确规定的以外,严禁夜间施工;晚间收工的时限以路灯开启时间为准。

第五十三条 方案批复后,施工单位要严格按照方案中批复的内容组织实施,并注意更换和添加损坏的安全设施;各级安全保卫人员要对工程施工现场进行监督和检查,发现问题及时纠正并整改,问题严重的责令停工整顿。

第五十四条 在批复的工程期限内未完工的,要办理工程施工延期手续,未办理延期手续的严禁继续施工。

第五十五条 工程施工完成,要立即恢复原路况,保证道路畅通。

第五十六条 施工作业中有关安全管理方面的内容参照道路日常养护作业中有关规定实施。

第十章 附 则

第五十七条 本办法内容与上级有关文件要求不符的按照上级有关要求执行。

第五十八条 外租机械设备必须签订安全协议书,上路作业时,严格遵守本办法。

第五十九条 本办法自 2003 年 1 月 1 日起实施。